《国际安全治理》丛书（一）

国际安全治理的困境与出路

Dilemma and Choices of International Security Governance

孟晓旭 ◎ 主编

时事出版社
北京

图书在版编目（CIP）数据

国际安全治理的困境与出路/孟晓旭主编.—北京：时事出版社，2017.12
ISBN 978-7-5195-0146-4

Ⅰ.①国… Ⅱ.①孟… Ⅲ.①国家安全—研究—世界 Ⅳ.①D815.5

中国版本图书馆 CIP 数据核字（2017）第 267274 号

出 版 发 行：时事出版社
地　　　　址：北京市海淀区万寿寺甲 2 号
邮　　　　编：100081
发 行 热 线：(010) 88547590　88547591
读者服务部：(010) 88547595
传　　　　真：(010) 88547592
电 子 邮 箱：shishichubanshe@ sina. com
网　　　　址：www. shishishe. com
印　　　　刷：北京朝阳印刷厂有限责任公司

开本：787×1092　1/16　印张：18.75　字数：226 千字
2017 年 12 月第 1 版　2017 年 12 月第 1 次印刷
定价：98.00 元
（如有印装质量问题，请与本社发行部联系调换）

《国际安全治理》丛书（一）

编委会
主　任　陶　坚
副主任　郭惠民

编委（按姓氏笔画排序）
王　帆　刘建飞　刘跃进　任海燕　朱素梅
李永辉　李文良　李　渤　李少军　吴志成
陈　岳　孟晓旭　林利民　罗英杰　杨建英
赵晓春　唐永胜　袁　鹏　黄仁伟　彭光谦
戴长征

总　编：林利民

本书获北京市支持中央在京高校共建项目经费支持

序

国际关系学院国际政治系创建于1984年，其前身是设立于1980年TI的国际关系教研室，是改革开放后全国首批设置国际政治本科专业的院系之一。几十年来，我校国际政治系坚实前行，取得不少进展。1981年起，我校国际政治系与中国现代国际关系研究院（CICIR）开始联合培养国际关系专业研究生，1989年出版了全国第一部国际关系理论教材《国际关系学概论》，1990年获得国际关系二级学科硕士点，2003年获得国际政治二级学科硕士点，2008年国际关系学科入选北京市重点学科，2010年获得政治学一级学科授权。在当前国际格局发生深刻变革、国际安全形势复杂多变的时代，国际政治系的老师们能够立足我校教学科研特色，保持并发扬我校在国际关系教学科研上的传统优势，与时俱进，在国际关系尤其是国际安全研究领域砥砺拓进，为国际关系学科的建设不断添砖加瓦，做出了不少新的科研成果，可喜可贺。现在，呈现在我们大家面前的这本书就是这些科研成果中的一部分。

从根本上看，国际安全治理是全球治理的一部分。1986年，获得众多国际奖项和荣誉的德国社会学家乌尔里希·贝克就观察到人类社会正生活在"文明的火山上"，指出人类社会即将进入"风险社会"。如今观之，国际社会显然已经深陷于贝克所言意义上的"风险时代"，"火山"比比皆是，或是正在爆发炽燃、或是正在潜伏酝酿，国际安全领域的"黑天鹅"满天飞，"按下葫芦起了瓢"的安全事件接连不断。如何预测、防范、抵御和化解"风险"，解脱

"安全困境",提高国际安全系数并有效治理国际安全问题、难题,创造出"安全"的国际社会,显然是国际安全治理乃至全球治理亟需解决的重要命题。当今,"全球化"和"逆全球化"并起,民族宗教问题交织互动,小国大国博弈加剧,全球的安全环境已发生重大变化,国际社会原有的安全秩序正在失衡,有效并积极地促进国际安全具有重要的现实意义和时代意义。

大时代需要大智慧,"风险时代"更需要中国智慧,中国也愿意为国际安全治理和全球治理贡献自己的力量。习近平总书记就指出:"我们将从世界和平与发展的大义出发,贡献处理当代国际关系的中国智慧,贡献完善全球治理的中国方案,为人类社会应对21世纪的各种挑战作出自己的贡献。"伴随着中国越来越走向世界舞台的中心,以及国际责任的提升,中国也必将是世界治理和国际安全治理的重要参与者与践行者。

《孙子兵法》云:"上兵伐谋""以谋为上,先谋而后动"。中国对国际安全治理的参与和践行离不开"谋"的基础性研究,而这本书的正式出版与发行就是这基础研究中的一块砖,平凡但却重要。最后,我再次对我校国际政治系的新成果表示由衷的祝贺,并希望能看到越来越多这方面的研究成果,并能以此为国际安全治理不断贡献中国方案。

国际关系学院副校长、教授
2017年9月10日

目 录

总 论

当前国际安全乱象与国际安全治理的困境与出路 ………… 林利民(3)
国际安全问题国内化与国内安全问题国际化 …………… 赵晓春(23)

区域安全与治理

印度的安全理念及其影响 ………………………………… 李 渤(45)
中日安全关系态势发展及出路探析 ……………………… 孟晓旭(57)
中国崛起与中俄安全关系 ………………………………… 申 林(79)
冷战后越南的安全困境及其外交政策调整 ……………… 李春霞(97)
当代对外援助的战略安全视角：一种理论分析 ………… 刘 毅(114)

非传统安全与治理

论恐怖主义与有组织犯罪的融合趋势 …………………… 朱素梅(145)
国际能源问题的全球治理及中国参与 …………………… 罗英杰(160)
国际核安全形势与核安全治理 …………………………… 王 辉(182)
新时期下知识产权制度与国家安全关系的探究 ………… 郝 敏(199)
美国公共外交的安全利益导向及其对中国的启示 ……… 曹 玮(212)

全球环境与气候治理及中国的应对 ………………… 郑晓明(237)
试析全球公共卫生治理与中国的参与 ………………… 吴　雪(263)

后　　记 ………………………………………………………(288)

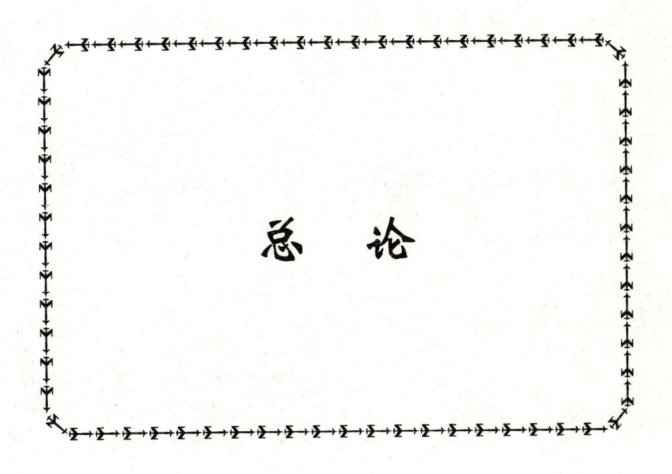

总　论

当前国际安全乱象与国际安全治理的困境与出路

林利民[*]

[内容提要] 一般认为,国际安全包含传统安全与非传统安全两大类。冷战结束后的相当长一段时间,就世界范围而言,非传统安全威胁呈上升趋势,而传统安全威胁则呈下降趋势。然而,近年来,国际安全形势"乱象丛生",非传统安全威胁与传统安全威胁同时上升,这加深了国际安全治理的困境,人们对国际安全治理及其有效性的疑虑也重新增多、增大。不仅如此,冷战后曾一度高调倡导全球治理、国际安全治理的美欧等西方国家热度急剧下降,由国际安全治理的倡导者变成阻力,这尤其增大了国际安全治理前景的不确定性。

[关键词] 国际安全治理　主体　客体　困境　出路

一、国际安全形势乱象丛生

对于当前国际安全形势,有人以"乱象丛生"来概述,这是有

---

[*] 林利民,国际关系学院国际政治系主任、教授,主要研究领域为地缘政治、国际安全及中国国家安全、外交与国际战略等问题。

道理的。① 当前国际安全形势不但"乱象丛生",而且呈现出不少需要特别关注的新特点。

首先,传统地缘政治冲突急剧反弹,世界大有朝"新冷战"方向回潮之势。在欧洲方向,美俄关系以及俄欧、俄与北约关系出现新的紧张。一是围绕克里米亚问题及乌东问题,俄与美欧及与北约的冲突继续发酵、升级。特朗普虽然对其前任奥巴马多有指责,但对奥巴马政府向东欧派驻4个北约战斗营、并由3个美军"装甲旅"予以战场支持的计划,以及在波兰部署反导系统的计划,②则在上任后紧锣密鼓地加紧落实。二是北约战机与俄战机不断在双方毗邻的空域玩"猫鼠游戏",北约宣称2016年俄军机靠近北约边界飞行的次数增加了70%,而北约战机升空应对"超过400次"。③ 三是美指责俄以"网络战"方式介入美2016年总统大选,直接影响了美大选结果。④ 在中东,2016年7月15日土耳其发生政变未遂以来,土耳其与美欧关系急转直下。⑤ 以此为背景,各相关大国围绕中东的地缘政治争夺有再度全面展开之势。⑥ 虽然"伊斯兰国"有退潮之势,但叙利亚局势仍不明朗,中东大国伊朗、沙特关系的走向及其影响尤其具有极大的不确定性。在亚太,特朗普政府虽然否定了《跨太平洋伙伴关系协定》(TPP),对所谓"亚太再平衡"也不再提,但

---

① 苏格:《乱云飞渡仍从容——2016年国际形势回顾与展望》,载《当代世界》,2017年第1期,第8页。
② Steven Erlanger, "Test by Russian, NATO Struggles to Maintain Its Credibility", The New York Times, June 1, 2016.
③ Brooks Tigner, "Nato mulls more deterrents for eastern allies", IHs Jane's Defence Weekly, February 3, 2016, p. 6.
④ Kathrin Hille, Courtney Weaver: "Putin hold fire and waits for Trump", Financial Times, 31 December/1 January 2017.
⑤ "Turkey and the West: Don't lose the plot", The Economist, August 27th, 2016, pp. 11 - 12.
⑥ Istanbul, "Turkey' anger at the West: Al-Malarkey", The Economist, August 27th, 2016, pp. 45 - 46.

在增强亚太军力、在韩部署"萨德"系统、加强美韩大规模军演、武力威慑朝鲜等问题上[①]，则较其前任有过之而无不及。

其次，非传统安全冲突继续上升，且各种非传统安全冲突因素相互交织、转换，并与传统地缘政治冲突相互交织、转换，也使局势看起来更是乱上加乱。

美国以打击"伊斯兰国"（IS）、推进国际反恐和维护人权的名义介入叙利亚内战，誓言要推翻巴沙尔政权（Bashar al-Assad），重新陷入中东的地缘政治争夺；俄罗斯以反恐为名，冷战后第一次派海、空军直接卷入中东，全力支持巴沙尔政权，其实质是"要以叙利亚为平台，恢复俄21世纪大国地位"；[②] 伊朗一方面以打击IS为由恢复其在中东的影响力，同时也借此打击西方，摆脱在核开发问题上所承受的战略压力；土耳其原本与叙利亚巴沙尔政权势不两立，与伊朗也矛盾重重，与俄更因争夺里海、黑海及中东地区的影响力而"互为天敌和历史性对手"。[③] 尤其是2015年土空军击落俄军机后，俄土关系更是陷入新的紧张状态。[④] 然而，2016年7月土未遂政变驱使土转向与俄罗斯、伊朗合作，也开始改变对巴沙尔政权的敌视立场，并明显疏离美欧。[⑤] 2017年以来，因欧洲相关国家阻止土方官员赴欧洲相关国家动员土公民参与土国内大选活动，土与欧洲不少国家的关系再度紧张。目前，美俄欧及伊朗、土耳其以及沙特等地区大国虽然还抓住反IS大旗不放手，但其反恐大旗背后不再

---

① Julian Ryall, "US mulling deployment of more THAAD units to South Korea", IHs Jane's Defence Weekly, July 27, 2016, p. 16.
② "The war in Syria: Smoke and chaos", The Economist, August 27th, 2016, p. 41.
③ Istanbul, "Turkey' anger at the West: Al-Malarkey", The Economist, August 27th, 2016, p. 46.
④ "The war in Syria: Smoke and chaos", The Economist, August 27th, 2016, p. 41.
⑤ "Turkey and the West: Don't lose the plot", The Economist, August 27th, 2016, pp. 11 - 12; Istanbul, "Turkey' anger at the West: Al-Malarkey", The Economist, August 27th, 2016, p. 46.

有多少反恐内容，而是转换成赤裸裸的地缘政治争夺。其结果必然是：已经持续 5 年之久、枉死 50 万无辜平民的叙利亚内战仍难结束、平定中东乱局更加遥遥无期，中东恐怖主义祸源也更难根除。①

第三，国际恐怖主义愈演愈烈，恐怖袭击活动及其造成的人员、物资伤害以及政治效应都呈增势。从 2015 年 1 月到 2016 年 6 月，世界各地共发生各类恐怖袭击 2063 次，死难者达 28031 人，恐怖袭击方式千奇百怪、花样不断翻新。② 这其中，仅 2016 年 6 月，全世界就有 1749 人死于恐怖袭击，创当年上半年新高。③ 2016 年"黑七月"第一周，沙特连续遭到"伊斯兰国"组织的四次恐怖袭击，袭击对象包括美国领事馆等，死亡者接近 600 人。④

值得注意的是，近年欧美日等西方国家也开始成为恐怖袭击高发地。2015 年 1 月到 2016 年 6 月，欧美共发生恐怖袭击 46 次，死亡人数达 573 人。继当年 6 月 12 日美国奥兰多（Orlando）发生恐怖袭击、死者达 49 人后，7 月"巴士底日"法国尼斯又发生大规模恐怖袭击，死亡人数更达 84 人⑤。甚至一向自认为是发达国家安全岛的日本，近年也不安宁。2016 年 7 月 26 日，有歹徒在东京街头行凶，导致 15 人当街死亡。⑥

第四，在核不扩散方面，朝鲜 2016 年以来进行了两次核武试验

---

① "The war in Syria: Smoke and chaos", The Economist, August 27th, 2016, pp. 41–42.
② LazaroGamio and Tim Meko, "How terrorist in the West compares with terrorism everywhere else", The Washington Post, July 17, 2016.
③ LazaroGamio and Tim Meko, "How terrorist in the West compares with terrorism everywhere else", The Washington Post, July 17, 2016.
④ Liz Aly, "Attacks in Saudi Arabia extend global wave of bombings", The Washington Post, July 5, 2016.
⑤ Anna Fifield, "At least 15 killed in knife attack in Japan", The Washington Post, July 26, 2016.
⑥ LazaroGamio and Tim Meko, "How terrorist in the West compares with terrorism everywhere else", The Washington Post, July 17, 2016.

和多次导弹试验,且其核武技术及远程投送能力明显取得了新进展。① 五角大楼在向国会提交的报告中警告称:"朝鲜导弹极有可能已经具有抵达美国本土的能力",并认为到 2020 年,朝鲜将积聚足以制造 100 枚核弹的核材料。② 在伊朗核问题上,虽然世界主要大国与伊朗达成核协议,但变数依然很大。特朗普当选美国总统后,多次批评奥巴马政府在伊核问题上对伊让步太多,提出要废除伊核协议,并采取了不少挑衅性行动,而伊朗也针锋相对地做出强硬反应。朝核、伊核问题陷入困境又引起其他一些"核门槛"国家蠢蠢欲动,东北亚的日本、韩国内部"核武装论"尤其呈高涨之势。

第五,在世界范围内,数以百万计的难民跨界流动、传染性疾病流行、水旱灾害及其他恶性自然灾害频发,毒品走私等跨国犯罪继续肆虐。以艾滋病危害为例,据 2016 年 7 月在南非召开的"21 世纪国际艾滋病大会"报告,全球迄今有 3500 万人死于艾滋病。虽然有 1700 万艾滋病患者正在治疗,但每年仍然有 200 万人新感染艾滋病毒。要控制艾滋病,就要有足够的资金,而资金明显不足。虽然联合国方面宣称要在 2030 年消灭艾滋病,但受限于各种因素,这一目标显然难以实现。③

第六,国际军备竞赛进一步抬头,美俄日英等大国成为新一轮军备竞赛的直接驱动因素,以武力作为贯彻国家政策工具的传统安全思维与安全模式有死灰复燃之势,国际军事安全竞争更加激烈。其具体表现:一是美国直接挑起了这一轮国际军备竞赛浪潮,且明确以应对俄"侵略"和中国实力"增强"为主要依据,应对朝鲜、

---

① Choe Sang-Hun, "North Korea Says It Plans To Test Long-Range Missile", The New York Times, January 2, 2017.

② William J. Broad, "Experts Worry North Is Perfecting Skills That Could Extend Nuclear Reach to U. S.", The New York Times, September 10, 2016.

③ Andrew Green, "Fears of lost progress follow $1 billion drop in global AIDS funding", The Washington Post, July 26, 2016.

伊朗等地区威胁则在其次，应对恐怖主义和"伊斯兰国"威胁又在其次。美国国防部向国会提交的2017年度国防预算总额为5827亿美元，其中用于打击"伊斯兰国"的费用仅为75亿美元。[①] 尽管如此，特朗普并不满意。他在竞选期间宣称要大大强化美军事力量，包括在现有国防开支的基础上再年增900亿美元，保证美国陆军增员9万，使之达到54万兵员；海军新增75艘新战舰，使之达到350艘以上；空军也要大量采购新战机，并要求其盟国如北约、日韩等都要增加国防开支、为美国分担军事安全义务。[②] 特朗普正式上任不久，就宣布增加军费500亿美元，在视察"福特号"航母时明确提出美要保持12艘大型航母。二是各大国纷纷参与，不甘落后。为支持在东欧对俄威慑行动，欧洲议会于2016年11月22日通过决议，呼吁建立"欧洲防务联盟"。[③] 欧盟成员国有16个在2016年增加了国防开支。[④] 俄罗斯近年虽然经济呈负增长，经济极为困难，其国防开支仍呈两位数增长，并在重整军备方面取得不少进展。[⑤] 日本安倍政府则以应对朝鲜核威胁及中国在东海问题上的"强硬立场"为由，将其年度军费增至510亿美元。[⑥] 三是亚太成为这一轮国际军备竞赛的重灾区。根据瑞典斯德哥尔摩"和平研究所"数据：2010年以来，全球军费开支总体呈下降趋势，但亚太却保持"逆向"增长，

---

① Zechary Fryer-Biggs, "Carter previews USD582.7bn defence budget, describing five focus areas", IHs Jane's Defence Weekly, February 10, 2016, p.11.

② Ashley Parker and Matthew Rosenberg, "Trump PROPOSES Vast Expansion of U.S. Military", The New York times, September 8, 2016.

③ Brooks Tigner, "European Parliament calls for defenceunion", IHs Jane's Defence Weekly, November 30, 2016, p.13.

④ Steven Erlanger, "Test by Russian, NATO Struggles to Maintain Its Credibility", The New York Times, May 4, 2016, p.10.

⑤ Craig Caffrey and FenellaMcgerty, "Rode to recovery", IHs Jane's Defence Weekly, February 10, 2016, p.26; Editor," AsianDefense Yeaybook", p.42.

⑥ Anna Fifield, "Hard-liner who could become Japan's next prime minister will make her debut in Washington", The Washington Post, September 14, 2016.

平均增长率约为5%，年防务开支总额则超过4000亿美元，高于欧洲；亚太占全球军费开支的比重已由2020年的1/5左右增至2015年的1/4左右，并预测到2020年将增至全球比重的1/3左右；2016年以来，亚太各国军费开支普遍增加，其中印度与菲律宾2016年军费开支增长率在亚太最高，均达两位数。其中，菲律宾军费增速为16.3%，当年军费开支约达38亿美元；韩国2016年新增军费10亿美元。此外，澳大利亚增速也很高。在此同时，亚太各国普遍大量增购各种新军事装备，如战舰、战机等。[①] 亚太军备竞赛还有一个特别值得关注的新特点是，核军备竞赛潜滋暗长，核弹头数量持续呈增长态势。其中，印度核弹头2016年增至100枚—120枚、巴基斯坦增至110枚—130枚、朝鲜核弹头约10枚；且印巴朝核、导技术也在不断取得进展。这又驱动日本、韩国等"核门槛国家"在核武开发问题上蠢蠢欲动。[②]

第七，美俄核军备竞赛死灰复燃，世界正在进入所谓"第二个核时代"[③]。2016年，奥巴马在其八年总统任期行将结束之际，竟然公开废弃其初任总统时所作出的"无核世界"承诺，宣布要在"下一个10年"，每年投入350亿美元用于更新美国核武库。[④] 其中，600亿美元用于制造642枚新型陆基洲际导弹、1000亿美元用于新造12艘核潜艇、550亿美元用于制造100架新型轰炸机、300亿美元用于制造1000枚新型巡航导弹、500亿美元用于更新"反应更

[①] Craig Caffrey and FenellaMcgerty, "Rode to recovery", IHs Jane's Defence Weekly, February 10, 2016, pp. 26 - 27; Editor," AsianDefenge Yeaybook", pp. 42 - 45; EDITOR, "AnnualDefence Report 2015: Asia Pacific", IHs Jane's Defence Weekly, December 9, pp. 26 - 31.

[②] Gabriel Dominguez and Karl Dewey, "Asia countries continue to prioritise nuclear deterrence", IHs Jane's Defence Weekly, June 22, 2016, p. 4.

[③] Mac Thornberry and Andrew F. Krepinevich, Jr, "Preserving Primacy: A Defense Strategy for the New Administration", Foreign Affairs, September/October 2016, p. 32.

[④] Fred Kaplan, "Rethinking Nuclear Policy: Taking Stock of the Stockpile", Foreign Affairs, September/October 2016, p. 18.

快、更灵敏、更安全的指挥控制系统"、800亿美元用于打造保障美在更长时期内保持核技术优势的"核实验基地"。[1] 特朗普当选后虽然提出要否决奥巴马的不少政策"遗产",但对其更新美国核武库的计划却全盘照搬,甚至有加码之势。[2]

美国如此大规模更新核武库,无异于开启所谓"第二个核时代",从而引起了俄罗斯的"核反弹"。针对美欧及北约在东欧靠近俄罗斯边境部署北约战斗部队,俄毫不退让;[3] 针对美在波兰部署反导系统,俄决定部署反导系统予以反制,还公开宣称"必要时将使用战术核武器进行反击"。对此,欧盟与北约也是针锋相对。北约秘书长斯托尔滕贝格(Stoltenberg)明确回应称:"只要世界上还存在核武器,北约就是一个'核联盟',必要时将以核武器回击任何攻击。"[4] 美欧及北约与俄罗斯之间公开以"必要时将使用核武器"相威胁,这在冷战结束以来的20多年来尚属首次,突出说明传统安全威胁和大国地缘政治冲突不但在上升,而且有重新成为国际政治与国际关系主要议题的趋向。

二、国际安全治理的困境与出路

当前国际安全形势"乱象丛生"以及其种种新特点,虽然由其自身固有的原因所驱动,但也反映迄今为止的国际安全治理效果不

---

[1] Fred Kaplan, "Rethinking Nuclear Policy: Taking Stock of the Stockpile", Foreign Affairs, September/October 2016, pp. 21–22.

[2] Carol Morello, "Trump says the U. S. must 'strengthen and expand its nuclear Capability'", The Washington Post, December 23, 2016.

[3] Kathrin Hill, "Russia round on Nato over Baltic Defences", Financial Times, July 11, 2016.

[4] Steven Erlanger, "Test by Russian, NATO Struggles to Maintain Its Credibility", The New York Times, June 1, 2016.

佳，陷入了新的困境，甚至可以说出现了一定程度的倒退，同时也对推进国际安全治理提出了更高、更新、更迫切的全面要求。

探讨国际安全治理，首先要探讨国际安全治理的主体，即由谁来治理？亦即何者是国际安全治理的主体？

国际安全治理属于全球治理的范畴，是全球治理的一部分。因此，讨论国际安全治理的主体避不开全球治理及全球治理的主体。

通常情况下，国际安全治理本应成为全球治理的核心内容，国际政治、经济治理则在其次。因为国际社会对国际安全威胁的认知及治理方式较容易产生共鸣、达成共识、采取共同行动，政治、经济治理则存在发展模式与发展道路的多样性问题。冷战后力倡并主导全球治理的是自命进入所谓"后现代"的欧洲人。然而，欧洲人在冷战后所主导的全球治理以政治治理、民主治理及在非西方国家实现"良治"等为主要内容，国际安全治理则被他们严重忽视，也可以说被严重扭曲、被他们不适当地纳入了"民主治理"轨道。据此而论，欧美等西方国家虽然自命为冷战后全球治理的主体，但他们并非真正的国际安全治理主体，也没有把国际安全治理视为主要使命。也可以认为，美欧等西方国家是冷战后不合格的国际安全治理主体，国际安全治理的主体在冷战后相当长一段时间实质上处于缺失状态。

近年，随着全球化的推进、非西方世界的觉醒与发展，尤其是环太平洋的中国、印度、巴西等非西方大国的崛起以及亚太开始成为世界地缘政治中心，欧美等西方国家已开始失去过去数百年间逐步累积、形成的国际影响力和优越感。进而，随着其经济表现不佳、在全球范围内的经贸和技术优势下降，随着其内部民粹主义、孤立主义、反全球化主义抬头，以及其前期主导的全球治理及国际安全治理成绩不佳、其在非西方国家的影响力持续下滑等，西方国家开始从其一度雄心勃勃的全球治理立场后退。英国"脱欧"、欧洲右翼势力崛起、美国"特朗普主义"大行其道,均说明美欧等西方国家已经不再、也没有能力充当全球治理的主导者和主体,① 更不能指望其充当国际安全治理的主体。

今后,全球治理及国际安全治理的主导权将无疑将从西方向非西方转移,非西方国家、尤其是包括中国在内的非西方大国,将在全球治理和国际安全治理过程中扮演越来越重要的角色,他们不仅是国际规则的"遵守者",也将成为国际规则的"制定者"。② 即是说,未来国际安全治理以至全球治理的主体将是以中国为代表的广大非西方国家。

如果说国际安全治理由谁治理、即治理主体是什么的问题,是第一个理论思考点的话,则其第二个理论性思考点就是治理谁、治理什么? 即什么是国际安全治理的客体?

尽管美欧等西方国家不是冷战后合格的国际安全治理主体,其在主导全球治理的过程中扭曲了国际安全治理,使之纳入所谓"民主治理"轨道,但其在把广大非西方国家定位为国际安全治理的客体方面并不含糊。在此背景下,冷战后国际安全治理过程中"医者与患者"的对立统一关系变成了西方与非西方的对立关系,这其中西方国家是"医生",而非西方国家变成了"病人"。由西方主导的国际安全治理与全球治理,其本质是西方对非西方的治理、修理。美欧等西方国家尤其打着国际安全治理和全球治理的旗号,把西方价值观、人权观、民主观和发展模式强加于非西方国家,以确保西方国家10余亿人对全球大多数人的经济、政治、文化优势和优越感的永恒性,确保西方国家对全世界统治的永恒性。鉴于此,他们认

---

① Edward Wong, "China's President Seeks to Carve Bigger Global Role in First Visit to Davos", The York Times, January 11, 2017.

② Jane Perlez and Yufan Huang, "At Group of 20 Economic Meeting, Host Aspires to a Bigger Role in Global Affairs", The New York Times, August 31, 2016.

定广大非西方国家未能建立西方民主体制是国际动荡的总根源，并据此把国际安全治理纳入"民主治理"轨道，认定在全世界广推西方民主制度和发展模式可以包医百病。

例如，在西方主导国际安全治理以至全球治理的过程中，西方国家常常把治理的显微镜对准非西方国家的环境问题、"良治"问题、腐败问题、恐怖主义问题及大规模杀伤性武器扩散问题等等，但对于美国的枪支泛滥、毒品流行、种族歧视、西方国家也普遍存在的腐败现象（如最近揭露的国际奥委会腐败案）以及对西方国家"高消费、高浪费"导致的资源与环境压力问题等则视而不见。这种由一部分人治理另一部分人的国际安全治理、全球治理，不但不能解决各种全球安全难题，而且不断产生新的不公平、不公正和新的国际安全难题。

今后的国际安全治理及全球治理，应以全球、全世界为治理对象。其治理主体，既应包括西方发达国家，更应包括非西方不发达国家和新兴国家；治理客体，也既应包括非西方不发达国家和新兴国家，也必须包括西方发达国家，甚至最发达的美国。

有关国际安全治理的第三个理论思考点是如何治理？应秉持什么样的治理理念？这是国际安全治理的关键，也是21世纪国际安全治理的创新点。

在21世纪，国际安全治理的目标是把全球范围内所有影响国际安全的问题、无论非西方国家的问题抑或是西方国家的问题，统统纳入国际安全治理的篮子里，在全球范围内统一治理，以求建设一个公平、公正、大小国家平等、西方与非西方国家平等、各种发展模式和政治管理模式兼容并蓄、各国共存共荣、和平合作、繁荣、发展、和谐的新世界。①

---

① 习近平："在二十国集团领导人峰会上的闭幕辞"，载《人民日报》，2016年9月6日；习近平："共同构建人类命运共同体——在联合国日内瓦总部的演讲"，载《人民日报》，2017年1月20日。

国际安全治理的内容，除应纳入国际上普遍存在的安全问题，如恐怖主义、大规模杀伤性武器扩散、环境气候、自然灾害、传染病流行、毒品种植贩运、海盗、跨国犯罪、难民、地区冲突、军备竞赛等问题之外，诸如在美国流行的民间枪支泛滥、种族歧视、警察乱执法、美俄之间新一轮核军备竞赛、不公平的核不扩散体制、当前漫及西方国家的民粹主义、贸易保护主义、文化价值观和政治制度优越论等等，也应纳入国际安全治理的范畴。

在实施国际安全治理的过程中，公平、公正、西方与非西方平等、治理标准必须统一原则是必不可少的。冷战结束以来的20多年间，由美国及西方主导的国际安全治理及全球治理活动之所以成效不彰，甚至使世界越治越乱，除其在治理主体、客体及治理内容等方面不正确外，一个重要原因是其在治理过程中采用双重标准，不公平、不公正，打着国际安全治理和全球治理的旗号，实行西方治理非西方模式，谋求西方少数国家、少数人的利益。

例如，核不扩散问题一直是美国及西方主导的国际安全治理和全球治理的主要议题和主要目标之一，这是正确且符合国际和平与稳定的需求。但是，第一，美国与西方在治理核扩散问题时，采用了双重标准。他们对朝鲜、伊朗核武开发采用核不扩散标准，对以色列及印度的核武开发却听之任之，甚至或明或暗地鼓励日、韩等国开发核武，这就促使朝鲜与伊朗的不服气、不服从。第二，美国及西方一方面压朝鲜、伊朗等放弃核武开发，其自身又保持着远远超过安全需要的大量核武器。如美国拥有2080枚现役核弹头，另有5180枚储备核弹头，其核弹头数量接近世界总量的一半，质量更是高居其他国家之上。[①] 奥巴马刚任美国总统时，曾高调宣布美要致力

---

① Geoff Dyer, "Nuclear upgrade raises arms race fears", Financial Times, April 1, 2016.

于打造"无核世界",① 但其离任前却高调宣布要用3500亿美元更新美核武库,把世界拉入"第二个核时代"和新一轮核军备竞赛。② 这不但使被治理对象的朝鲜和伊朗等备感不安全、受威胁,也使世界各国不安全、不踏实。第三,美国及西方在压朝鲜、伊朗等放弃核武开发及治理国际核扩散问题时,每每趁机贩卖西方民主价值观、人权观和经济政治发展模式,要求朝鲜、伊朗等放弃其价值观和发展模式,甚至不惜对其搞"政权更迭"等。③ 其结果是,尽管冷战后美国及西方在国际安全治理和全球治理过程中主打反扩散牌,但国际核扩散问题不但未能得到解决,反而更加严重。

又如,国际气候变化与环境治理问题也是冷战后由美国及西方主导的国际安全治理及全球治理的主要内容和主要议题之一。在这方面,自认为是"后现代"国家的欧洲国家一马当先。早在冷战前,西方人主导的"罗马俱乐部"就提出了"发展极限论",其主要观点认为世界资源、环境的容纳能力有限,世界经济不能无限制发展。④ 冷战结束后,欧美等把这一理念贯彻于国际环境、气候治理,但他们主要是针对非西方国家、尤其是中印等新兴大国的"赶超型"发展进程,宣称中国是世界上最大的污染物排放国、印度则居第三,要求严厉限制中印等发展中国家的工业化、现代化进程。⑤ 他们不提人均排放标准,不提美欧"高消费、高浪费"及由此引起的人均高排放对世界环境和资源造成的危害,更不提如何采取有力措施调降

---

① Fred Kaplan, "Rethinking Nuclear Policy: Taking Stock of the Stockpile", Foreign Affairs, September/October 2016, p. 18.

② Mac Thornberry and Andrew F. Krepinevich, Jr, "Preserving Primacy: A Defense Strategy for the New Administration", Foreign Affairs, September/October 2016, pp. 26–35.

③ Charles Clover, "China stance on N Korea faces Security Council challenge", Financial Times, February 15, 2016.

④ 德内拉·梅多斯等著,李涛、王智勇译:《增长的极限》,机械工业出版社,2008年12月版,第XII—XIII页。

⑤ Gardiner Harris, "India's Leader Tells Congress of New Moment in Relations With U. S.", The New York Times, June 9, 2016.

美欧等西方国家持续多少代人的"高消费、高浪费"生活标准与方式，而是把矛头指向发展中国家。他们宣称全球每年因环境污染造成了数万亿美元的经济损失以及数百万人死亡，而造成这一后果一半以上要归因于"东亚及南亚国家"，"59%归因于'中低收入国家'"。①

事实上，美欧等西方国家的长期"高消费、高浪费"积累，才是造成全球环境污染的真正罪魁祸首。以美国为例，美国人口只占全球的4%，却消耗了占全球消费量25%以上的石油及能源，人均排放不仅居全球之首，而且远远超过世界平均标准。欧洲国家的人均排放标准也大体如此。美欧还反复宣称，世界能源与环境只能承载"一个美国"，不能再承载"另一个美国"。言下之意，就是要固化目前美欧等西方国家10多亿人享有全球一半以上GDP的国际经济现实和发展不平等，其实质是要挥舞国际气候、环境治理及能源、资源承载力有限的大棒，阻止非西方国家以"赶超"为导向的现代化、工业化进程。以这种美欧"高消费、高浪费"和西方"例外论"的论调、理念主导全球气候、环境治理，当然不会得到非西方国家的认同，也难以有效解决国际环境、气候治理难题。

再如反毒问题。菲律宾总统杜特尔特（Rodrigo Duterte），上任后全力开展反毒行动，打击毒品犯罪及贩毒、制毒毫不手软。然而，美国及西方不但不支持，反而诬其独裁、不民主、侵犯人权，甚至煞有介事地要求以谋杀罪对其进行起诉、调查。②

西方国家在主导国际安全治理、全球治理过程中的治理标准、理念及其对治理议题与内容的选择与限定等，本身就说明其国际安

---

① Shawn Donnan, "World economy chokes on $5tn cost of pollution as premature deaths soar", Financial Times, September 9, 2016.
② Felipe Villamor, "Duterte Defends a Crackdown on Drugs", The New York Times, October 1, 2016; Nick Cumming-Bruce, "U. N. Official Urges Murder Inquiry Into Filipino President", The New York Times, December 21, 2016.

全治理及全球治理主张的狭隘性、自私性，"是 20 世纪下半叶的产物"，已经不能适应新的国际现实。①这也决定了由西方主导的国际安全治理、全球治理必然一事无成，甚至使冷战后世界"越治越糟"。

总而言之，当前国际安全环境的"乱象丛生"不过是一种国际政治表象，其根源在于冷战后由美国及西方主导的国际安全治理及全球治理，从治理主体到治理客体都出了问题。不论国际安全形势有多少"乱局"、国际安全治理的议题与内容有多复杂，都不属于国际安全治理和全球治理困境的范畴。国际社会"乱象丛生"只能说明国际安全治理和全球治理"内容庞杂、任务艰难、使命光荣"。当前国际安全治理与全球治理真正的困境在于治理主体、客体以及治理理念、原则和议题被严重扭曲，严重偏离国际现实。国际社会要走出当前国际安全治理及全球治理的困境，只能从根本上调整治理主体、客体以及治理理念、原则和议题、内容等，使之回归国际现实。唯有如此，才能消除国际乱局，使世界走向和平、稳定、繁荣。

三、国际安全治理与中国

改革开放 30 多年来，中国经济、外贸及对外经济活动都取得空前发展，全球"印迹"不断增多、增大、加深。据国家统计局数据，2016 年中国 GDP 首次迈上"70 万亿"新台阶，达到 74.4 万亿元人民币，稳居世界"老二"地位，并进一步缩小了与美国的差距；当年中国对世界经济增长的贡献率达 33.2%，居世界第一；外贸总值虽然较 2015 年略有下降，也居世界第一；对外投资存量与流量都显

---

① Philip Stephens, "How the west has lost the world", Financial Times, October 14, 2016.

著增大,在世界各大洲都有大量投资与人员存在;每年出国从事旅游、商务及其它活动的人员更是过亿。①

然而,在海外利益全球化、人员活动全球化的同时,中国海外利益及人员的安全问题也受到越来越多的挑战。英国《金融时报》一个研究团队根据经合组织(OECD)和世界银行数据撰写的一份报告称,中国海外投资主要投资于世界高风险地区,2013—2015年的海外投资平均风险指数为5.33,大大高于世行平均4.35的投资风险指数。例如,2013—2015年期间,中国在世界上投资风险程度最高的委内瑞拉、巴基斯坦、阿根廷、埃塞俄比亚、苏丹、赞比亚等六国的投资总额达378亿美元。而差不多同期,世行仅在巴基斯坦与埃塞俄比亚两个高风险国家投资131亿美元。自2007年以来,中国在委内瑞拉更是累计投资达650亿美元,而委内瑞拉只有3100万人口,政局严重不稳定,年度通胀率甚至达到过800%。② 这份报告虽然数据不一定精确,但考虑到《金融时报》在国际传媒界的信誉与声望,其主要观点还是可信的。这突出说明中国海外投资利益及相关利益的风险有多大!解决这类风险仅靠"金融外交"显然不够。

近年来,中国游客在南非遇袭案、海外留学生遇害案、马来西亚的中国游客遇难案、中国公民在法国遭遇室内枪击案,以及欧美等国不时对中国产品征收"反倾销税"等,突出说明中国海外利益与人员安全问题正在集中爆发,解决这些问题已经不能仅凭中国一国之力单打独斗。从这样的视角看问题,全球治理、尤其是国际安

---

① 陆娅楠:《稳字当头,质效提高:国民经济实现"十三五"良好开局》,《人民日报》,2017年1月21日。

② James Kynge, Jonathan Wheatley, Lucy Hornby, Christian Shepherd and Andres Schipani, "Beijing' huge commitments in overseas funding have turned sour in countries such as Venezuela. As the debt pile grows, officials are being forced to rethink the policies behind its global financial diplomacy", Financial Times, October 14, 2016.

全治理确实已经与中国的和平与发展利益息息相关。

毋庸置疑，如何维护中国在海外不断扩大的国家利益和人员安全是一个战略性难题。中国不能、也不应像殖民时代的西方国家那样，用"治外法权"、强权政治等方式解决这些问题；更不应、也不可能采用100年前西方国家在海外所采取的"炮舰政策"来解决这些问题。唯一的办法，只能通过全球治理、尤其是"国际安全治理"方式，争取以制度化和国际合作方式来解决这些问题。因此，中国不能满足于做国际安全治理和全球治理的"看客"，而要主动投身其中，积极和主动参与、并争取主导国际安全治理和全球治理。这正是习近平主席2016年9月在G20杭州峰会上的讲话以及2017年1月在瑞士达沃斯论坛上的讲话所体现的战略思路和国际理念。[1]

针对当前国际安全治理、全球治理活动在治理主体、客体及治理理念、议题与内容方面的错位，中国要有自己的主张，并运用正在成长的国家实力和威望，发挥应有的影响力。[2]

首先，在治理主体方面，不能再任由美欧等西方国家垄断国际安全治理以及全球治理的话语权和决策权。中国不但自己要采取行动积极参与并争取主导国际安全治理以至主导全球治理，还要动员、鼓励、支持非西方国家，如印度、印尼、巴西等新兴大国以及广大发展中国家积极参与国际安全治理和全球治理，真正成为国际安全治理和全球治理主体的一部分。为此，在全球层面，中国应该并已经开始推动联合国及G20等全球性国际组织在国际安全治理以至全球治理方面发挥更大的作用，使之最终能完全替代、覆盖由美欧主

---

[1] 习近平：《共同构建人类命运共同体——在联合国日内瓦总部的演讲》，《人民日报》，2017年1月20日。

[2] Fu Ying, "The American World order is a suit that no longer fits", Financial Times, January 7, 2016.

导的"G7"。① 同时，在地区层面，则要发挥上合组织、APEC、"东盟+"等在区域安全治理方面的作用。当然，美欧等西方国家也是国际安全治理以及全球治理的合作对象。只有西方国家与非西方国家、大国与小国同等参与，国际安全治理以至全球治理才真正具有全球性、国际性，才有望克服困难，取得成功。

以美国为例。美国是受艾滋病危害很大的国家之一，美国也为国际社会防治艾滋病做出了一定贡献，如每年防治艾滋病的数十亿美元经费就有大约2/3源自美国。但由于美在出资问题上"赖账"，2016年国际防治艾滋病的经费就出现了大约10亿美元的缺口。② 如果转向"美国优先"的特朗普政府拒绝在这方面承担义务，则国际防治艾滋病的事业就会遇到很大障碍。这一例说明，因西方国家科技发达，综合实力强，在国际安全治理和全球治理过程中，尤其在应对各种非传统安全威胁方面，必须也有能力承担更多的义务，发挥更大的作用。

在治理客体方面，冷战后美欧等西方国家单方面以非西方国家为治理对象的治理模式必须调整。只有站在全球安全视角，对所有的全球性问题、国际性问题进行综合治理，国际安全治理才真正具有全球性、国际性，才有合法性和可操作性，才能取得成效。比如"良治"问题，不但非西方国家存在，西方国家也存在。美国的枪支泛滥、每年死于枪杀案的人数多于车祸死亡人数，并殃及旅居美国的外国人，就不完全是个美国国内安全问题，也是个国际问题，属于"良治"范畴，就可以也应该纳入国际安全治理范畴。③ 又比如

---

① Chen Shilei and Wang Haiqing, "China help G20 find solution to improving global governance", The New York Times, September 21, 2016; Fu Ying, "The American World order is a suit that no longer fits", Financial Times, January 7, 2016.
② Andrew Green, "Fears of lost progress follow $1 billion drop in global AIDS funding", The Washington Post, July 26, 2016.
③ William Marsden, "U.S. gun problem is creeping into Canada", The Washington Post, February 16, 2016.

国际毒品泛滥问题，虽然毒品种植主要在阿富汗、缅甸以及中美洲国家，但其消费地却主要在美欧日等发达国家。只对毒品种植地搞治理、而不对消费地搞治理，是难见成效的。必须产、销、运一起治理，才能真正解决全球毒品泛滥问题。再比如国际难民问题，虽然难民流出国主要是利比亚、叙利亚、阿富汗等非西方国家，流入国主要是欧洲国家，但这些难民是如何产生的？国际上公认的原因是因为美欧等西方国家滥用武力，打击这些国家原有的合法政府和秩序，造成这些国家的动荡以及民众流离失所，其源头在于美国及西方国家滥用武力。用堵的方式治理国际难民问题，也是难以从根本上解决问题的。

再次，在国际安全治理及全球治理的理念和目标方面，中国应该也已经开始力倡治理的公正性、公平性、全球性，力倡包容、合作、共赢，力倡经济政治发展模式及价值观、人权观、发展观的多样性、多元性。世界各国，无论西方还是非西方，无论发达国家还是发展中国家，无论大国还是小国，在国际安全治理和全球治理过程中都具有同等的权利与义务。[①] 如果不是这样，如果以治理为名，强迫其他国家接受自己的经济、政治发展模式和价值观，则可能事与愿违，治理投入与治理效果有可能相背离、甚至南辕北辙。以阿富汗为例。美国打垮塔利班后，主导阿重建，投入不谓不大。据统计，国际对阿援助数额曾一度达到阿 GDP 总值的 105%。然而，阿并没有实现和平、稳定与发展，仍战乱频仍、经济困难、腐败丛生，其原因就在于美国及北约在主导阿重建过程中，不是将其视为国际安全治理问题，而是视为"民主治理"问题，不适当地强行贯彻西

---

① 习近平：《在二十国集团领导人峰会上的闭幕辞》，载《人民日报》，2016 年 9 月 6 日；习近平：《共同构建人类命运共同体——在联合国日内瓦总部的演讲》，载《人民日报》，2017 年 1 月 20 日。

方三权分立制度，当然是药不对症，不会有成效。[①]

不仅在阿富汗是这样，美国及西方在利比亚、叙利亚造成持续动荡局面的过程，也如出一辙。这其中的教训，很值得各国、尤其是主导国际安全治理和全球治理的主要大国认真总结。[②]

最后，中国应身体力行，在国际安全治理和全球治理过程中承担一个发展中大国应承担的权利、义务与责任。在 G20 峰会期间，中国与美国就气候变化问题达成协议，这在国际上无疑起到了示范效应。[③] 中国计划在 2016—2020 年的五年间投入 3600 亿美元用于发展可再生能源，则是中国承担全球气候治理义务与责任的一项具体行动。[④] 此外，中国积极参加联合国维和、出动海军护航编队赴印度洋水域打击海盗、为各国商船队护航以及提出"一带一路"倡议等，是主动为国际和平、安全与繁荣提供"公共产品"，也是在为国际安全治理以至为全球治理做出自己应有的贡献。

（本文发表于《现代国际关系》2017 年第 5 期，此次收入书中有较大幅度的增删、修订——作者。）

[①] Geoff Dyer, "Afghan corruption worse after US aid effort, says watchdog", Financial Times, September 15, 2016.

[②] Missy Ryan, "Former CIA asset proving a headache for U.S. in Libya", The Washington Post, August 18, 2016.

[③] Wang Haiqing and Jiang Hanlu, "International community lauds Chinese-U.S. ratification of Pauis Agreement", The New York Times, September 21, 2016.

[④] Edward Wong, "China's Transparency Is Wild Card for Climate Pact", The New York Times, January 11, 2017.

国际安全问题国内化与国内安全问题国际化

赵晓春[*]

[内容提要] 冷战结束以来，国际安全问题与国内安全问题相互转化与相互影响问题凸显，其主要特点是：相互转化的速度加快，范围更大，涉及的领域也更为广泛；更易于发生在地理上毗邻，经济发展水平、政治经济体制、文化与意识形态相近的国家之间；往往会产生影响持续扩大的"蝴蝶效应"；其产生的影响和后果具有因国家而异的非线性特征。国际安全问题与国内安全问题相互转化的传导机制包括：经济全球化迅速发展背景下的经济传导机制；少数大国对于国际事务进行干涉与插手而形成的政治传导机制；基于数字技术、网络技术、移动技术迅速发展而形成的信息传导机制；示范效应机制等。国际安全问题国内化与国内安全问题国际化对于中国国家安全构成了严峻挑战，中国必须积极稳妥地加以应对。

[关键词] 国际安全　国内安全　中国国家安全　传导机制

一、问题的提出

国际安全问题与国内安全问题的相互转化与相互影响并非是一

---

[*] 赵晓春，国际关系学院国际政治系教授，主要研究领域为国际安全和中国外交。

个全新的政治现象，但自冷战结束以来，特别是最近十余年来，国际安全问题与国内安全问题相互转化与相互影响出现了转化速度更快、影响范围更广、产生后果也更为严重的趋向。1999年南联盟因国内科索沃问题招致以美国为首的北约的军事打击；2001年美国发生的"9·11"事件演变为阿富汗战争与伊拉克战争；2008年爆发的国际金融危机对于世界各国国内的政治经济安全产生深刻影响；2011年突尼斯国内的政治社会危机引发西亚北非地区政局的剧烈动荡，这一切都与国际安全问题与国内安全问题相互转化与相互影响有着密切关系。可以说，包括中国在内的当代世界各国的国家安全不仅面临着传统安全威胁与非传统安全威胁相互交织的挑战，而且还面临着国际安全问题国内化与国内安全问题国际化的冲击与挑战。

近年来，中共中央根据国际国内形势的发展，从推进党和国家各项事业、实现全面建设小康社会的宏伟目标出发，提出了统筹国内国际两个大局的战略思想。在中国共产党第十七次全国代表大会的政治报告中，胡锦涛明确指出：要"统筹国内国际两个大局，树立世界眼光，加强战略思维。"[①]2013年1月，习近平在第十八届中共中央政治局第三次集体学习时再一次强调指出："我们要加强战略思维，增强战略定力，更好统筹国内国际两个大局，不断夯实走和平发展道路的物质基础和社会基础。"[②]从维护国家安全的角度看，统筹国际国内两个大局，实质上就是要科学地应对国际安全问题国内化与国内安全问题国际化给中国国家安全带来的冲击和影响，努力消除或减小这种冲击和影响给中国国家安全所造成的危害。

一般而言，国际安全所指涉的主要是本国之外的其他国家或本

[①] 胡锦涛：《高举中国特色社会主义伟大旗帜为夺取全面建设小康社会新胜利而奋斗——在中国共产党第十七次全国代表大会上的报告》，2007年10月15日，新华网，http://news.xinhuanet.com/newscenter/2007—10/24/content_ 6938568_ 2. htm。

[②] 习近平：《更好统筹国内国际两个大局夯实走和平发展道路的基础》，新华网，http://news.xinhuanet.com/politics/2013—01/29/c_ 114538253. htm。

国与其他国家之间的安全问题；国内安全则涉及一国内部的政治、经济、社会、文化等广泛领域的安全问题。本文从维护国家安全的视角，着重探讨国际安全与国内安全相互转化与相互影响问题。

二、国际安全问题与国内安全问题相互转化的表现

纵观冷战后国际安全形势的发展演变，国际安全问题国内化与国内安全问题国际化的情况日益凸显，对于世界各个国家的国家安全构成了严峻挑战。

（一）军事领域国内安全问题与国际安全问题的相互转化

从军事层面看，尽管冷战的结束使得世界主要大国之间发生直接军事对抗的可能性大大降低，世界总体和平的局面得以维持，但由于国内安全问题国际化所导致的局部战争，或由于国际战争对于有关国家国内安全形成严重冲击和影响的事件仍然频频发生。1999年爆发的科索沃战争，就是一个由于国内安全局势激化而发展为国际战争的突出案例。1999年，南联盟国内科索沃地区阿族与塞尔维亚族之间围绕科索沃独立问题的矛盾迅速激化，暴力冲突逐步升级。同年3月，科索沃冲突双方在法国朗布依埃举行的和平谈判破裂，塞尔维亚拒绝在美国方面草拟的和平方案上签字。在此背景下，以美国为首的北约以"消除人道灾难"、"人权高于主权"为借口，从3月24日起对南联盟发动了长达78天的空中打击。南联盟国内安全问题最终演变为北约军事集团介入的科索沃战争。这场战争是以美国为首的北约第一次在其成员国范围之外对一个既未对外采取军事行动、又无侵略意图的国家发动的战争，开创了使国内安全问题国

际化的一个危险先例。

另一个与之相类似的案例是，2011年初，受西亚北非政局剧烈动荡的影响，利比亚国内爆发了反政府武装力量同利比亚政府军之间的激烈军事冲突。在此背景下，2011年3月19日以美、英、法等西方大国为首的军事联盟联手对利比亚发动了代号为"奥德赛黎明"的军事打击，以支持利比亚国内反政府武装。原本是利比亚国内不同部落和不同派别之间的一场武装冲突，却因西方国家的介入而演变为一场国际战争。

由于国内安全问题国际化所导致的国际战争或冲突，反过来也会对有关国家的国内安全产生重大影响。以"9·11"事件之后美国发动的阿富汗战争和伊拉克战争为例，美国发动这两场战争的直接动因是打击国际恐怖主义。然而，在一个较长的时期内，美国的反恐战争不但未收到预期的效果，反而进一步刺激了国际恐怖主义活动的反弹，致使"9·11"事件之前主要是针对美国的恐怖主义活动开始向其他相关国家蔓延。巴基斯坦因毗邻阿富汗而成为塔利班和基地组织袭击的重灾区，其他如孟加拉国、印度、印度尼西亚、埃及、约旦、俄罗斯、西班牙、英国和菲律宾等国的恐怖主义活动不降反升，先后发生了恶性恐怖袭击事件，给这些国家的国内安全造成了严重冲击。

（二）政治领域国内安全问题与国际安全问题的相互转化

在政治领域，国际安全问题国内化与国内安全问题国际化的现象也十分突出。例如，进入21世纪以来发生的所谓"颜色革命"以及西亚北非地区的政局大动荡，均带有鲜明的国内安全问题与国际安全问题相互转化、相互影响的特点。所谓"颜色革命"，又称"花朵革命"，是指21世纪初期发生在独联体国家和西亚北非地区国家的以颜色命名、以和平和非暴力方式进行、以谋求权力再分配为目标的政权变更运动。2003 年，格鲁吉亚率先发生"玫瑰革命"，之后，这一权力变更运动迅速在其他国家引发连锁反应，演变为一个国际安全问题。2004 年，乌克兰发生"橙色革命"；2005 年，吉尔吉斯斯坦发生"郁金香革命"、乌兹别克斯坦安集延地区出现了反政府的骚乱、伊拉克发生"紫色革命"、黎巴嫩发生"雪松革命"；2007 年，缅甸发生了"藏红色革命（袈裟革命）"。2011 年初，突尼斯发生的"茉莉花革命"，可以视为是这一"颜色革命"的延续和组成部分，但从事件的影响和后果看，也可视为是一个独立的进程。2012 年 12 月 17 日，突尼斯南部西迪布吉德一名青年商贩因不满城管暴力执法自焚身亡，引发了突尼斯国内的大规模骚乱和政治危机，迫使执政 23 年之久的突尼斯总统本·阿里于 2012 年 1 月 15 日出走沙特阿拉伯寻求避难。继而突尼斯国内的政局动荡演变为波及整个西亚北非阿拉伯国家的地区安全问题；埃及、也门政府相继垮台；利比亚遭到美、英、法等国军事联盟的空中打击，卡扎菲被俘身亡；叙利亚陷入内战；沙特阿拉伯、巴林、约旦、阿尔及利亚和伊朗等国出现了程度不同的社会动荡。

（三）非传统安全领域国内安全问题与国际安全问题的相互转化

在一些非传统安全领域，国际安全问题与国内安全问题相互转化，并进而影响国家安全的情况也时常发生。例如，1997 年由泰国开始的亚洲金融危机，在六个月的时间内席卷东亚广大地区，不仅中断了东亚地区经济高速增长的势头，而且导致有关国家国内矛盾激化，社会动荡加剧，甚至出现大规模政治动乱。同样，2008 年爆发的二战后最为严重的国际金融危机，不仅对世界各国经济给予沉重打击，而且还成为引发西亚北非政局大动荡的重要导火索。

再如，冷战后，国际恐怖主义、民族分裂主义、宗教极端主义三股恶势力迅速崛起，它们之间相互勾联、内外策应，或是发动恐怖袭击，或是从事分裂活动，对相关国家的国内安全构成了严峻挑战；朝鲜、伊朗在国内进行的核开发活动，已演变为受到国际社会高度关注的防止核扩散问题，并对地区安全构成了严重威胁；索马里由于国内连年内战，政府不能有效控制全国局势，致使索马里附近海域的海盗活动极为猖獗，对国际航运、海上贸易和海上安全构成严重威胁，等等。

三、国际安全问题国内化与国内安全问题国际化的特点

分析近些年来国际安全问题国内化与国内安全问题国际化的重大事件，可以看到，这种相互转化和相互影响呈现出如下几个突出特点。

（一）国际安全问题与国内安全问题相互转化速度快、范围大、领域广

从国际安全问题与国内安全问题相互转化的速度看，总的特点是扩展转化的速度越来越快，往往不是以年计，而是以月计，甚至以周计、以天计。以西亚北非政局动荡为例，自 2011 年初突尼斯政局陷入动荡之后，在短短的一个月时间内，社会动荡便相继冲击了埃及、利比亚、巴林、也门和叙利亚等西亚北非国家，其发展之迅速令人目不暇接。从国际安全问题与国内安全问题相互转化和影响的范围看，总的趋向是转化影响的范围越来越大，一个国家的国内

安全问题常常会演变为地区安全问题乃至全球安全问题。2008年下半年，美国爆发的金融危机迅速蔓延至世界其他地区，发达国家、发展中国家以及包括中国、印度、巴西在内的新兴经济体无一幸免，最终酿成了二战后最为严重的全球性经济危机。从涉及的领域看，这种相互转化和影响已不仅局限于有关政治军事安全的传统安全领域，而且扩展到诸如经济、金融、能源、核扩散、国际恐怖主义、民族分裂主义和公共卫生等非传统安全的广泛领域。

（二）国际安全问题与国内安全问题的相互转化更易于发生在国情相近的国家之间

国际安全问题与国内安全问题之间的相互转化是有条件的，它更易于发生在地理上毗邻，政治经济体制、经济发展水平、宗教与意识形态相近或相似的国家之间。首先，地理上的毗邻为国际安全问题内化为国内安全问题以及国内安全问题外溢为国际安全问题提供了便利条件，使得地理上相邻的国家往往成为这种转化首当其冲且受到影响最大的国家。例如，突尼斯国内政局动荡影响所及主要集中在西亚北非地区；朝核危机直接威胁到东北亚地区安全特别是中国的周边安全环境；伊朗核危机使波斯湾和中东地区笼罩在战争的阴影之中，这些都表明了地缘因素在国际安全问题与国内安全问题相互转化中的重要性。其次，对于政治经济体制相似、经济发展水平相近的国家来说，它们面临的政治、经济、社会问题和安全挑战往往具有共同性，这就使得国际安全问题与国内安全问题之间的相互转化更易于在这些国家之间发生。从近些年来发生"颜色革命"的国家看，这些国家的共同特点是：经济上普遍面临严重的困难，政治上大都属于被西方定义的所谓"部分民主"国家，即一方面初步建立起了西方式的多党制和选举政治，另一方面"民主制度"还不完善，还处于转型过渡阶段，积累了相当多的内部社会矛盾。正是这些共同因素使得"颜色革命"得以在这些国家传播和发生。再次，宗教与意识形态的相近，也是导致国际安全问题与国内安全问题之间易于相互转化的重要因素。20世纪90年代以来，受到中亚五国独立、伊斯兰极端主义在中国周边一些国家兴风作浪的影响，中国新疆地区的"疆独"势力卷土重来，妄图在新疆建立一个"全面伊斯兰化"的单一伊斯兰国家，就是一个明显的例证。

（三）国际安全问题与国内安全问题的相互转化往往产生"蝴蝶效应"

国际安全问题与国内安全问题的相互转化往往会产生影响持续扩大的"蝴蝶效应"。所谓"蝴蝶效应"主要是指在一个系统中，初始条件下微小的变化能带动整个系统长期且巨大的连锁反应，甚至会导致不可预料的事情发生。例如，2011年西亚北非国家的政局大动荡，其起因仅仅是突尼斯一名青年商贩因抗议暴力执法而自焚身亡的社会事件。2007年春，美国国内发生了由房地产领域的次贷危机引发的金融危机。但在危机初始阶段，几乎整个世界都低估了这场金融危机的严重性和对整个世界经济的威胁程度；及至2008年秋，这场金融危机由美国迅速蔓延至全世界，演变为自二次世界大战后最为严重的世界经济危机，并进而在一些国家内部引发了政治社会危机和政局的剧烈动荡。

（四）国际安全问题与国内安全问题相互转化所引发的后果往往因国家而异

国际安全问题与国内安全问题相互转化的过程往往是复杂的，其转化逻辑的因果关系并非一目了然或是一成不变。比较容易把握的情况是，一个国际安全问题或国内安全问题会在其他国家或国际上引发相应的安全问题和同样的结果。如"颜色革命"在政治体制和民主化进程大体相同的国家扩展，其进程与后果大体上是一致的。比较难以把握和预判的情况是，国际安全问题与国内安全问题相互转化引发的结果常常呈现出因国家而异的非线性的特点。以2008年爆发的国际金融危机所产生的影响为例，尽管这场危机使世界各国的经济均遭受沉重打击，但在不同国家所产生的政治后果却不尽相同。在美国，这场危机引发的政治后果是所谓的99%反对1%的"占领华尔街"运动；在受欧洲主权债务危机严重冲击的希腊、意大利和西班牙等国，表现为执政党下台与国家领导人的更迭；而在西亚北非地区，危机的后果最终表现为经济形势恶化所导致的政局剧烈动荡，政权的更迭，甚至在利比亚发展为西方国家介入的局部国际战争。

四、国际安全问题国内化与国内安全问题国际化的传导机制

　　国际安全问题内化为国内安全问题或国内安全问题外溢为国际安全问题，必然要经历一个传导过程。尽管安全问题涉及的领域十分广泛，每一个安全问题都有其特殊性，其传导的过程也是千差万别，既存在必然性，也包含种种偶然性，但分析冷战结束后国际安全问题与国内安全问题相互转化的进程，排除其中偶然性或枝节性的因素，我们依然可以看到这一转化过程中存在着某些必然的共性因素。它们常常通过一些固有的途径、以反复出现的方式发挥着传导作用，形成了某种带有规律性的模式和传导机制。

(一) 经济传导机制

自冷战结束以来，经济全球化迅速发展，世界各国经济上的相互依赖日益加深，世界经济一旦出现风吹草动就会传导到各个国家内部。由于经济问题通常与人们的切身利益密切相关，因而在经济形势恶化的情况下，一国内部的政治、社会矛盾激化和安全形势的恶化，可以说是一种必然会出现的情况。在经济传导机制中，世界性的金融危机、经济危机是影响国内安全的最重要的源头。它对一国国内安全的影响通常是通过三个途径实现的：一是导致大规模财富消失如股市崩盘或房地产泡沫破裂；二是由于企业破产、经济低迷导致的大规模失业；三是引发剧烈的通货膨胀导致人民生活水平的大幅度下降。上述三种情况中的任何一种都有可能激化社会矛盾，引发社会动荡，酿成国内安全问题。

在上述三种情况中，大规模的失业是世界经济危机转化为国内安全问题的关键因素和核心环节。其影响传导的机制是：世界金融危机或经济危机→资金链的断裂、需求不足及市场萎缩→国内企业倒闭或裁员导致大规模的下岗失业→失业者失去稳定的收入而陷入贫困→社会矛盾激化、社会冲突加剧、国内安全局势动荡（在多民族国家还往往导致民族矛盾上升、民族分裂势力抬头等结果）。以2011年西亚北非政局动荡为例，长期以来，一些阿拉伯国家一直是世界上失业率最高的地区之一，仅从率先发生政局动荡的突尼斯来看，其官方公布的失业率长期维持在两位数。国际金融危机爆发后，其失业率进一步飙升。官方公布的失业率是15%；突尼斯一些经济学家认为失业率超过20%，15—29岁年轻人失业率超过30%；而据英国媒体报道，突尼斯年轻人失业率实际达到了惊人的52%。① 可以说,失业率长期居高不下突破了阿拉伯社会尤其是年轻人的承受能力,再加之其他一系列因素的共同作用,最终引发了席卷西亚北非的政局大动荡。

(二) 政治传导机制

从政治因素来说,国际安全问题国内化与国内安全问题国际化的一个重要机制,就是西方大国的干预和插手。从科索沃战争到利比亚战争,从"颜色革命"到西亚北非政局动荡,举凡国际安全问题与国内安全问题相互转化的重大事件,几乎都有美国及西方大国在其中扮演着极为重要的推手角色。而它们介入的途径或使自己行为合法化的借口,通常有这样几个:一是将特定国家的国内安全问题说成是对国际安全的破坏。例如2003年,美国以伊拉克研制大规模杀伤性武器、支持基地组织恐怖主义活动、威胁国际安全为由,发动了伊拉克战争;二是以某一国际安全问题威胁到本国国家利益或安全为借口介入或干预。如近年来美国出于防范中国的目的,以威胁到美国航海自由为由,大力介入中国与有关国家在南海领土主权上的争端,借此推进美国战略重心东移;三是以推进民主或是以某一国家违背了国际社会公认的道义原则为借口进行干预。例如以美国为首的北约以"人道主义危机"为由发动科索沃战争;在推进民主的名义下策动有关国家的"颜色革命"。

(三) 信息传导机制

在国际安全问题国内化与国内安全问题国际化的过程中,基于

---

① 王虎:《突尼斯剧变的经济背景》,载《第一财经日报》,2011年1月31日。

数字技术、网络技术、移动技术迅速发展而出现的互联网新媒体扮演着十分重要的角色。互联网新媒体是建立在互联网基础上的各种新媒体形式，包括依托于传统媒体的新闻网站（如美国的国家广播公司、有线电视新闻网和英国广播公司等广播报纸网站）和独立网络媒体（如谷歌新闻、雅虎等门户网站以及博客、微博、播客、"推特"、即时通讯、社交网站）。较之于传统媒体，互联网新媒体具有信息的海量性、传播的即时性与交互性、内容的开放性与多元性、受众的广泛性与年轻化等特点。正是这些特点使得新媒体突破了传统的国家疆界限制，削弱了政府对于信息传播的有效管控能力，国家内部的安全事务往往很难仅仅局限在一国边界之内，国际上的安全问题也极易渗透到国家内部。例如，"9·11"事件发生后，基地组织不断建立网站、网络论坛、博客，通过新媒体宣传极端思想，招募和鼓励追随者，对恐怖袭击活动蔓延到众多国家起到了推波助澜的作用。2011年2月，利比亚反政府势力在各大视频网站大量上传卡扎菲政府残酷镇压反对派的视频，极大地影响了国际舆论，为美国成功说服联合国安理会成员国在利比亚设立禁飞区起到了重要的推动作用。实际上，在2011年西亚北非政局动荡的整个过程中，互联网新媒体在反对派传播信息、动员组织公众、影响国际舆论、争取外界支持方面都发挥了重要的作用，以至有国际舆论将西亚北非政局动荡称之为"推特革命"。特别值得注意的是，近年来，互联网新媒体已成为拥有信息技术优势的美国等西方国家从本国战略出发、推动国际安全问题国内化或国内安全问题国际化的重要手段，如在西亚北非政局动荡期间，美国国务院就向相关互联网和软件公司注资超过2000万美元，用来帮助各国网民突破本国政府的网络封锁。

(四) 示范效应传导机制

所谓示范效应是心理学家研究人类行为所提出的一个重要概念，后被经济学家、社会学家、政治学家广泛应用到本学科领域的研究之中。美国著名政治学家塞缪尔·亨廷顿（Samuel P. Huntington）在其《第三波——20世纪后期民主化浪潮》一书中，就曾运用示范效应的理论分析1974—1990年间"大约有30个国家由非民主政治体制过渡到民主政治体制"的原因和方式。他指出："导致第三次民主化浪潮的第五个因素也许可以用示范效应、感染、播散、仿效、滚雪球，甚至是多米诺骨牌效应（domino effect）来形容。一个国家成功地实现民主化，这会鼓励其他国家的民主化。"[①] 进入21世纪以来，伴随着网络技术与网络新媒体的迅速发展，社交网络平台的空前普及，示范效应在国际安全问题与国内安全问题相互转化过程中的传导作用不断增强，特别是在那些国情、体制、社会矛盾大致相似的国家之间，示范效应所发挥的传导作用更为突出。例如，发生在所谓"部分民主"国家之间的"颜色革命"、发生在西亚北非国家之间的"阿拉伯之春"、发生在发达国家之间的"占领华尔街"运动。在这些案例中，示范效应的作用在实践中主要表现在两个方面：首先是精神鼓舞。在一个国家内部发生的安全问题如"颜色革命"这样的政权更迭运动，会对其他存在类似问题的国家证明这是能够做得到的，从而使这些国家的反对派在精神上受到鼓舞，在情绪上受到感染，激发这些国家的反对派做出同样的尝试。其次是行为模仿。如"颜色革命"在一个国家内部获得的成功，会使其他存

---

① ［美］塞缪尔·亨廷顿：《第三波——20世纪后期民主化浪潮》，刘军宁译，上海三联书店，1998年版，第113页。

在类似问题的国家有意识地从中汲取经验，学习或模仿其斗争策略和做法。"颜色革命""阿拉伯之春""占领华尔街"运动在不同国家发生发展的过程具有极大的相似性，在相当程度上是示范效应发挥作用的结果。

需要指出的是，在通常情况下，国际安全问题与国内安全问题的相互转化，并不是某一传导机制单独发生作用的结果，而是多种传导机制共同作用的结果。同时，这些传导因素在国际安全问题与国内安全问题相互转化的过程中，通常所起到的是外部的推动作用。一个国家之所以会受到国际安全事件的影响而发生国内安全问题，归根结底是由该国的政治、经济、社会条件与矛盾以及该国政府面临安全挑战时能否采取正确的应对措施决定的。例如，尽管互联网新媒体在西亚北非政局动荡中起到了重要作用，但它并不是西亚北非政局动荡的发动机。西亚北非政局动荡从本质上看，是这些国家内部长期存在的由经济停滞、贫富两极分化、家族独裁统治所积聚的政治、经济、社会矛盾的总爆发。从这一点看，把西亚北非政局动荡称为"推特革命"，无疑是对互联网新媒体作用的不切实际的夸大认识。

五、国际安全问题与国内安全问题相互转化对中国国家安全的影响

进入21世纪以来，中国综合国力迅速提升，抵御来自国内外安全挑战的能力不断增强，但与此同时，中国面临的安全形势依然严峻，国际安全问题国内化与国内安全问题国际化对于中国国家安全的影响和挑战不容忽视。

1. 中国周边安全问题所产生的"内化效应"对于中国国家安全

的冲击和影响十分突出，这主要表现在：(1)"疆独""藏独"问题。中国西部与中国接壤的国家政局动荡、宗教极端势力与恐怖主义势力活动猖獗，为"疆独""藏独"等民族分裂势力策划民族分裂活动、在中国境内实施恐怖袭击与暴力破坏活动提供了条件和立足点，严重威胁中国新疆与西藏地区的安全稳定，威胁到国家的统一。(2)核扩散问题。朝核问题自再次激化至今已有十年，迄今仍未得到解决，由此导致朝鲜半岛爆发大规模军事冲突进而危及中国国内安全的可能性依然存在。(3)难民问题。朝鲜经济长期得不到改善，导致大量难民进入中国东北地区；2009年8月缅甸政府军大举进剿缅北少数民族地方武装，导致数万难民逃往中国云南境内。这些都对中国东北、西南地区经济发展与安全造成冲击。(4)在中国与周边国家围绕领土主权与海洋权益的争端趋于激化的背景下，中国一些城市的抗议示威活动演变为打砸烧的恶性群体性事件，破坏了国内的政治稳定与正常社会秩序。

2. 中国周边以外的国家与地区发生的安全问题对中国国内安全的冲击与影响也十分突出。2008年爆发的国际金融危机，直接导致中国沿海地区数万家企业倒闭，约2000万农民工工作无着，不得不返回家乡，如果不是中国政府应对措施得当有力，很可能导致严重的社会动荡。2010年吉尔吉斯斯坦国内爆发的严重骚乱和2011年的利比亚战争，不仅使中国在当地的投资与财产蒙受重大损失，而且还危及当地中国侨民的人身安全，迫使中国政府不得不采取大规模的撤侨行动。伊朗核危机与中东地区政局动荡，在威胁地区安全的同时，也使中国获取稳定可靠的境外能源资源的供应面临更大的变数。此外，类似"颜色革命"、西亚北非政局动荡这一类问题在中国国内产生示范效应、冲击国内政治稳定的可能性也是不能排除的。

3. 中国国内安全问题"外溢"为国际安全问题，并反过来对中国国家安全产生不利影响的情况也屡屡发生。例如，民族、宗教、人权、民主是西方国家攻击中国并借以对中国施压的四大焦点问题，也是极易转化为国际安全问题的几个敏感领域。近年来，"疆独""藏独"势力以"人权、宗教自由和民族自决"为幌子进行分裂祖国的活动，并竭力推动"疆独""藏独"问题的国际化，在国际上得到了诸多西方国家不同形式的鼓励与支持，并多次导致中国与有关西方国家关系出现紧张。2010年谷歌公司以中国实行"网络审查"为由退出中国市场，这一事件使中国遭到美国等西方国家政要和媒体的大肆攻击；与此同时，美国国务卿希拉里·克林顿（Hillary Rodham Clinton）推出了所谓"互联网自由战略"，2011年美国政府又相继出台了《网络空间国际战略》和《网络空间行动战略》两个互联网政策文件，进一步强化和完善了美国互联网战略，对中国政治、文化、意识形态等领域的安全构成了全方位、多层次的潜在威胁及严峻挑战。

应当看到的是，国际安全问题国内化与国内安全问题国际化对于中国国家安全的影响不仅涉及领域十分广泛，而且还由于下列一些因素的存在，使得这种挑战变得更加严峻。

首先，中国是一个极易受到国际安全问题国内化与国内安全问题国际化冲击和影响的国家。其原因是：（1）从地理上看，中国是世界大国中周边环境最为复杂的国家之一，不仅周边国家众多，而且国情复杂、热点集中、矛盾突出、历史遗留问题与现实问题相互交织、传统安全问题与非传统安全问题并存，这些问题一旦激化，极易演化为中国的国内安全问题。（2）从发展阶段看，当代中国在历经30年的高速发展之后，正处于经济社会转型、利益格局调整、社会矛盾多发的时期，这不仅使中国国内安全问题增多，而且也使得中国更易于受到国际安全形势变化的冲击和影响。（3）从与外部世界的关系看，一方面，在经济全球化迅速发展的大背景下，中国与世界各国的联系越来越紧密，相互依赖不断加深，世界经济、贸易、金融、能源资源供求的波动与走势、国际安全局势的变化，都会对中国的政治安全和经济安全产生直接重大影响；另一方面，由于中国已成为经济总量排名世界第二的经济大国，中国国内的安全问题也会反过来对国际安全形势的走向产生重大影响。(4) 从美国等西方大国的安全战略看，近年来伴随着中国加速崛起，美国等西方大国日益将安全战略的重点转向亚太地区，指向中国。而通过将国际安全问题国内化或国内安全问题国际化的方式，给中国的发展制造麻烦，以达到在安全上防范、在政治上"西化"、在经济上打压中国的目的，这已成为西方大国应对中国崛起的惯用手段。

其次，问题的严重性还在于，不管我们主观上是否愿意，国际安全问题与国内安全问题相互转化给予中国国家安全的挑战都将持续一个较长的时期。因为，中国面临的复杂多变的周边安全环境不是短时期内可以改变的，其经济社会转型和政治体制改革还将经历一个渐进的较长的时期，与世界各国在经济上的相互依赖还将继续加深，美国等西方大国面对中国的崛起也不会放松对中国的持续施压。可以说，中国面临的这种安全挑战既是无法回避的，也将是长期的。

再次，由于国际安全问题与国内安全问题相互转化给中国带来的挑战十分复杂，使中国在应对这些挑战时常常陷入两难局面。例如，在应对朝核问题上，中国既要对朝鲜适度施压促使其放弃核开发计划，防止朝核问题激化威胁到中国周边安全，又要给予朝鲜必要的支持，防止其因经济恶化、政局动荡甚至政权崩溃给中国国家安全带来的不利影响；在处理与周边国家的领土争端问题上，中国既要坚定不移地捍卫国家领土主权，又要高度重视维护有利于自身发展的地区和平稳定环境，同时还要防止由此类事件引发的国内非理性行为或群体性事件酿成国内安全问题；在有关国际热点和地区安全问题上，中国一方面要坚持"不干涉内政"原则，一方面又受到来自国际社会和西方大国要求中国承担"大国责任"的压力。这些问题往往使中国难于妥善地兼顾二者，进而使消除或化解这一类安全挑战的难度大幅度上升。

六、应对挑战的若干思考

中国要科学有效地应对国际安全问题与国内安全问题相互转化给中国国家安全带来的挑战，需要充分认识这一挑战的严峻性，充分估计到消除化解这一挑战的复杂性、艰巨性。在此基础上，认清并处理好以下几个问题十分重要。

（一）建立防止国际安全问题与国内安全问题相互转化的有限目标

在防止国际安全问题与国内安全问题相互转化的目标上，中国应当建立的是有限的目标，而不是无限的目标。由于国际安全问题与国内安全问题相互转化的特点及其传导机制的作用，中国在防范二者相互转化所造成的不利影响时，追求彻底隔离这种转化、完全杜绝转化影响的无限目标，事实上是做不到的。相反，如果一味追求这种无限目标，很可能产生非预期的甚至完全相反的结果。当然，不追求无限目标，并不意味着中国在这种安全挑战面前无所作为，或放任其影响。

正确的选择是在这种安全挑战面前追求一种有限目标。即，当出现这种安全挑战时，尽量减缓其转化的速度，控制其影响的范围；采取有效对策防止安全问题持续恶化危及国家安全的根本利益，将其造成的后果降至最低；在这一过程中，尤其要避免为应对既有的安全问题而导致新的甚至更具危害性的安全问题的产生。

(二) 确定在国家安全问题领域关注的重点和优先次序

根据国际安全问题与国内安全问题相互转化的特点，确定在国家安全问题领域关注的重点和优先次序。在应对国际安全问题对中国国内安全的影响上，应高度关注与重视：一是地理上与中国毗邻的国家和周边地区发生的安全问题；二是美国等西方大国的外交动向与安全战略的调整；三是与中国政治体制相近、经济发展与经济结构相仿的国家或地区发生的安全问题；四是危及国内经济安全与政治安全的世界经济走势与能源供应等问题。在应对国内安全问题国际化方面，

要特别重视并妥善处理与民族、宗教、人权、民主等事务相关的国内安全问题，防止这些问题转化为国际安全问题，被别有用心的西方国家用来大肆炒作并对中国施压，进而对中国的国际形象和国内稳定造成更为不利的影响。

(三) 建立科学的预警及有效管控机制

在针对国际安全与国内安全问题相互转化的传导机制进行有效管控问题上，建立科学的预警机制，是一个十分重要并需进一步加强的问题。应当说，当前中国在这一领域的早期研判和预警，基本上还是经验性的。不过，能够做出预判并加以防范的往往还限于某些所谓敏感期问题，或是国际安全重大事件等突出问题；而在一些突发性的或非经验所能预判的安全问题上，中国的早期预警或科学预测还显得不足。例如 2003 年爆发的严重急性呼吸系统综合症 (SARS) 由国内公共卫生安全问题演变为国际公共卫生安全问题；西藏 "3·14" 与新疆 "7·5" 等打砸抢烧严重暴力犯罪事件；

2012年9月，中国多个城市的反日示威游行演变为打砸抢烧性质的恶性群体性事件等。在中国针对国际安全与国内安全问题相互转化而进行预警和早期防范的"工具箱"中，工具还不够多，科学化程度还不够高。要解决这个问题，一方面要研究其他国家在应对此类问题上所采取的措施与方法，吸收借鉴其科学的成功经验；另一方面也要注意借鉴运用政治学、经济学、社会学、心理学等社会科学中具有预测预警功能的相关理论与方法，建立科学的预警和管控机制，以有效消除和化解国际安全问题与国内安全问题相互转化给中国国家安全带来的冲击和挑战。

（本文发表于《国际安全研究》2013年第3期，此次收入书中进行了部分增删——作者。）

区域安全与治理

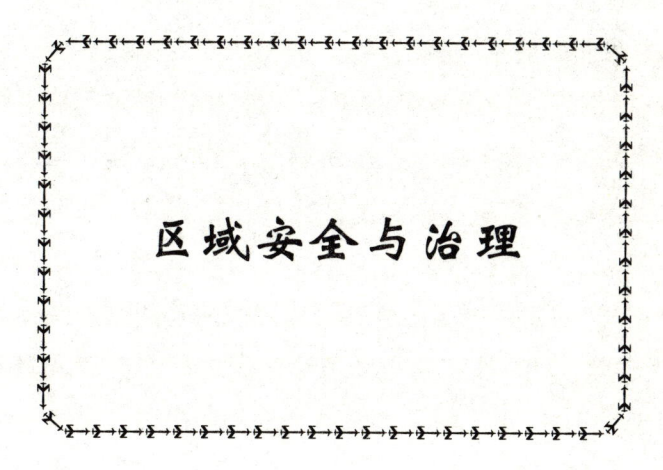

印度的安全理念及其影响

李渤[*]

[内容摘要] 独特的历史和社会文化，使得印度人对自己生存环境安全有着独到的主观感受，也影响着独立以来印度国家的安全理念，进而影响着印度对外行为及与其邻国及域外大国间的安全关系，也影响着南亚和印度洋地区的和平与安全。使其与主要邻国之间的安全关系，造成了南亚安全困境，制约了印度的战略视野与外交空间。因其实力、能力有限，印度在推行有关安全理念上还存在着不可消除的困难，充满了矛盾。

[关键词] 印度　安全理念　南亚　印度洋　影响

20世纪40年代末，随着英国殖民势力退出南亚，印度即成为此地区最强大的"超级大国"，一直充当着地区中心的角色。在南亚，没有哪一个小国可以冒犯或摆脱印度的权威影响。也正因为如此，南亚国家之间的矛盾、问题都与印度有关。南亚的和平与安全取决于印度持有和推行什么样的安全理念。

---

[*] 李渤，国际关系学院国际政治系教授，主要研究领域为南亚地缘政治与印俄关系、外交学、民族宗教问题与国家安全。

一、印度人对自身生存环境的主观感受

印度人对自己生存环境安全有着独到的主观感受。印度相对封闭的地理环境有着严重的脆弱性，即西北部兴都库什山脉的缺口和三面环海都给外来征服者提供了便利的条件。从雅利安人进入南亚直至 20 世纪中期，频频到来的异族征服与入侵使印度人经常遭受"外侮"，以及由此造成的不同种族之间、不同教派及不同种群之间的相互排斥、猜疑、不满和仇杀，使得次大陆始终处于战争、社会冲突和动荡之中。

外侮、内患，不断的战争、冲突、骚乱，使印度人经常要面对威胁、恐怖、仇恨和死亡，始终处于一种不安全环境之中。而现代印度独立以来，对外战争也很频繁，较大规模的国家间战争就有四次，即 1947 年—1948 年的第一次印巴战争，1962 年的中印边境冲突，1965 年的第二次印巴战争和 1971 年的第三次印巴战争，而印巴两国之间围绕克什米尔问题的冲突几乎就没有中断过。印度人的不安全感不但受古代和近代历史的影响，也是受到现代发生事实的影响。

再就是次大陆相对封闭、独立的地缘环境，以及历经长期历史发展形成的独特文化，使现代印度人在与世界上其他国家、民族交往时，有种地缘文化独立感。印度人认为自己总是不为其他国家、民族认同，或受到他们的蔑视与不尊重。独立以来，印度政府周边树敌，其国内的政治人物、政治派别为达到某种政治目的，经常以"外部敌人、威胁"等言论、宣传影响和吸引印度广大民众的注意力。他们不断地向印度公众传播这样的安全思想：印度面临的国外敌对势力的威胁，从斯里兰卡这样的小国到美国这样的超级大国都有。这些国家干涉印度的国内事务，正如他们在国际事务上与印度

作对一样，均是出于相同的原因：他们对印度的崛起或是印度民族团结怀有恐惧心理。印度周边的小国在迷失了方向的领导人带领下与印度为敌；距印度稍远些的较大的国家则想阻止印度成为亚洲势力的核心。他们还具体列出了许多来自巴基斯坦、中国、美国，甚至那些"与印度作对"的小国的威胁。这些思想言论深深影响着印度人内心深处的不安全感，"许多年来，印度人似乎一直认为，没有任何国家像自己一样面临如此之多的威胁"。①

从古到今，印度人都认为，此时的友邻可能就是彼时的敌人。②从彼方来与自己结邻的，是敌人或危险。彼此接近是发生在自己身边的矛盾、战争和暴力冲突的根本缘由。对自己最大的威胁或危险，造成自己生存环境不安全的因素就是"近邻"。因此，印度人愿意生活在相对封闭的种姓、村社之中，很少与不同的种姓、村社的人交往。印度人解决冲突的方式也是将冲突各方完全分离开来，或"孤立"自己，自我寻求安全。

二、印度的安全理念

印度人对自己生存环境安全的主观感受和对威胁的判断影响着独立以来印度国家的安全理念，即潜在的敌人是邻国，只有并总是邻国为潜在的敌人。③印巴分治伊始，比邻而居的两国因历史、宗教和文化上根深蒂固的矛盾并出于复仇目的，围绕着克什米尔问题大打出手，似乎就开始验证印度的"邻国是潜在的敌人"的安全理念。

---

① [美] 斯蒂芬·科亨，刘满贵译：《大象和孔雀：解读印度大战略》，北京：新华出版社，2002年版，第38页。
② 同上，第5页。
③ Stephen Philip Cohen, The Security of South Asia: American and Asian (University of Illinois Press, 1987.), p. 163.

印巴两国在边界上的紧张武装对峙与冲突一直持续至今日。当初反对印巴分治的印度对巴基斯坦怀有兼并之心，至今并未完全承认巴基斯坦独立存在的合法性，①因巴基斯坦位于次大陆脆弱的西北部，巴基斯坦对印度有朝一日要统一南亚次大陆的政策怀有巨大的恐慌，所以巴积极加入美国的同盟体系，不断加强与中国的全方位关系。更引人注目的是自苏联解体以来，巴与中亚国家、伊朗和土耳其一直在伊斯兰教联系的基础上，寻求着认同。②所以印度也时刻提防巴基斯坦，担心它寻求一个可靠的盟友作为安全战略伙伴来对抗印度，对印度地缘安全形成更强有力的威胁。

因存在着边界分歧，印度对中国怀有不信任心理。但在中华人民共和国建立之初，由于国势较弱，当时综合国力在发展中国家中首屈一指的印度认为，有喜马拉雅山脉阻挡的北部边界是安全的。随着中国在20世纪50年代中后期表现出的强劲上升势头，以及解放军进军被印度视为安全"缓冲区"的西藏，印度态度发生了根本的转变，开始将中国视为印度安全的威胁。1959年12月9日，尼赫鲁在印度议会上讲道，"即使我们百分之百地同他们友好，事实上仍然是这样：有一个强大的国家呆在我们边境上。媾和情况的本身改变了整个局势……"。12日，尼赫鲁又明确讲道："基本事实是，每逢中国一强大，它就成为扩张主义者"。③

1962年中印边界战争后，中国正式被列入印度的安全威胁表中。但其后双方关系的发展历史表明，印度所谓的"中国威胁"更是心理上的，是其用来转移国际社会注意力、进行军备扩张的口实。

在印度继承的英国地缘战略思想中也有"保证印度不受中国威

---

① [美]理查德·尼克松，刘庸安等译：《只争朝夕》，北京：言实出版社，2002年版，第274页。
② Kanti Bajpai and Stephen·P·Cohen, South Asia after The Cold war: International Perspective (Westview Press, 1993.), pp. 5、51.
③ 张忠祥：《尼赫鲁外交研究》，北京：中国社会科学出版社，2002年版，第152、173页。

胁"的观点。如今的印度更认定中国是危险存在，因中国是印度邻国中国土面积最大，实力最强的国家，认为一旦中国有能力对南亚的邻国施加强有力的影响或战略整合，将对印度形成半月型包围之势；或者中巴联手，对印度北部的威胁也是不可估量的。印度视中国的强大及在地缘政治中发挥日益重要的作用为对其安全强有力的现实或潜在威胁。

屡遭外来强族侵略的历史，尤其是近代长期处于西方大国残酷殖民统治下的历史，使印度在与世界强族、大国接触时，极为敏感与谨慎；并且印度自己欲做世界性大国，称霸次大陆和印度洋，故印度人视任何进入印度洋，或从陆上靠近印度的大国为其威胁或敌人。冷战期间，美苏两个超级大国在印度近边的较量就曾引起印度人极大不安。冷战结束以来，域外大国中，美国是对印度地缘安全影响最大的国家，这不仅是因美国在印度洋中拥有迪戈加西亚军事基地，更是因为控制南亚及印度洋区域是美国地缘战略的重要一环，其在此区域周边保持着强大的军事存在。这使得印度认为美国是如此靠近自己，时刻感到不安。纵然美国建议同印度以经济利益和民主基础建立真正的战略伙伴关系，并把印度看作是一个可以促进整个亚洲稳定的力量，但是印度仍然认为美国是危险的存在。

早在独立前，尼赫鲁就认为"苏联是最有可能侵略印度的国家"。[1] 印度独立后，即使在两国关系密切时期，印度人也一直对俄罗斯有所警觉。而苏联侵略阿富汗似乎也印证了印度人的判断。事实上，苏联占领阿富汗后，在地缘上就已经成为印度的"邻居"。况且，印度人一向将阿富汗看做是南亚的一部分，又因阿富汗据有对印度安全至关重要的战略位置，故自古以来印度人就将占领阿富汗的任何国家或势力视为敌人。此外，苏联占领阿富汗还引发西方对

---

[1] 赵蔚文：《印中关系风云录（1949—1999）》，北京：时事出版社，2000年版，第26页。

巴基斯坦的战略重视。所以，印度人认为苏联占领阿富汗对印度安全构成极大威胁。为此，印度曾公开谴责苏联，要求苏联从阿富汗撤军。① 今天的俄罗斯虽然边界距离印度更远了些，其实力及影响力都大大下降，但俄罗斯独立后，将外交重点转向对印度"并非友好"的西方和中国引起印度人的警惕和不信任。② 而且中亚是俄罗斯的传统势力范围，如果俄罗斯的国力发展起来后，重新对中亚国家施加强大的压力，印度认为，它也一定会将其影响力扩大阿富汗及发展与巴基斯坦的关系，所以，俄罗斯仍是印度地缘安全防御中最大弱点地区的威胁。

除此之外，现实中的南亚国家因出于对印度的惧怕，更加积极发展与域外大国的关系并有将与印度的矛盾争端国际化的倾向，次大陆与印度洋周边地缘形势的变化也使更多的强国或大国进入此区域。同时，印度还受到伊斯兰极端主义和国际恐怖主义势力的威胁，其活动越来越频繁，烈度也越来越强，印度正在承受着空前的地缘安全压力。

进入现代以来，印度人的海洋观日益增强。近代以来西方殖民者从海上入侵印度、世界大国因拥有一支强大的海军称霸世界的历史与现实、以及受地缘政治的影响，也使三面环海的印度人越来越重视来自海路的威胁。印度著名思想家潘尼迦很早就指出，"除非印度洋能自由通航，除非印度的海岸线得到了充分的保护，印度的工业发展、增长以及政治结构的稳定都是不可能的。因此，印度洋必须真正成为印度的洋。"③ 当代印度著名的国际战略家 V·P·杜德说道，印度洋之命名为印度洋就已经证明其对印度的重要性。地理上，

---

① [印] 萨廷达尔·辛格：《印度国防战略》，新德里国际骑兵出版社，1986 年版，第 206 页；Stephen Philip Cohen, The Security of South Asia: American and Asian (University of Illinois Press, 1987.), p. 177.

② ВНЕШНЯЯ ПОЛИТИКА СОВРЕМЕННОЙ РОССНН, Москва2000. C188.

③ K·M·Panikkar, India and the Indian Ocean (London, 1945.), p. 84.

印度是通向东南亚和中东的门户，印度对两侧地区的事态发展不能置若罔闻。① 贾斯万特·辛格在《印度的防务》一书中写道，"我们只需思考一下17和18世纪的一个重要失误，就可正确评价印度洋和通向印度海路的重要性。这个失误导致了外国势力到达印度洋沿岸，……在这里，陆地上的胜利是紧随着海上的征服接踵而来的。""因此有必要承认，出现了一个意义重大的战略转移，即陆路被海路所取代。在此之前的数个世纪里，侵入印度的势力问题通过陆上通道；现在，尽管还可能发生这种情况，但出现了一个新的因素。印度再次被征服，……完全依赖于海上的自由行动。"② 今天的印度视地区外国家，尤其是大国海军舰队进入印度洋或在印度洋设置海军基地，为其安全的极大潜在或现实威胁并越来越重视海军建设，意欲有效地遏止其他域外大国的海军进入印度洋，进而独自控制印度洋。

总之，印度认为其安全的首要威胁是来自巴基斯坦和中国；其次是域外其它大国或势力插手南亚事务或对南亚国家的鼓动与援助；其三是重视来自海洋的危险，控制邻近国家的海域，防止其可能对印度进行的任何军事冒险；最后就是要遏制区域内伊斯兰极端主义和国际恐怖主义势力的发展。

三、印度安全理念的影响

印度的国家安全理念影响着对外行为及与其邻国及域外大国间的安全关系，也影响着南亚和印度洋地区的和平与安全。印度所要

---

① V·P·Dutt, India's Foreign Policy (New Delhi: Vicas Publishing House, 1986.), p. 2.
② [印] 贾斯万特·辛格：《印度的防务》，麦克米兰印度有限公司出版，第311—312页。

实现或达到的理想安全目标是：打压并最终使巴基斯坦和其他南亚小国一样，完全服从印度的安全理念和利益；阻止其它国家，尤其是大国与巴基斯坦或与中国结盟；将外部力量拒于南亚次大陆的大门以外并将印度洋置于印度的有效控制之下。①

重点防御西部，警惕北部。印度始终将巴基斯坦视为实现称霸南亚，走向世界的主要障碍。冷战期间，印度对巴基斯坦实行打压政策，肢解了巴基斯坦。冷战后，印度出于加强其国内经济建设的需要，致力于改善与巴基斯坦的双边关系，缓解印巴军备竞赛的压力。印度于2002年10月22日提出了促进双边关系正常化的"和平路线图"计划。该计划包括空中运输、铁路运输、体育交往、开辟孟买和卡拉奇之间的渡轮、开通克什米尔控制区首府之间的长途汽车运输等内容。2003年11月25日，印巴在克什米尔边境实现了停火；2004年1月1日，印巴恢复了中断两年多的航空联系；2004年9月，辛格与巴基斯坦总统穆沙拉夫实现了"历史性的会晤"，巴方对克什米尔问题解决的立场出现松动；2005年4月，双方又通过"板球外交"采取切实措施改善两国关系。

但与此同时，由于巴基斯坦是历史上外族从陆上入侵次大陆的必经之地，因此印度始终视巴基斯坦为其控制南亚的重大障碍和现实及未来的主要安全威胁，视巴基斯坦为印度的宿敌和主要对手。印度一直将西部作为其战略防御的重点，将兵力都部署在印巴边境一带，不断强化在军事上控制巴基斯坦的战略措施；将海军的西部舰队部署在阿拉伯海，完善了对巴基斯坦的半圆形包围之势。事实上，印巴之间仍维持着冷战态势。20世纪90年代以来，印巴在克什米尔双方交界地带连续发生军事冲突，特别是1999年5月开始的卡吉尔冲突，持续时间达2个月，印军还动用了飞机、重炮等重型武

---

① 雷启淮：《当代印度》，成都：四川人民出版社，2000年版，第359页。

器。印巴又先后进行了核试验，开始进行核军备竞赛。2008年5月8日夜间，印巴边防部队发生猛烈交火，造成印巴边境骤然间紧张。2012年8月，在国内爆发民族冲突后，印度又指责巴方与此有关，为双方的缓和进程增加了阻力。

自20世纪60年代以来，印度一直警惕着中国，利用所谓"中国威胁论"扩充军备，中国和巴基斯坦相互关系的密切也使印度感到不安。为此，虽然近些年中印关系有所改善，但印度始终是把中国看作是潜在的对手，一直从战略上加以防范。印度在中印边境建立了大纵深立体化的防御体系，长期保持局部地区的优势兵力，在中印实控线周围大规模推进军事基础设施建设。2011年，印度向外界透露要向中印边界大规模增兵10万。如果该计划实施再加上目前已有的兵力，那么在中印边境印度就共有20万的兵力部署。印度目前在中印边境附近还加大部署无人侦察机及轻型观察直升机等装备，以密切监控中国军队在边境附近的活动。印度政府还将在所谓的阿鲁纳恰尔邦，也就是中国的藏南地区，部署印度的布拉莫斯巡航导弹。

与中国周边国家加强军事交流，进行一系列的演习已经成为印度遏制中国战略的重要组成部分。印度加强与缅甸的军事联系，包括向缅甸提供军事人员训练，教缅甸军队如何使用先进的武器等；印度与印度尼西亚两国正在建立一种新型的战略伙伴关系，进行更加紧密的外交磋商、更加密切的军事合作；印度还开始与蒙古开展军事交流与合作，进行联合军事演习。印度这一系列的举动无疑是在制造地区的紧张气氛，对两国关系产生严重不利影响，使本已存在的互不信任感加剧，也使中印边界问题变得更加复杂。

实行南亚整体战略安全体系政策，强力控制南亚其他小国。印度独立后，出于主宰南亚的目的，在打压巴基斯坦的同时，对其他南亚国家采取大棒加经济援助的政策，强化控制、将它们纳入印度的战略安全体系，使其服从印度的安全利益需要。为此，印度与不丹、尼泊尔等国订立了"友好条约"，加强与它们的特殊关系；[①] 对印度洋上的斯里兰卡和马尔代夫保持着采取"安全措施"的主动权，兼并了锡金等等。

为尽可能不受大国政治的纠缠，印度对大国采取"不把鸡蛋放在一个篮子里"的两不得罪的"中立主义"立场。其目的是使自己免遭再次为某一大国控制的灾难，使印度既能发挥"力量平衡"作用，又能为自己谋取到经济、政治和安全上的好处。

为了给本国的经济发展创造和平稳定的环境，印度在保持与俄罗斯传统合作的基础上也积极改善与美国等国家的关系，推行全方位的务实外交战略。印度与俄罗斯的战略关系是建立在印度与苏联的关系基础上的，苏联解体后，双方的关系由盟友变为了伙伴。印度认为印俄的战略伙伴关系可以巩固印度在南亚的主导地位。1993年俄罗斯总统叶利钦访印，两国签订了"印俄友好合作条约""印俄防务合作协定"和"印俄贸易合作议定书"等九项协定。印度希望通过与俄罗斯的伙伴关系，获取高新技术武器装备，促进印度军队的现代化建设，在周边地区形成战略威慑和局部优势，并提升印度军队在国际上的地位。

冷战后美国在南亚失去了争夺势力范围的对象，美国希望能够填补印度洋地区的战略真空。于是美国将战略重心由欧洲转到了亚洲，希望通过利用印度在亚洲打造一个"亚洲版北约"。印度利用美国战略调整的机会也适时调整自己的对美战略，进一步发展同美国的关系。双方在军事、经济等方面深入交流。2005年6月28日，印度国防部长访问了美国，同美国国防部长签署了一项为期10年的印美国防合作新框架协议，内容包括联合生产武器、相关技术转移和

---

① 张忠祥：《尼赫鲁外交研究》，北京：中国社会科学出版社，2002年版，第67页。

在导弹防御体系方面展开合作等。"9·11"后美国取消了对印度的经济制裁，目前美国是印度最大的贸易伙伴和投资国。美国还扩大了与印度在反恐领域的合作，加强两国的情报共享，两国军界高层实现了互访。

但是，印度发展与大国之间关系的前提是极力防止、排斥它们干涉南亚国家的内部事务，对靠近南亚及印度洋地区的大国忧惧心理并没有改变。印度是欲自己成为地区独一无二的角色，所以正如英·甘地在第二次出任印度总理时所明确表述的那样，"印度不能容忍地区外大国干涉南亚国家的内部事务。如果南亚国家需要外国提供援助来解决国内危机的话，它应该首先在本地区内寻求帮助。"[1]

随着印度洋战略地位的凸显，印度把安全战略的重点也转移到印度洋上。印度大力发展海上军事实力，积极发展与环印度洋国家的新型关系，制定出"南下"和"东进"战略，加强和拓展自己在印度洋的势力范围。印度认为，自己在海上面临着两方面的威胁，一方面是来自环印度洋地区的国家，另一方面来自域外大国。而印度面对这两方面威胁能采取的最好战略就是发展壮大自己的海上军事力量。对于来自环印度洋国家威胁，印度强调保持绝对的军事优势，以遏制它们进行军事冒险。对于域外大国，印度则是想通过自己强大的海上实力达成印度洋力量均势，限制域外大国海军在印度洋上的行动，以防止其对印度的渗透。

但是，如此的国家安全理念，使得印度与主要邻国间的安全关系长期陷于困境，制约了印度的战略视野与外交空间。对邻国施行上述的安全行为与观念，使印度为自己制造了多线作战的安全困境并陷入孤立，且逐渐将南亚变成了一个"火药桶"。印度在使自己愈

---

[1] Standy Gordon, India's Rise to Power in the twenties Century and Beyond (Great Britain: Ipswich Book Co. LTD. 1995), p. 269.

加感到不安的同时，使得整个南亚都无安全可言，还会印度长期被"封闭"在南亚，难以从此抽身、拓展其在全球的影响力。随着时间的推移，其潜在威胁还有增加与复杂化的趋向。除去巴基斯坦和中国的非短时间能够得以解决的领土矛盾外，与印度相邻的小国都将印度视为自己政治、经济、安全方面的毁灭性的威胁。虽然南亚地缘现实及印度的首强地位，使其他南亚弱小国家不能形成一个对付印度的联盟，但印度也从来没能摆脱"弱邻联手"的威胁，而且还要时刻提防伊斯兰军事同盟的出现。[1] 再有，印度独立以来的历程也表明，因其实力、能力有限，难以独力应付其面临的安全压力，自己也不得不寻求域外大国的支持，加之南亚与中东相邻以及大国地缘战略目标等诸多因素影响，故印度在推行有关安全理念时有着不可消除的困难且充满了矛盾。

---

[1] Kanti Bajpai and Stephen·P·Cohen, South Asia after The Cold war: International Perspective (Westview Press, 1993.), pp. 4、7.

中日安全关系态势发展及出路探析

孟晓旭[*]

[内容提要] 安全关系不仅是中日关系的重要内容，也是影响、制约中日关系整体改善与发展的关键因素。自日本将钓鱼岛所谓"国有化"以来，两国安全互信持续走低，中日安全关系一路下滑。当前中日安全关系态势表现为钓鱼岛争端上中日安全关系仍持续紧张、日本在更大层面上加大了中日安全互信的缺失、以及中日安全对话迟滞等。由钓鱼岛争端而来的中日安全关系之态势演进显然已超出钓鱼岛争端的互动范围，具有深刻的内在原因。从近期前景看，中日安全关系既有机遇也有挑战。中日互相修睦不仅对两国有利，对东亚乃至世界和平与发展都具有重要意义。中日两国应积极采取措施，增加和培植安全信任因素。

[关键词] 安全互信　安倍内阁　安全关系

受历史和地缘等多重因素困扰，安全问题一直是中日关系中的敏感问题，安全关系也是中日关系中最为薄弱的一个环节。在中日邦交正常化之前，中日安全关系的障碍主要表现为日本成为美国在远东地区推行冷战政策的前沿基地与军事工具，以及日本在台湾问

---

[*] 孟晓旭，国际关系学院国际政治系教授，主要研究领域为日本问题与中日关系、东北亚安全与治理等。

题上图谋分裂中国等。20 世纪七八十年代，中日关系整体上以友好稳定为主，特别是《中日和平友好条约》的签订，使中日在安全层面上的矛盾与争端隐性化。① 冷战结束以后，中日安全关系逐渐紧张。一方面，冷战后美国迅速调整东亚安全政策，以"奈设想"②为基础，把"漂流"的日美同盟拉回强化的轨道。③ 因为冷战后"美国能否把盟国和友好国家拉入其军事行动之中"是"美国行使大规模武力的绝对条件。"④ 1997 年新《日美防卫合作指针》及 1999 年《日美防卫合作指针关联法》突破日本"专守防卫"政策，强调应对"周边事态"，日美同盟针对的目标开始指向中国。另一方面，冷战后日本总体保守化，"正常国家化"战略持续深入，并以中国为安全防范对象和假想敌。在这样的形势下，中日安全问题开始凸显出来，摩擦不断。特别是，2010 年钓鱼岛撞船事件及 2012 年日本所谓钓鱼岛"国有化"，加剧了中日安全关系的紧张，两国安全互信进一步缺失。目前中日安全关系的态势是在冷战后中日安全关系整体走低的形势下出现的，并有复杂化趋势。对此，我们必须要从

---

① 具体论述见孟晓旭：《认知、政策与互动：战后中日安全关系研究》，世界知识出版社，2017 年版。

② 1995 年 2 月，美国国防部发表《美国东亚及太平洋地区安全战略报告》。因该报告是助理国防部长约瑟夫·奈提出，因此也被称为"奈倡议"或"奈设想"。"奈设想"要点之一就是：强调美国在亚洲存在的重要性以及与日本的安全联盟是美国在亚洲安全政策的关键，主张强化日美同盟。见 United States Department of Defense, The United States Security Strategy for The East Asia-Pacific Region, ［日］東洋文化研究所ホームページ http: //www. ioc. u-tokyo. ac. jp/~worldjpn/documents/texts/JPUS/19950227. O1E. html. （上网时间：2017 年 1 月 3 日）

③ 面对冷战后的新形势，日本防卫恳谈会于前首相细川护熙时代撰写的《日本的安全保障和防卫力量的应循状态——面向 21 世纪的展望》报告（又称"樋口报告"）提交给了新上台的村山富市内阁。该报告既反映了日本对美国安全承诺能否继续的担心，也反映了在"苏联威胁"消失后日本试图要脱离日美安保同盟的趋向，见［日］防衛問題懇談会「日本の安全保障と防衛力のあり方 - 21 世紀へ向けての展望 - 」（樋口レポート）、［日］東洋文化研究所ホームページ、http: //www. ioc. u-tokyo. ac. jp/~worldjpn/documents/texts/JPSC/19940812. O1J. html （上网时间：2017 年 1 月 5 日）。相关分析又见 Kiyohiko Fukushima, the Revival of "Big Politics" in Japan, International Affairs, Vol. 7, No. 1, Jan. 1996, p. 64.

④ ［日］浅井基文『大国日本の選択：国連安全保障理事会と日本』、労働旬報社、1995 年、頁 22。

整体上找到走出中日安全关系困境的出路，进而解决具体问题，促使中日关系良性发展。

一

2012年12月安倍上台之后，中日安全关系并未改善反倒进一步紧张，日本加强了与中国的对抗。除政冷经冷之外，中日两国的相互认知也在"变冷"。2016年9月23日，日本言论NPO和中国零点研究咨询集团共同实施的第十二次中日关系联合舆论调查结果显示，日本认为对本国最重要的国家第一位是美国，第二位是"不知道"，第三位才是中国，仅占7.4%；而中国认为日本是除俄罗斯、美国、东盟、欧盟之外最重要的国家，排名第五，仅占7.8%。[①] 导致这种局面的一个重要因素是两国安全互信持续走低，紧张的安全关系持续得不到有效缓释。当前，中日安全关系的相关态势主要表现以下几方面。

（一）在钓鱼岛争端上中日安全关系持续紧张

首先，钓鱼岛海域和空域存在冲突风险。从2012年9月至2017年2月23日，中国公务船在钓鱼岛海域不间断巡航共577艘次，最多一月有28艘次[②]，时时面临日方舰船挑衅甚至冲撞的威胁。2016年1月，日本防卫相中谷元甚至威胁出动军舰驱离进入钓鱼岛海域

[①] 「「第12回日中共同世論調査」結果」，言論NPO、http://www.genron-npo.net/world/archives/6365.html）（上网时间：2017年2月12日）
[②] 数据来自于［日］海上保安厅「領海・EEZを守る」、日本海上保安厅ホームページ、http://www.kaiho.mlit.go.jp/mission/senkaku/senkaku.html（上网时间：2017年2月25日）

的中国海警船。① 2016年6月，日本派出军舰应对钓鱼岛附近的中国军舰并大肆渲染。② 同时，日本也频频出动军机拦截在钓鱼岛周边海域空域正常巡逻的中国军机，甚至做出挑衅性行动，极易引发空中意外事件。仅2016年1—6月，日本航空自卫队的战机就出动了397次，比2014年增加了92%。③ 2016年6月17日，中国军队两架苏—30战斗机在东海防空识别区例行性巡航，日本两架F—15战机高速逼近挑衅，甚至开启火控雷达照射。④ 其次，日本把钓鱼岛海空域摩擦进一步扩大到东海海空域，对中国正常出海训练的舰机进行跟踪和监视，收集情报。2016年9月26日，对于中国军机通过宫古海峡前往西太平洋训练，官房长官菅义伟表示"加强警戒监视"。⑤ 中国国防部指出，日本自卫队舰机"对华高频度侦察，严重干扰了中方的日常训练活动，损害了中国的安全利益"，日本"危险的挑衅行为"是"引发中日海空问题的根源。"⑥ 2016年12月10日，日本自卫队的2架F-15战斗机再次对通过国际航道前往太平洋训练的

---

① 『中国軍艦尖閣（钓鱼岛）侵入時、自衛隊艦船が対応も防衛相、考え示す』、『読売新聞』（朝刊）、2016年1月13日。

② 「中国、ロシア軍艦艇が同時刻、尖閣諸島（钓鱼岛）周辺の接続水域に侵入　外務省が中国に抗議」、『産経新聞』、http://www.sankei.com/politics/news/160609/plt1606090008-n2.html（上网时间：2017年2月1日）

③ 「中国戦闘機、宮古海峡上空を通過　空自機が緊急発進」、『日本経済新聞』、日本経済新闻、http://www.nikkei.com/article/DGXLASFS25H25_V20C16A9PE8000/（上网时间：2017年1月18日）

④ "国防部就日方挑衅我巡航战机事答记者问"，中国国防部网站，http://www.mod.gov.cn/info/2016—07/04/content_4687271.htm（上网时间：2017年2月2日）又见『一線超えた中国軍機　尖閣（钓鱼岛）、東シナ海上空の緊張高まる　ネットで発表の元空将、改めて警鐘　政府関係者は「前例のない接近だった」と吐露』、『産経新聞』、http://www.sankei.com/politics/news/160630/plt1606300020-n3.html（上网时间：2017年2月3日）

⑤ 『菅氏「中国軍警戒に万全期す」　戦闘機の宮古海峡飛行で』、『朝日新聞』、http://www.asahi.com/articles/ASJ9V3G9HJ9VUTFK004.html（上网时间：2017年1月21日）

⑥ "10月国防部例行记者会文字实录"，中国国防部网站，http://www.mod.gov.cn/jzhzt/2016—10/27/content_4754432.htm（上网时间：2017年2月1日）

中国军机近距离干扰并发射干扰弹。① 再次，日本持续加强对钓鱼岛的控制，进一步侵犯中国主权。日本在加强对钓鱼岛及周边的监视和情报收集能力外，还加强岛屿防御能力，包括成立新的部队。海上保安厅还提出"构筑战略的海上安保体制"，强化对钓鱼岛控制。② 按照海保厅的计划，到 2018 年将完成"钓鱼岛渔船应对体制"，到 2019 年将完成"钓鱼岛 24 小时监视体制。"③ 2014—2018 年度日本《中期防卫力量整备计划》注重加强钓鱼岛防卫。④ 2017 年日本防卫预算连续 5 年增加，包括建造新型潜艇和引进 F-35 战机等。⑤ 日本所谓"国有化"钓鱼岛使中日安全关系一度达到冰点，其对钓鱼岛的强化控制显然也不利于中日安全关系的改善。

（二）除领土争端上的对抗外，日本在更深的层面加大了中日安全互信的缺失

首先，日本此轮借势整顿国内安保体制，大幅调整安保政策，

---

① 「中国軍機6機、宮古海峡を通過　空自機が緊急発進　領空侵犯はなし」、『産経新聞』、http：//www.sankei.com/politics/news/161210/plt1612100028-n1.html（上网时间：2017 年 1 月 25 日）

② ［日］海上保安庁「平成 28 年度海上保安庁関係予算概算要求概要」、日本海上保安庁ホームページhttp：//www.kaiho.mlit.go.jp/soubi-yosan/yosan/h28shiropan.pdf（上网时间：2017 年 2 月 2 日）

③ ［日］海上保安庁「平成 29 年度海上保安庁関係予算概算要求概要」、日本海上保安庁ホームページhttp：//www.kaiho.mlit.go.jp/soubi-yosan/H29youkyuushiropan.pdf（上网时间：2017 年 2 月 3 日）

④ 主要包括：（1）把部署在那霸基地的F-15 型战斗机飞行队从 1 个增加至 2 个，追加部署 20 架F-15 战机，强化日本防空态势。（2）引进新型早期预警机和"全球鹰"无人侦察机，提高日本的警戒监视能力。（3）调整陆上自卫队组织设置，建立管理体系一元化的"陆上总队"。（4）新设"机动师团、旅团"及水陆两栖部队。（5）装备适应岛屿起降的战机等。见［日］「中期防衛力整備計画（平成 26 年度～平成 30 年度）について」、日本防衛省ホームページ、http：//www.mod.go.jp/j/approach/agenda/guideline/2014/pdf/chuki_seibi26-30.pdf（上网时间：2017 年 2 月 2 日）

⑤ ［日］防衛省「我が国の防衛と予算（案）—平成 29 年度予算の概要—（平成 28 年 12 月 22 日掲載）」、日本防衛省ホームページ、http：//www.mod.go.jp/j/yosan/2017/yosan.pdf（上网时间：2017 年 1 月 18 日）

加深了中国对日本军事安全政策前进方向的担忧。习近平主席会见安倍首相时就当面指出，希望日本继续走和平发展道路，采取审慎的军事安全政策，多做有利于增进同邻国互信的事。① 安倍再次上台后进行包括成立国家安全保障会议、实施《特定秘密保护法》、强化自卫队一元化管理、通过《防卫省设置法》修正案等一系列的外向型军事安全政策调整。② 特别是，2016 年正式实施新安保法案解禁集体自卫权，扩大自卫队的海外军事功能。基于新安保法案，2016 年 11 月 15 日，日本决定向派往南苏丹参与联合国维和行动的陆上自卫队赋予"驰援护卫"新任务，允许自卫队持有武器进行相关的营救活动。中国外交部表态称"希望日方恪守坚持走和平发展道路的承诺"③。其次，日本把中日矛盾引向多边，强化安全同盟、大力构筑针对中国的安保包围圈，还积极介入南海问题，为困于"老问题"的安全关系增添新麻烦。日本紧拉美国，以日美军事同盟"威慑"中国。日本"安全保障法律基础再构筑"与"关于安全保障与防卫力"审议会成员细谷雄一强调以军事力量与军事同盟迫使中国服膺，提出"最重要的是在东亚恢复'均衡的体系'，达成此目的的关键在美国继续介入东亚和美日同盟的强化。"④ 在 2017 年 2 月 2 日的记者会上，对于即将到来的美国国防部长马蒂斯访日，官房长官菅义伟强调"美国展示对亚太地区的承诺有非常重要的意义"⑤。

---

① 《习近平会见日本首相安倍晋三》，人民网，http://politics.people.com.cn/n/2014/1110/c1024-26002677.html（上网时间：2017 年 1 月 18 日）.

② 孟晓旭：《东亚安全形势与日本安保政策调整》，《国际安全研究》，2016 年第 2 期，第 56—65 页。

③ 2016 年 11 月 16 日外交部发言人耿爽主持例行记者会，中国外交部网站，http://www.fmprc.gov.cn/web/wjdt_674879/fyrbt_674889/t1415897.shtml（上网时间：2017 年 1 月 24 日）.

④ [日]细谷雄一『18 世紀ヨーロッパから 21 世紀アジアへ』，中央公論新社，2012 年，頁 330—333。

⑤ 『「尖閣（钓鱼岛）に日米安保」確認へ 3 日来日』，『毎日新聞』，http://mainichi.jp/articles/20170203/k00/00m/010/080000c（上网时间：2017 年 2 月 5 日）

在与马蒂斯的会谈中，安倍力陈日美安全同盟不可动摇。马蒂斯也确认了美国的防卫义务，表示钓鱼岛问题"适用于《日美安保条约》第五条"，"美国反对有损日本施政权和单方面改变现状的事情"。① 2月10日，日美首脑会谈后发表的新《联合声明》确认《日美安保条约》第5条适用钓鱼岛，并"反对妨碍日本施政的任何单方面行动"②。中国外交部就此指出"坚决反对日本以所谓《美日安保条约》为名拉美国为其非法领土主张背书。"③ 此外，日本还与相关国家加强安保合作，包围中国。安倍视澳大利亚为其遏制联盟的潜在参与者④，谋求与澳大利亚建立"准同盟"关系。2017年1月14日，日澳签署《物资劳务相互提供协定修改协定》（ACSA修订版），自卫队与澳军相互提供弹药成为可能。⑤ 2015年12月12日，日印签署交换防卫机密的"情报保护协定"和有关防卫装备品及相关技术转移的协定。⑥ 2016年6月10日，日美印三国海军进行联合演练，旨在应对海洋活动强化的中国。⑦ 在南海问题上日本积极介入，大力炒作"基于法治"和"航行自由"，推动菲律宾挑起"南海仲裁"并为其站队，日本与菲律宾、越南等相关国家加强安全合

---

① ［日］外务省「マティス米国国防長官による安倍総理大臣表敬」、日本外務省ホームページ、http：//www.mofa.go.jp/mofaj/na/st/page3_001984.html（上网时间：2017年2月5日）

② ［日］外务省、「共同声明（2017年2月10日）」、日本外務省ホームページ、http：//www.mofa.go.jp/mofaj/files/000227766.pdf（上网时间：2017年2月24日）

③ "2017年2月13日外交部发言人耿爽主持例行记者会"，中国外交部网站，http：//www.fmprc.gov.cn/web/wjdt_674879/fyrbt_674889/t1438003.shtml（上网时间：2017年2月24日）

④ Aurelia George Mulgan, "Breaking the Mould: Japan's Subtle Shift from Exclusive Bilateralism to Modest Minilateralism," Contemporary Southeast Asia, Vol. 30, No. 1, April 2008, p. 56.

⑤ 「日豪首脳会談：米と連携確認　弾薬融通、署名へ」、『毎日新聞』、http：//mainichi.jp/articles/20170114/dde/001/010/051000c（上网时间：2017年2月2日）

⑥ ［日］外务省「日印防衛装備品・技術移転協定及び日印秘密軍事情報保護協定の署名」、日本外務省ホームページ、http：//www.mofa.go.jp/mofaj/press/release/press3_000168.html（上网时间：2017年2月23日）

⑦ 「日米印合同訓練：海自司令「3カ国の関係強化を」」、『毎日新聞』、http：//mainichi.jp/articles/20160610/ddg/041/010/007000c（上网时间：2017年2月2日）

作等，试图把"南海问题"与"东海问题"联动起来给中国施加压力。日本国内还一度有派遣自卫队参与美军在南海的所谓"航行自由"行动等言论。

（三）中日安全对话迟滞，"海空紧急联络机制"曲折缓慢

2012年，中日防务部门关于海上联络机制第三轮磋商达成了三点共识：（1）防卫部门定期举行会议；（2）设置防卫部门之间的热线；（3）统一舰艇和飞机在现场联络的无线电频率和语言。① 但2012年9月，"中日关系因为日本政府非法'购岛'而处于严峻局面，两国防务领域交流也不可避免地受到影响"，② 责任完全在日方。一直到2014年11月中日在实现了中断近三年的首脑会谈后，相关磋商才得以继续进行。③ 2015年1月，中日海上联络机制第四轮磋商进行，在中方的建议下，双方同意将机制名称由"海上联络机制"更改为"海空联络机制"④。形成的共识还包括：（1）确认迄今就建立该机制达成的共识；（2）就防务部门海空联络机制相关内容及有关技术性问题进行了协商，达成一定共识；（3）双方一致同意，争取早日启动该机制。⑤ 但是，2015年6月第五轮磋商后，"海空联络

---

① ［日］防衛省、「防衛白書　平成27年版」、日経印刷、2015年8月、頁284。
② "国防部就中日关系、多边军事交流等问题答记者问"，新华网，http：//news. xinhuanet. com/2012—10/25/c_ 113499405. htm（上网时间：2017年2月5日）
③ ［日］防衛省、「防衛白書　平成27年版」、日経印刷、2015年8月、頁284。
④ 『日中間の連絡メカニズム、早期運用開始で一致　「海上」から「海空」に名称変更』、『産経新聞』、http：//www. sankei. com/politics/news/150113/plt1501130018 – n1. html（上网时间：2017年2月5日）
⑤ "2015年1月13日外交部发言人洪磊主持例行记者会"，中国外交部网站，http：//www. fmprc. gov. cn/web/wjdt_ 674879/fyrbt_ 674889/t1227817. shtml。［日］防衛省「防衛白書　平成27年版」日経印刷、2015年8月、頁284。又见"1月国防部例行记者会文字实录"（2015年），中国国防部文字网站，http：//www. mod. gov. cn/affair/2015—01/29/content_ 4576941_ 2. htm（上网时间：2017年2月5日）

机制"又因日方原因而遭遇挫折。① 日本试图在钓鱼岛问题上继续做文章，不与中国相向而行地缓和局势。2016 年 11 月 25 日，中日两国防务部门在东京举行"海空紧急联络机制"第六轮专家组磋商。该机制能否早日建立，需要中日合作、相向而行。而直至 2015 年 3 月，时隔 4 年之后中日才举行第十三次中日安全对话。

另外，中日间的历史问题也是安全问题②，并有使安全化加深的态势。安倍政权的历史修正主义使中国对日本"威胁认知"上升，中国领导人和外交部门在各种场合都提出日本历史认识问题对和平与安全的"威胁"。以上几方面彼此相互影响、共同负作用于中日安全关系。日本在南海问题上介入就阻碍了两国海空紧急联络机制的进程。2016 年 6 月 29 日，中国驻日本大使馆代理新闻发言人薛剑在记者会上还指出，建立海空联络机制是"两国领导人达成的共识"，但"日方在国际上利用涉海问题特别是南海问题无理地指责、攻击中方，给双方的对话和磋商带来严重干扰"。③

二

由钓鱼岛争端而来的中日安全关系之态势演进显然已超出钓鱼岛争端的互动范围，具有深刻的原因。日本有意激化和中国的分歧与矛盾，利用并激化岛争，不断渲染中国捍卫国家主权的行为是对

---

① 「日中「海上連絡」暗礁に　偶発の衝突防止　尖閣（钓鱼岛）巡り中国反発」、『読売新聞』、2015 年 10 月 5 日。"Talks on Japan-China maritime liaison mechanism deadlock", Chicago Tribune, October 5, 2015. 见 www.chicagotribune.com/sns-wp-japan-china-1da1e190-6b63-11e5-9bfe-e59f5e244f92-20151005-story.html（上网时间：2017 年 1 月 25 日）
② 详细论述见 Alexis Dudden, Northeast Asian Futures: Coming Together Means Facing the Past, American Foreign Policy Interests, vol. 35, 2013.
③ 「運用開始遅れ　日本側に責任　海空連絡メカニズム」、『朝日新聞』、2016 年 6 月 30 日。

日本的"侵犯"和威胁，通过制造紧张氛围，把国内注意力引向与中国的对抗，以便推动国内进行一系列"战后体制摆脱"，服务于日本"正常国家化"战略。安倍政权的政治目标就是"摆脱战后体制"和从"战后历史中""夺回强大日本"，"重新交到日本国民手中"[①]。2016年6月16日，日本国防会议就大肆渲染中国军舰在钓鱼岛的正常巡航是"极其危险的行为"，日本政府甚至暗示要发布海上警备行动命令，出动海上自卫队。对此，日本《周刊现代》就指出"安倍及自民党利用中国军舰出没大肆叫嚣和煽动中国威胁论"是欺骗之举，目的是为了修宪。[②] 2016年8月2日，中国国防部指出，日本"妄称中国依靠实力改变现状""无端指责中国军队在钓鱼岛附近单方面升级行动"，根本目的是"为其大幅调整军事安全政策、大力扩充军备、甚至修改和平宪法制造借口，这种动向值得国际社会高度关注与警惕。"[③] 而为获取政权巩固，安倍也刻意在对华问题上保持强硬，塑造政治强人形象，满足国内各种势力的要求。比较而言，日本对俄外交却比较"低气"，一定程度上也是日本把对俄弱势转移到了对华强势上。

面对中国崛起的现实压力和未来潜力，特别是考虑到自己的将来，日本以时间换空间，有意放缓与中国协商对话的步伐，甚至还时时渲染一下，目的是在中国还没有获得地区主导权之前先行布局。如果日本还像以前一样采取"搁置争议"的共识并以重视中日关系的态度来解决的话，中日安全关系的紧张不会呈现现在这样在战后

[①] 详细论述见［日］安倍晋三：『新しい国へ：美しい国へ完全版』、文藝春秋、2013年1月特别号。
[②] 『軍艦出没で大騒ぎ 安倍自民が煽る「中国脅威論」のペテン』、『日刊ゲンダイ』、http：//www.nikkan-gendai.com/articles/view/news/183875/2（上网时间：2017年1月25日）
[③] "国防部新闻发言人吴谦就日本发表2016年版《防卫白皮书》发表谈话"，中国国防部网站，http：//www.mod.gov.cn/shouye/2016—08/02/content_4706195.htm（上网时间：2017年2月5日）

几乎没有过的长时间和高系数。日本认为作为海洋国家的日本的利益与海洋通道的安全密切相关，钓鱼岛所在的东海以及南海存在着与日本"生命"相关的水道，而最安全的方法是让中国远离这些水道，并强化相关规则约束日渐有能力维护主权的中国。而在钓鱼岛问题上，日本认为中国的目的是以夺取钓鱼岛确保向西太平洋的进路，增强对美抑制力，而日本要确保对西南诸岛的控制权以及保障美军的迅速进入[1]。日本也意识到，一旦美国出现不支持日本的情况，那么必然出现日本单独对付中国的局面，而日本的单独行动必然会引起（立足和平宪法的）国内的巨大混乱。[2] 于是，在国内尚未准备好的情况下，日本更需要借助外力，于是在继续强化日美同盟的基础上，日本更主动地从幕后走到前台，为自己的未来布局。以正在发生的岛争进行"现身展示"，日本在"中国威胁"的主纲下，对内调整安全政策，对外主导编织"中国包围网"，包括对中国周边国家提供安全支援，牵制中国，试图在中国还未"长成"之前占得有利位置。

2010年以来美国亚太再平衡战略进一步加剧和固化了这种安全态势。美国"亚太再平衡"战略既包括应对崛起的中国对其全球霸权的挑战，也包括发挥盟国作用辅助其实施战略。于是，美国"一方面公开鼓励日本积极发展防卫力量，加强西南诸岛军事部署，并进行有针对性的战备演训；另一方面通过新'指针'巩固日美同盟，强调对日安保承诺，以此来形成两国对华威慑的合力。"[3] 历史上看，

---

[1] 『「日中偶発軍事衝突」は起こるのか (2) 中国の最終目標は「海洋大国」 尖閣（钓鱼岛）を取れば台湾への攻撃もしやすくなる』、J-CASTニュースホームページ、http://www.j-cast.com/2014/08/02211841.html? p = all（上网时间：2017年2月5日）

[2] 详细论述见［日］日本平和安全保障研究所编『アジアの安全保障 1996—1997』、朝云新闻社、1996年。

[3] 黄大慧、赵罗希：《日美强化同盟关系对中国周边安全的影响》，《现代国际关系》2015年第6期，第29页。

钓鱼岛主权争端问题的产生本身就是美国"楔子"战略的产物。而在实力相对衰弱的背景下，美国更是利用东亚地区敏感的领土争端搞新"离岸平衡"，既牵制中国，也笼络和控制日本。对日本而言，既是争取美国也是利用美国，把美国进一步捆绑在亚太争端中，防止出现自己单独应对中国的安全困局。

安全互信缺失则加剧了两国安全关系的困境。战后以来，日本在美国的扶植下"带病"融入国际社会，而战后曾不太重视"战略"的日本秉承"日美基轴"采取脱亚入美的外交安保路线，其在亚洲的和解并未完成。因此，面对新兴的亚洲特别是崛起的中国，内心自亏的日本最先意识到的就是自己很可能要吞下轻视亚洲的"苦果"。邻近的地缘，架着有色价值观的"眼镜"，日本认为强大的中国是"危险的"。日本忧虑中国军事力量的急速发展，质疑中国军事透明度，对中国捍卫国家主权的正常行为常不自觉地产生放大效应。2016 年日本《防卫白皮书》沿袭以往基调，继续指责中国"试图凭借力量改变现状"，"令人对今后的方向性抱有强烈担忧""强烈希望提高透明度"[1]。日本《中国安全保障报告 2016》提出"近年的东亚安全保障环境的最大特点是急速增强军事实力的解放军扩大活动范围"，可能加剧地区各国之间的紧张关系，也可能使东亚安全秩序混乱。[2] 在这样的情况下，日本对中国军事活动合规合法的事实却视而不见，甚至担心中国会再次构建"大中华帝国"。[3] 而出于二战时期被日本侵略的历史，中国对日本在历史问题上的言行及安全动向也很警惕。日本言论 NPO 和中国零点研究咨询集团共同实

---

[1] ［日］防卫省『平成 28 年版防衛白書』、日本防衛省ホームページ、http://www.mod.go.jp/j/publication/wp/wp2016/html/n1232000.html（上网时间：2017 年 2 月 5 日）

[2] ［日］防卫省『中国安全保障レポート 2016』、日本防衛省ホームページ、http://www.nids.mod.go.jp/publication/chinareport/pdf/china_report_CN_web_2016_A01.pdf（上网时间：2017 年 2 月 5 日）

[3] ［日］麻生太郎、『自由と繁栄の弧』、幻冬舎、2007 年、頁 6—7。

施的第十二次中日关系联合舆论调查结果还显示，日本方面认为中国是军国主义体制的有39.4%，较2015年增加6.7%；认为中国奉行霸权主义的有19.9%，较2015年增加8.4%。中国方面认为日本奉行军国主义的占46%，较2015年增加2.2%；认为日本奉行霸权主义的占40.1%，较2015年增加3.7%。日本认为中国是安全威胁的占66.6%，仅次于朝鲜的80.6%。中国认为日本是安全威胁的占75.95%，超过美国位居第一位。[①] 无疑，在两国安全关系持续紧张的背景下，民间舆论又对中日安全关系产生反向刺激作用，导致两国安全互信困难重重。

三

从前景看，中日安全关系机遇与挑战并存。机遇方面，中日安全关系有改善的趋势，但需要两国积极把握。2014年以来，中日两国最高领导层和相关部门多次会谈，涉及到两国间的安全议题并达成一定的共识。2016年在G20杭州峰会期间，习近平主席在与安倍的会谈中指出，中日双方应该根据四点原则共识精神，通过对话磋商加强沟通。安倍也表示希望按照日中达成的有关共识精神，努力改善两国关系，并就相关问题同中方保持对话。[②] 两国的相关部门的安全对话也在进一步进行，2016年8月，王毅外长与日本外相岸田文雄会谈"酝酿召开中日海洋事务高级别磋商和尽早启动海空联络机制"[③]。2016年11月28日，中日在第十四次中日安全对话同意继

[①] [日]『「第12回日中共同世論調査」結果』，言論NPO、http://www.genron-npo.net/world/archives/6365.html（上网时间：2017年2月3日）

[②]《习近平会见日本首相安倍晋三》，《人民日报》，2016年9月6日，第2版。

[③] "王毅会见日本外相岸田文雄"，中国外交部网站，http://www.fmprc.gov.cn/web/wjdt_674879/wjbxw_674885/t1391492.shtml（上网时间：2017年2月3日）

续保持安全防务领域的沟通与合作，推动中日关系进一步改善。①
2017年1月20日，岸田文雄在第193回国会上的外交演说中表示：
"日中关系是最重要的两国关系之一，在'战略互惠关系'下两国
在地区和国际社会构筑合作关系十分重要"，"努力全面改善中日关
系"②，表明日本也要改善中日关系。但另一方面，中日安全关系的
进路仍面临挑战。

一是在美国对华战略总体不变的情况下，特朗普新政权对华政
策虽还未完全清晰，但既有倾向推动和互应日本继续挑事的可能。
在南海问题上，上任前特朗普就抛出中国"在南海搞军建"没有
"问过我们的意见"等强硬言论。2017年1月11日，国务卿提名人
蒂勒森在参议院外交关系委员会举行的提名听证会又就南海问题发
出强硬的声音，宣称要向中国发出明确的信号："一是停止造岛行
为，二是不允许中国进入这些岛礁"。而安倍在12日起对菲律宾、
澳大利亚、印尼和越南的亚太四国访问中重提已和缓的南海问题，
强调"法的支配"③。2017年2月4日，访日的马蒂斯在与防相稻田
朋美共同出席的记者会上"强烈批判"中国的南海活动是"挑战行
为"，强调"维持基于规则的国际秩序。"④日美新《联合声明》也涉
及到南海问题，称两国"反对欲通过威胁、强制或武力主张海洋相
关权利的任何尝试。包括相关国家的基地军事化在内，要求避免会
加剧南海紧张局势的行动，要求依据国际法行动。"⑤ 为日本继续介

---

① ［日］外務省「第14回日中安保対話の開催（結果）」、日本外務省ホームページ、http://www.mofa.go.jp/mofaj/press/release/press4_003972.html（上网时间：2017年2月2日）

② ［日］外務省「第193回国会における岸田外務大臣の外交演説」、日本外務省ホームページ、http://www.mofa.go.jp/mofaj/fp/pp/page3_001969.html（上网时间：2017年2月5日）

③ ［日］外務省「日・フィリピン首脳会談」、日本外務省ホームページ、http://www.mofa.go.jp/mofaj/s_sa/sea2/ph/page3_001951.html（上网时间：2017年2月6日）

④ 『米国防相「挑戦の行為」 中国の海洋進出を強く牽制』、『朝日新聞』、http://www.asahi.com/articles/ASK2443QCK24UHBI00Y.html（上网时间：2017年2月5日）

⑤ ［日］外務省、「共同声明（2017年2月10日）」，日本外務省ホームページ、http://www.mofa.go.jp/mofaj/files/000227766.pdf（上网时间：2017年2月24日）

入南海问题提气。在台湾问题上，继与蔡英文直通电话后，在2016年12月11日的电视采访中特朗普甚至流露"我们为什么受制于'一个中国'政策呢？除非我们在贸易等其他事务上与中国达成交易"①。日本则在2017年1月23日至27日举行的陆海空自卫队联合演习中以中国大陆与台湾发生军事冲突，导致"重要事态"发生，届时日美共同应对为演习设想。有日本评论就指出"这次演习因发生在特朗普总统的言行使台海局势紧张时期而重要。"② 而早在2013年，日本就有人假想过解放军登陆台湾，陆上自卫队坦克部队南下驰援台湾，为美军争取了时间。③ 这次演习假想的应对是以2016年实施的新安保法案中《重要影响事态法》为依据，表明中国对日本安保政策调整的安全担心是现实的。日本自卫队高层就曾表示，如中美在台湾海峡发生紧张对峙危机，"美军将期待日本自卫队承担保卫美国航母不受中国潜艇威胁的任务"④。与奥巴马政权的"重返亚太"相比，战略更趋收缩的特朗普政权则倾向于"重返东亚"，集中应对小范围问题，并在这个重返中更注重运用地区盟国日本的作用。美国特朗普新政权的对华政策是影响中日安全关系的变数。

二是在东亚安全结构的调整中，日本针对中国构筑的包围圈仍在持续，并有进一步扩大的趋势。安保合作也是安倍2017年年初"四国行"的重要内容。⑤ 安倍承诺向菲律宾赠送10艘大型巡逻船，

---

① Donald Trump questions 'One China' policy, http://www.bbc.com/news/world-us-canada-38280942（上网时间：2017年2月5日）。

② 「自衛隊、中台有事を想定した演習実施へ」、http://diamond.jp/articles/-/115142（上网时间：2017年2月5日）。

③ 相关论述见［日］三鷹聡、「台湾で激突！日中戦車部隊」、『軍事研究』、2013年9月号。

④ 「首相、防衛力強化を伝達へ　日米首脳会談」、『日本経済新聞』、http://www.nikkei.com/article/DGXLASFS09H4C_Z00C17A2EA2000/（上网时间：2017年2月22日）。

⑤ ［日］外務省「安倍総理大臣：日本は貿易及び海洋安全保障を通じてフィリピンの国造りを支援」、日本外務省ホームページ、http://www.mofa.go.jp/mofaj/p_pd/ip/page4_002666.html（上网时间：2017年1月20日）。

向印尼海上保安机构提供3艘巡逻船；向越南海警提供6艘巡逻船等。此前不久，日本刚决定给菲律宾提供5架日本海上自卫队训练用的TC90型螺旋桨飞机。2017年2月19日起，在中国与东盟国家商讨"南海行为准则"期间，日本政府又决定在国会提出修改相关法律以便向东盟国家无偿赠送二手军车，提升东盟防卫能力。① 除政府层面提供巡逻船和飞机之外，日本海上保安厅还将新设置以"海上安保国际合作推进官"为首的新机构，从2017财年起正式援助东南亚各国的海上安保机构以提高其能力，向相关国家传授在钓鱼岛周边应对中国公务船的经验。② 2017年1月21日，日英首次外交、防卫"2+2"会议就强化包括防卫装备领域在内的安保合作签署相关文件，共同研究日本引进的F35-战斗机所配的新型导弹。③ 26日，日英又签署《物资劳务相互提供协定》（ACSA），据此相互可提供弹药等后方支援。在与韩国签订完《军事情报保护协定》之后，日本又在推进与韩国签订《物资劳务相互提供协定》。美日同盟也出现新的强化，特朗普就任后在与安倍的首次电话会谈中确定美国对日本安全的承诺④。2月10日发表的日美新《联合声明》称："美国利用基于核武器和常规作战能力两方面的所有类型军事力量保卫日本的责任不会动摇"⑤，给日本撑腰。新《联合声明》中还有两国互

---

① 「自衛隊の中古装備品を無償供与 東南アジア諸国を中心 通常国会に関連法案提出へ」、『産経新聞』、http：//www.sankei.com/politics/news/170119/plt1701190010-n1.html（上网时间：2017年2月23日）

② 「東南アの海保能力向上を本格支援 日本が研修受け入れ拡大」、『日本経済新聞』、http：//www.nikkei.com/article/DGXLASDG08H1D_Y7A100C1000000/（上网时间：2017年2月1日）

③ 「日英、防衛装備で協力拡大 初の2プラス2」、『日本経済新聞』、http：//www.nikkei.com/article/DGXLASFS21H12_R20C15A1PP8000/（上网时间：2017年2月5日）

④ Readout of the President's Call with Prime Minister Shinzo Abe of Japan, Office of the Press Secretary, The White House, https：//www.whitehouse.gov/the-press-office/2017/01/28/readout-presidents-call-prime-minister-shinzo-abe-japan（上网时间：2017年2月3日）

⑤ ［日］外務省、「共同声明（2017年2月10日）」，日本外務省ホームページ，http：//www.mofa.go.jp/mofaj/files/000227766.pdf（上网时间：2017年2月24日）

为"交换"的内容——"美国将加强在地区的存在，日本将在同盟关系中发挥更大的作用和责任。"① 这也就意味着日本将在新时期的同盟下扮演更积极的安全角色。此外，在特朗普政府要求盟国作出更大贡献的背景下，日本政府正在考虑引进"萨德"系统。2016 年底，日本防卫省已成立以副防卫相为首的委员会，讨论引进"萨德"系统。② 2017 年 1 月 13 日，防相稻田朋美访问美属关岛的安德森空军基地考察"萨德"系统。基于日韩《军事情报保护协定》，日本如部署该系统的话，韩日两国可联网构建东亚导弹防御体系，并与美国一起打造美日韩三国反导同盟，进一步加强对中国的战略威慑，显然这将是引发中日安全关系走向困境的新问题。

三是日本能在多大程度上改善两国安全关系有待观察。伴随其国内当前以修宪为主要议程的国家"正常化"战略深入，中日安全关系也可能出现新的障碍。在 2017 年初国会上的外交演说中，岸田同时又表示"东海方面，中国继续侵入钓鱼岛周边领海和继续进行资源开发。日本将坚持应坚持的，继续冷静毅然地应对"③，显示出中日安全关系的真正改善依然存在着挑战。安倍政权在历史问题上也还没有向前看的步骤。2017 年 1 月 31 日，安倍就众议院上提出的防相稻田朋美 2016 年年底参拜靖国神社质询回答到"政府不应插手"④，实际是采取支持态度。2017 年 2 月 14 日，日本文部科学省公布的中小学新版"学习指导要领"草案中首次明确要求在中小学

---

① [日] 外務省「共同声明（2017 年 2 月 10 日）」，日本外務省ホームページ、http://www.mofa.go.jp/mofaj/files/000227766.pdf（上网时间：2017 年 2 月 24 日）

② 「防衛省 THAAD 導入も　ミサイル防衛、検討委設置へ」、『毎日新聞』、http://mainichi.jp/articles/20161125/ddm/002/010/110000c（上网时间：2017 年 2 月 2 日）

③ [日] 外務省「第 193 回国会における岸田外務大臣の外交演説」、日本外務省ホームページ、http://www.mofa.go.jp/mofaj/fp/pp/page3_001969.html（上网时间：2017 年 2 月 5 日）

④ [日] 衆議院「衆議院議員逢坂誠二君提出稲田防衛大臣の靖国神社参拝についてノーコメントとした安倍総理の考えに関する質問に対する答弁書」、日本衆議院ホームページ、http://www.shugiin.go.jp/Internet/itdb_shitsumon.nsf/html/shitsumon/b193007.htm（上网时间：2017 年 2 月 4 日）

社会课程中提出钓鱼岛是日固有领土。① 此外，修宪问题是2017年日本的重要政治议题。2016年7月的参议院选举之后，赞成在安倍政府下修宪的众参两院的势力已经达到提议修宪所需的三分之二议席。2016年11月16日，日本参议院宪法审查会进行了新国会以来的首次实质性讨论。目前自民党的策略是首先争取在紧急事态条款和环境权等条款上过关，打开"封印"，然后再破坏"第九条"。日本对和平宪法的破坏无疑会进一步引发中国的安全担忧，特别是在推动修宪过程中，日本很有可能还会拿"中国威胁"说事。

四

中日两国是地区大国，是邻国，分别是世界第二和第三大经济体，和平友好、互利合作对两国以及对地区的和平与稳定都具有重要的作用。当前中日安全关系的紧张复杂态势在很大程度上与安倍政权不重视也不急于改善有关，作为一个以"复兴日本"为己任的政权，安倍把更多的精力放在"战后体制摆脱"和建立"强大日本"之上。更重要的是，安倍政权的这些目标都是以牺牲中日安全关系为实现路径的。但是，在目前中日安全关系处于既有机遇又存挑战的当口，为迎接中日邦交正常化45周年和《中日和平友好条约》缔约40周年，中日两国特别是日本应立足实际行动处理好中日安全关系，增加和培植安全互信，为中日关系的全面改善创造条件。而从更深层次看，良好的中日安全关系的构建更需要中日两国的坚实努力。

---

① 『尖閣諸島（钓鱼岛）、竹島を初めて明記「正当な日本の主張」教える責務 小中学校の社会』,『産経新聞』, http://www.sankei.com/life/news/170214/lif1702140035-n1.html（上网时间：2017年2月23日）

（一）必须恪守两国间四个政治文件

1972年《中日两国关于恢复邦交正常化的联合声明》、1978年《中日和平友好条约》、1998年《中日联合宣言》及2008年《关于推进战略互惠关系的联合声明》四个政治文件是中日友好合作的基石。文件强调："建立两国间持久的和平友好关系"，"用和平手段解决一切争端，而不诉诸武力和武力威胁"，"两国任何一方都不应在亚洲和太平洋地区谋求霸权，每一方都反对任何其他国家或国家集团建立这种霸权的努力"，"长期和平友好合作是双方唯一选择"，"双方决心正视历史、面向未来，不断开创中日战略互惠关系新局面"，"两国互为合作伙伴，互不构成威胁。双方重申，相互支持对方的和平发展"，"双方坚持通过协商和谈判解决两国间的问题"等。中日要对这些共识"言必信""行必果"。当前，日本也强调中日要回到战略互惠关系的原点，从大局出发改善中日关系。[①] 但这更多是安倍展示姿态的一种政治策略，日本政府还需要拿出进一步的实际行动来表明决心和诚意。两国关系史证明，脱离了这四个政治文件精神中日安全关系就会出现问题，就难免偏离正确方向。只有坚持这些政治文件，两国的政治互信才有保障，中日安全关系才有坚实的政治基础。

（二）更新安全理念，以亚洲新安全观指导中日安全关系的发展

日本的安全理念还停留在冷战时期同盟安全框架内，对两国间

---

① ［日］首相官邸「第百九十三回国会における安倍内閣総理大臣施政方針演説」（2017年1月20日）」，日本首相官邸ホームページ、http://www.kantei.go.jp/jp/97_abe/statement2/20170120siseihousin.html

出现的安全问题，日本首要选择是以日美同盟为基轴，外加积极构筑同盟式"包围圈"对付中国。这种冷战思维下的对抗做法只能使两国间安全关系产生更多问题，安全怪圈的螺旋上升对双方都不利。因此，中日需要共享安全理念。亚洲新安全观强调亚洲的事情归根结底要靠亚洲人民来办，亚洲的问题归根结底要靠亚洲人民来解决，亚洲的安全归根结底要靠亚洲人民来维护。新安全观倡导"共同、综合、合作、可持续"，追求共建、共享、共赢的亚洲安全之路。[①]在新安全观的指导下，中日排除外部因素干扰，根据四点原则共识精神，在两国争端问题上妥善管控矛盾分歧。不激化、不扩大矛盾，不要搞东海南海联动之类的不识时务的小伎俩，防止新问题，减少"绊脚石"，以和平的方式通过协商对话解决问题。目前安倍政府事实上是打着"积极和平主义"的幌子加强对抗，拉帮结派，挑拨离间，小动作不断，明显在安全理念上与亚洲新安全观有很大的差别，也经常因此造成中日安全交流的停滞。尽管如此，中日两国为了和平更要一起努力推动、共享亚洲新安全观。而日本战后长期积淀而成的和平主义思想和综合安全保障战略则可为这一"共享"提供思想资源。

（三）加强安全沟通和安全对话，加强安全互信，构建有效的安全合作机制

自 1993 年中日第一次安全对话以来，23 年两国共举行 14 次安全对话，目前是副部级层面。中日防务部门的磋商启动较晚，目前是司局级层面。中日可以进一步提升安全对话和防务磋商的频度和级别，在对话内容上可涉及更多内容，增强彼此透明度。目前，尽

[①]《习近平：积极树立亚洲安全观 共创安全合作新局面》，新华网，http://news.xinhuanet.com/world/2014—05/21/c_1110796357.htm（上网时间：2017 年 2 月 1 日）

管两国在一些具体问题上存在分歧，安倍政府在主张安全对话的态度上相对还比较积极，可以成为加强中日安全互信和安全关系改善的先行领域，但这又以日本能否坚持四个政治文件和四点原则共识精神为前提。此外，两国还要建立多层次的交流平台，智库、学者和民间人士都可加入其中。中日要重视两国的危机管理，相较于中美间重大军事行动相互通报机制和公海海空域军事安全行为准则，中韩两军之间已经建立起国防部长级热线，中日之间也需要建立起相应的安全机制。同时，中日还要积极构建多边安全合作机制，在多边的框架下加强安全合作，促进两国安全信任，同时也为地区的安全做贡献。

（四）加强更多领域的交流，增强国民信赖基础

"国之交在于民之亲"，两国国民仍是中日交往的主力，加强两国各领域的联系有利于两国的相互了解和安全互信的增加，尤其要注重两国国民的交流。铃木善幸首相说过："日中两国间的友好合作关系，可以说，并不是一时的国际政治形势反映的产物，而是由两国各阶层的日积月累的交流建立起来的，是具有广泛的国民基础的。"同时，中日也要珍惜和呵护两国的友好关系，正如铃木又指出的："如果只是简单地认为两国之间存在的友好关系是自然而然的，那是错误的。这是因为两国有关人员的自觉努力，才有今天的日中关系，也只有这样，才能进一步发展明天的日中关系。我们必须把这一点深深地记在心里。"[①]

战后中日安全关系复杂和紧张有深刻的历史因素，与美国当时

---

① 《铃木首相举行盛大宴会欢迎赵紫阳总理》，田桓主编：《战后中日关系文献集》（1971—1995），中国社会科学出版社，1997年版，第344页。

的冷战政策密切相关。为此，缓解中日安全关系紧张局面，还需要从源头上着手，特别是要处理好中日战后历史遗留问题，以地区和平为重。中曾根康弘曾批评："日本国民在亚洲是最富有小聪明且具岛国根性的国民"，"有了小小的进步就要疏远亚洲"。中曾根接着指出，日本"要通过反省赎罪，首先与亚洲各国睦邻友好"，"进而有助于亚洲复兴、世界和平。"① 因为，战前日本侵华历史关系着中国人民的感情、牵动着中国人民的安全神经，日本对历史问题的态度及处理必须要顾及中国人民的感受。以史为鉴，其目的不仅是面向未来，也是中日增信释疑的重要方式。

（本文原以《中日安全关系态势发展及中国的应对》为题发表于《现代国际关系》2017年第3期，此次收入书中有较大幅度的增删、修订——作者。）

---

① ［日］中曾根康弘：《政治与人生》，王晓梅译，东方出版社，2008年版，第273页。

中国崛起与中俄安全关系

申林[*]

[内容摘要] 中国崛起与中俄安全关系之间相互影响。一方面，中俄安全关系对中国崛起具有重要影响：良好的中俄安全关系不但直接有益于中国国家安全，还有利于中国应对美国和日本的挑战，也有助于改进中国与印度的关系，这些都有利于中国崛起。另一方面，中国崛起不会危及到俄罗斯的国家安全，还有助于俄罗斯应对美日的威胁，因而有助于中俄安全关系。

[关键词] 中国崛起 俄罗斯 中俄安全关系

中国与俄罗斯互为邻国，又都是当今世界极为重要的大国，中俄关系尤其是安全关系对两国发展、地区格局和世界形势都产生了并将继续产生着重要影响。

俄罗斯的前身苏联是世界上第一个承认中华人民共和国的国家。中苏关系早期友好融洽，双方签订友好互助同盟条约，互相支持；中期相互敌视，先是口诛笔伐，后是边境武装冲突；后期又相互和解，两国关系正常化。苏联解体后，俄罗斯继承了苏联的衣钵。中俄之间历经"相互视为友好国家""建设性伙伴关系""战略协作伙伴关系"，并于2012年发展为"全面战略协作伙伴关系"。中俄之间

---

[*] 申林，国际关系学院国际政治系副教授，主要研究领域为中国国家安全。

在相互尊重、平等互利的基础上建立了一种新型的大国关系，中俄关系现正处于历史最好时期。对于中俄两国而言，对方都是与己关系最好的大国。

中国是一个发展中大国，想早日实现本国的崛起。俄罗斯是一个后超级大国，想早日恢复本国往昔的强国地位。因此，可以说，两个国家面临着相同的历史任务，即实现本国的富强。在这种背景下，中俄关系尤其是安全关系如何将直接影响着"中国梦"和"俄国梦"的实现。本文拟从中国崛起的视角，来考察中俄安全关系对中国崛起的影响以及中国崛起对中俄安全关系的反影响。

一、中俄安全关系对中国崛起的影响

当前，包括安全关系在内的中俄关系正处于历史上的最好时期。[①] 良好的中俄安全关系不但有益于中国国家安全和中国的发展，也有利于中国对美国和日本的挑战，还有助于改善中印关系，这些对中国的崛起都具有重要的促进作用。

（一）良好的中俄安全关系直接有益于中国国家安全与中国的发展

良好的中俄安全关系不但有益于中国国家安全，还有益于中国的发展，因而必将促进中国的崛起。

一方面，良好的中俄安全关系有益于中国国家安全。国家安全是国家崛起的基本保障。俄罗斯作为中国北方的强邻，与中国有着4350多千米的边境线。中俄安全关系的好坏将对中国国家安全产生

[①] 《中俄关系处于历史最好时期》，《光明日报》，2016年06月25日07版。

巨大影响。在中国古代历史上，北患一直是最严重的祸患。秦汉有匈奴之患，两晋有五胡之患，北魏有柔然之患，隋唐有突厥之患，两宋有契丹、女真和蒙古之患，明朝有蒙古与后金之患，清朝有沙俄之患。近代以后，随着英法帝国主义的海上入侵，东患日益严重，但到中日甲午战争前北患依然是最严重祸患。虽然自甲午战争后，日本成为中国最主要的祸患，但在相当时期北患依然很严重。中华民国时期，苏联策动外蒙古脱离中国，强占唐努乌梁海地区，使中国又损失了170多万平方千米的领土。中华人民共和国时期，苏联百万大军陈兵中苏与中蒙边境，对中国国家安全造成了严重威胁。

如果中俄安全关系严重恶化并发生战争，中国国家安全将面临巨大威胁。一旦中俄之间发生战争，俄罗斯就可能从中俄东北边境线或中俄西北边境线进攻中国，也可能同时从这两个方向进攻中国，这必将对中国国家安全构成巨大威胁。尤其是东北边境线的进攻威胁更大，中俄边境线90%以上都在中国东北边境，而且东北地区有着大量的人口，又是中国重工业的重要基地，一旦遭到入侵，后果不堪设想。此外，俄罗斯还可能借道蒙古或（和）哈萨克斯坦进攻中国。中俄之间一旦发生战争，蒙古与哈萨克斯坦不会成为中俄之间的缓冲地带，反而有可能成为主要战场。所以，它们也极有可能成为俄罗斯进攻中国的跳板。而且，这两条路线的进攻对中国国家安全的危害一点不亚于前面两个路线，尤其是借道蒙古这一路线，对中国国家安全的威胁更大，它直接威胁到中国首都北京的安全。

反之，如果中俄安全关系良好，中国的北方安全威胁则大大减轻。冷战以后，随着中俄安全关系的日益密切，困扰中国几千年的北患问题有了重大转机。俄罗斯建立不到5年，中俄之间就建立了战略协作伙伴关系。此后，中俄之间通过友好的协商解决了困扰两国关系的最大问题——边境问题，从而极大增强了两国的政治互信。在彼此信任和友好的基础上，中俄两国都大规模减少在边境线以及与缓冲国之间的边境线的驻军。中国北部地区的安全有了可靠的保障，从而为中国的崛起消除了重大隐患。同时，中国将从中腾出更多的人力、物力、财力、精力用于其他方面的建设，这也为中国崛起创造了有利条件。

另一方面，良好的中俄安全关系有益于中国的发展。国家的崛起建立在国家实力的基础之上，而强大的国家实力依赖于经济、军事等各方面的发展。良好的中俄安全关系有益于中国经济的发展和军事实力的增强。

良好的中俄安全关系有益于中国经济的发展。随着经济的日益发展，中国对资源的需求越来越大，而中国自身的资源储备远远满足不了日益增长的需求，对国际资源的依赖越来越大。俄罗斯作为一个富有资源的国家，尤其是在石油和天然气资源方面，正好可以满足中国的资源需求。但一国从另一国获取大量资源离不开两国在政治上的友好。正是因为与俄罗斯的良好的安全关系，中国得以从俄罗斯进口大量石油和天然气资源。例如，2014 年 5 月，中俄两国签署了《中俄东线供气购销合同》。根据合同，俄罗斯将从 2018 年起通过中俄天然气管道东线向中国提供为期 30 年、每年 380 亿立方米的供气服务。①

良好的中俄安全关系也有益于中国军事实力的增强。一个国家军事实力的提高，本国的科学技术水平固然是根本，但在短时间内无法取得根本性突破的情况下，利用国外的先进技术不失为一个好办法。俄罗斯在军事技术的多个领域都处于领先地位，尽管俄罗斯卖给中国的武器不是最好的，但也有较高的水平，因此，购买俄罗斯的先进武器有利于中国军事水平的提高和军事能力的增强。中俄

---

① 《中俄签订 30 年天然气大单 年供气 380 亿立方米》，http://energy.people.com.cn/n/2014/0522/c71661—25049165.html

之间的良好安全关系为中国向俄罗斯购买先进武器提供了便利条件。正因为中俄之间的友好互信,俄罗斯才将许多先进的武器出售给中国。例如,2015年,俄罗斯向中国出售24架苏-35战斗机。[1]同年,俄罗斯向中国出售S-400导弹。[2]

(二) 良好的中俄安全关系有利于中国应对美国和日本的挑战

对于一个国家的崛起而言,面临的主要外部障碍是强国的阻挠。英国、法国、德国等欧洲强国和中国相距甚远,与中国没有多少利害冲突,中国的崛起反而有利于其经济的繁荣,所以,它们阻碍中国崛起的动力不足,因而不是中国崛起的外部障碍。中国崛起的主要外部障碍是美国和日本,它们或担心中国崛起会挑战其世界霸权地位,或因不太正常的民族心理而把中国当作敌人。因此,中国要实现顺利崛起,必须要有效应对来自美国和日本的挑战。

美国与日本对中国的妨碍主要体现在以下几个方面:首先,美国与日本试图分裂中国的领土。在台湾问题上,美国与日本都极力阻挠中国政府在台湾地区行使主权,力图使台湾从中国分裂出去或至少维持现状。在西藏和新疆问题上,美国和日本都想使西藏和新疆从中国独立出去。其次,日本与中国在钓鱼岛问题上还存在着领土争端,日本企图霸占中国固有领土钓鱼岛。再次,美日试图建立对中国的包围圈,围堵中国,这对中国核心利益造成了严重侵害。

良好的中俄安全关系有利于中国应对美国和日本的挑战。尽管在中日钓鱼岛争端中,俄罗斯保持中立态度,中国暂时还难以获得

---

[1] 《俄媒称俄已签署合同向中国出售24架苏-35战机》,http://news.ifeng.com/a/20151120/46319972_0.shtml
[2] 《俄罗斯向中国出售最新型S-400防空系统》,《光明日报》,2015年04月16日12版。

俄罗斯的支持。①但在抵制美日分裂中国企图和应对美日对中国围堵的问题上，中国得到了俄罗斯的支持。

首先，俄罗斯在台湾、西藏和新疆等涉及中国主权的问题上态度与美日相反，旗帜鲜明地支持中国。长期以来，俄罗斯政府一直奉行一个中国的原则，不与台湾发生官方联系，不接见西藏分裂势力头目达赖，坚决支持中国打击东突分裂势力的活动。俄罗斯多次表示，支持中国在维护中华人民共和国的国家统一和领土完整问题上的政策。2001年，中俄签署睦邻友好条约，俄罗斯表示，世界上只有一个中国，中华人民共和国政府是代表全中国的唯一合法政府，台湾是中国不可分割的一部分，反对任何形式的台湾独立。② 2005年，俄罗斯总统普京在巴黎谈到中国人大通过的《反分裂国家法》和台湾问题时说，中国有权维护国家主权和领土完整，实现国家统一。俄罗斯对此表示支持。"原苏联以及俄罗斯一贯支持中国维护领土完整，我们理解中国领导层在这方面所作的努力，我们的立场没有改变。"③ 2010年，习近平访俄期间，普京表示，"在大多数敏感问题上，我们一直都支持中国。"俄方将在所有问题上支持中国，包括台湾问题。④ 2014年中俄签署《联合声明》，俄罗斯方面再次表示，在维护主权、领土完整、国家安全等涉及中国核心利益的问题上继续坚定支持中国。⑤

其次，良好的中俄安全关系有利于中国应对美日对中国的围堵。

---

① 《俄罗斯为何在钓鱼岛不支持中国》，http://opinion.china.com.cn/opinion_86_57486.html

② 《中华人民共和国和俄罗斯联邦睦邻友好合作条约》，http://www.china.com.cn/policy/txt/2001—07/17/content_5045203.htm

③ 《国际社会支持中国全国人大通过〈反分裂国家法〉》，http://www.gmw.cn/01gmrb/2005—03/20/content_199959.htm

④ 《普京：俄方将在所有问题上支持中国》，http://news.163.com/10/0324/19/62IJ82K70001121M.html

⑤ 《中俄签署全面战略协作伙伴关系新阶段联合声明》，http://www.chinanews.com/gn/2014/05—20/6192687.shtml

在应对美日的围堵上，俄罗斯与中国有着共同的利益。但是，仅仅具有共同利益未必就会有共同的行动，两国之间能否共同行动，除了共同的利益诉求外，还依赖于两国关系的状况。如果中俄之间关系紧张，那么中俄就很难联合在一起来抵制美日的围堵。所以，良好的中俄安全关系使中俄联合抵制美日的围堵成为可能。例如，蒙古地区是中俄在应对美日围堵上具有利益交汇点的重要地方。冷战后，蒙古积极实施"第三邻国"外交，美国与日本成为蒙古最重要的两个"第三邻国"。美日利用蒙古的这一外交战略，大肆拉拢蒙古，妄图使其成为牵制中、俄的战略前沿。美国战略专家罗佐弗曾声称，"蒙古是五角大楼安插在中俄之间的特洛伊木马"。[①]美日在蒙古的行动对中俄两国都构成了严重危害。如果中俄安全关系紧张，那么就可能被美日利用，更加强化其在蒙古地区的存在，这样对中国就十分不利。现在中俄安全关系良好，中国就可以与俄罗斯合作共同抵制美日在蒙古地区的势力扩张，从而有利于中国国家安全。

（三）良好的中俄安全关系有助于改进中国与印度的关系

印度是中国周边的大国，也是制约中国崛起的一个外部障碍。中国要顺利崛起，应该尽可能地发展与印度的友好关系。

中印关系早期较好，印度是社会主义阵营国家之外第一个承认中华人民共和国的国家。后来因为印度支持达赖和侵占中国领土，两国关系恶化。1976年，中印恢复大使级外交关系，并在1988年印度总理拉吉夫·甘地访华后迅速升温。1998年印度核试验恶化了两国关系，但进入21世纪以后逐渐修复。2003年，中印之间成为

[①]《美国的反导系统将如何进入蒙古共和国？》，http://grass.chinaiiss.com/html/20125/24/wa8bd1_2.html

"全面合作伙伴"关系，并于 2005 年发展为"战略合作伙伴"关系。之后，随着深化战略合作伙伴关系的"十项战略"的出台和《中印关于二十一世纪的共同展望》的签署，两国战略合作伙伴关系进一步推向深入。然而，中印之间因为领土争端和地缘冲突所导致的矛盾也是不容忽视的。印度把中国看成重大安全威胁，"中国威胁论"不但在印度民间很有市场，就连一些高官也在散布"中国威胁论"。例如，2011 年 2 月，印度前国防部长亚达夫声称，"中国是我们的头号敌人"，"中国和巴基斯坦会侵入印度，他们正筹备入侵印度的战略计划。"①

与中印关系相比，俄印关系则比较密切。印度与俄罗斯具有传统的友谊，印度独立的当年，苏联与印度就建立了外交关系，并在后来与苏联签订《苏印和平友好合作条约》。冷战期间，苏联与印度基本保持着一种密切合作的关系。随着苏联的解体，俄印关系一度走入低谷，但两国关系很快密切起来。1993 年，俄罗斯总统叶利钦访问印度，俄印两国签署了《俄印友好合作条约》等九项协定，这些协定尤其是《俄印友好合作条约》的签订为两国关系的进一步发展奠定了基础。进入 21 世纪后，俄印两国最高领导人的政治互访持续不断，除了 2006 年之外（即使在这一年，俄罗斯总理也对印度进行了国事访问），每年都有其中一国的最高领导人对另外一个国家进行正式的国事访问。这在同一时期的印度、俄罗斯与其他大国的外交中是没有的。21 世纪以来，印度与美国和日本的关系密切起来，但印度与美日两国的最高层外交远还远没有俄印之间那么频繁。冷战后，俄罗斯与中国的关系也日益密切，但俄中最高层的外交也没有俄印之间那么频繁。此外，印度和俄罗斯之间不但建立了战略伙伴关系，而且还是"受优待"的战略伙伴关系。俄罗斯总统普京称

---

① 《印度前防长宣染中国威胁论称将随时入侵》，《环球时报》，2011 年 02 月 23 日。

俄印之间是"天然的盟友"。①印度总理辛格表示,俄罗斯在印度的外交政策中享有"特殊且唯一"的位置。②

冷战后,在中国、俄罗斯和印度三个国家的三对关系中,俄印关系最好,中俄安全关系次之,中印关系相对最差。若以图形论之,中俄印之间的关系既非等边三角形,亦非等腰三角形,而是不等边三角形。中俄印三方的双边关系如下图:

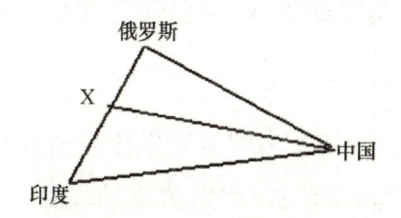

在上图中,距离长短和双边关系成反比,距离越短表明两国的关系越密切,距离越长表明两国的关系越疏远。俄罗斯与印度的距离最短,表明两国的关系最近;印度与中国的距离最长,表明两国的关系最远;中俄安全关系介于两者之间。由于俄印关系比较密切,所以,双方对中国的态度必然会受到另外一个国家的影响,而向两者之间的位置移动。X 代表印俄线上的任意一点,受俄印关系的影响,中俄线和中印线的位置也会发生波动,移动到中 X 线位置。从上图中可以看出,中 X 线的长度长于中俄线而短于中印线,这就说明,中俄安全关系使中印关系的密切度上升。因此,良好的中俄安全关系在一定程度上有助于改善中印关系。

俄罗斯提出的中俄印"战略三角"就在一定程度上约束了中印之间的交恶倾向,阻止了中印关系的下滑,促使中印关系朝着更好

---

① 《普京访问印度 向印度推销先进武器》,http://news.ifeng.com/mil/4/200701/0126_342_68551.shtml
② 《印度总理辛格开始访问俄罗斯》,http://gb.cri.cn/19224/2007/11/11/1745@1837812.htm

的方向发展。在中俄印"战略三角"不断深化的背景下，中印关系这些年也保持了平稳发展的状态，虽然它未必是主要原因，但也是重要原因。

综上所述，中俄安全关系的良好在客观上改进了中印关系，从而降低了妨碍中国发展的因素，因而有助于中国的崛起。

二、中国崛起对中俄安全关系的影响

在国际社会中，一国实力的显著变化会引发与别国关系的变化。中国崛起也必然引起中国与俄罗斯关系的变化。但是，这种变化不是消极性的，而是积极性的。中国崛起不但不会危害俄罗斯国家安全，反而会减弱美日对俄罗斯的威胁，因而对中俄安全关系会产生积极性的影响。

（一）中国崛起不会危害到俄罗斯的国家安全

中国崛起对中俄安全关系的影响其核心问题在于中国崛起会不会对俄罗斯构成威胁。这是很多俄罗斯人关心的问题。令人遗憾的是，为数不少的俄罗斯人包括政界和学界人士认为中国崛起将会对俄罗斯构成威胁。

20世纪90年代担任俄代总理的盖达尔曾说过，"在我们两国的接壤地区，中国领土上的人口密度大约是我国的100倍，中国人口总数是俄罗斯的8倍"，"我们的衰落以及我国远东地区广阔且尚未开发的领土正是危险的诱因"。[①] 2001年，俄罗斯政治和军事研究所

---

① ［俄］盖达尔：《21世纪的俄罗斯》，《消息报》，1995年05月18日。

所长沙拉温公开宣称虽然中国目前的政策并未对俄构成威胁，但无法保证十年以后中国不会侵占俄罗斯的领土。中国对俄罗斯的威胁将是继车臣战争和科索沃战争之后对俄形成的第三种威胁。[①]俄罗斯中俄关系专家波波罗指出，"中俄关系最大的弱点是一个充满活力的中国与一个不适应现代化且政治上僵化的俄国之间不断加大的差距。莫斯科一直大谈西方的衰落，而俄国却可能将是'全球权力移向东方'的最大受害者，因为它未能适应后工业时代的要求。在这种情况下，平等伙伴神话将难以为继，而过去关于'中国威胁'的担忧将重新浮现。"[②]俄罗斯科学院远东所副所米亚斯尼科夫对中俄边境合作对俄罗斯会带来什么益处表示怀疑，指责中国商人掠夺俄国的资源和硬通货。[③]2012年俄罗斯出炉的由1100多名专家参与完成的《俄罗斯2020年前社会经济发展计划》指出，"正在快速增强国力的中国是俄罗斯未来的主要威胁。"[④]

俄罗斯所担心的"中国威胁"包括多个方面，这一点不少学者都做了相关论述。有学者将其归纳为"固有领土回归"说、"过剩人口扩张"说、"原材料掠夺"说。[⑤]有学者将其总结为"移民威胁""经济扩张威胁""领土威胁""扩张威胁"。[⑥]还有学者将其归结为"中国崛起威胁论""中国移民威胁论""中国崩溃威胁论"。[⑦]综上所述，俄罗斯所担心的中国威胁具体而言就是担心中国崛起后

---

① [俄]沙拉文：《当炮灰眼下不吃香》，《共青团真理报》，2004年01月05日；《第三类威胁》，《独立观察》，2001年09月28日。
② 转引自赵华胜：《中国崛起对俄罗斯是威胁吗？》，《国际问题研究》，2013年第2期。
③ 转引自胡键：《俄罗斯应对中国和平崛起的战略分析》，《当代世界与社会主义》，2006年第2期。
④ 《俄罗斯版"中国威胁论"是如何出炉的》，《青年参考》，2012年03月21日。
⑤ 吴大辉：《俄罗斯关于中国和平崛起的心理图解》，《俄罗斯中亚东欧研究》，2005年第5期。
⑥ 赵华胜：《中国崛起对俄罗斯是威胁吗？》，《国际问题研究》，2013年第2期。
⑦ 傅菊辉、汪长明：《中国的和平崛起不会对俄罗斯构成威胁》，《吉首大学学报》，2008年第5期。

会危害到其在远东和西伯利亚地区的安全。

　　俄罗斯的这种担忧完全是杞人忧天,是根本不必要的。中国崛起既不会收回被俄罗斯侵占的远东领土,也不会向俄罗斯西伯利亚地区进行人口渗透,更不会为获取资源或别的目的去武力夺取俄罗斯的整个远东和西伯利亚地区。所以,中国崛起不会对俄罗斯的远东和西伯利亚地区的安全构成威胁。

　　首先,中华民族是一个热爱和平、不喜欢武力扩张的民族。在中国历史上,中国有很长的强盛时期,有很多对外扩张的机会,但中国政府都安于传统边界,无意对外扩张,即使出现领土扩张,那也是自卫战争的副产品,而非刻意扩张的产物。以明清时期为例,朱元璋为其子孙定下训示,严禁中国向周边国家扩张。菲律宾以及阿富汗地区的国家请求内附中国,被明朝政府和清朝政府所拒绝。明清时期虽有对安南和缅甸的用兵,但那都是自卫反击战争。明朝时期,郑和七次下西洋,以明朝当时之国力,在东南亚、南亚和东非地区建立殖民地完全是有能力的,但中国政府并没有这么做。至于西伯利亚地区,清朝初年中国国力强盛,俄罗斯在西伯利亚的势力很弱,如果清朝政府执意在西伯利亚地区扩张,那么今天西伯利亚的归属就可能另当别论。中国政府不但没有在西伯利亚扩张,在与沙俄签订《尼布楚条约》时,还把本属于中国的贝加尔湖东南约50万平方千米的领土让给了沙俄。中华人民共和国建立后,在处理与其他国家的领土争端上,中国都主张采取和平的方式加以解决,以至于20世纪在与周边国家划定边界时,把本属于中国的一些领土让给了周边小国。在六十多年的历史中,中华人民共和国从未发动过对外侵略战争。倒是有一些国家认为中国的和平友好就是软弱可欺而对中国发动侵略战争,中国在不得已而进行自卫战争取得胜利后又适可而止。中国虽然拥有核武器,但明确宣称不首先使用核武器,不对无核国家使用核武器。以上事实都强有力地说明,中华民族是一个天性热爱和平不喜欢对外武力扩张的民族，中国是一个热爱和平不喜欢对外武力扩张的国家。中国人的天性决定了中国不会去夺取俄罗斯的领土。

其次，中国政府以条约的方式明确承认黑龙江以北、乌苏里江以东的地区属于俄罗斯领土。虽然俄罗斯黑龙江以北、乌苏里江以东100万平方千米的土地是通过不平等条约从中国手中夺取的，但中国政府认识到，俄罗斯已在那里经营多年，这已成为一个既成事实，因而无意去收复100多年前被侵占的领土。虽然中国政府宣称19世纪中期的中俄领土条约是不平等条约，但宣称不平等条约是一回事，要收回领土则是另外一回事，宣称条约是不平等的并不意味着就要收回领土。正是在这种认识的基础上，中国在1999年与俄罗斯签订边境条约，明确承认了黑龙江以北、乌苏里江以东的地区属于俄罗斯领土。这实际上就等于宣告，中国政府承认俄罗斯远东边疆区领土的合法性。因此，俄罗斯不必担心中国在崛起之后会夺取其远东领土。

再次，中国武力夺取俄罗斯远东土地要面临巨大的风险和承受极大的代价。现在的世界是一个核武器时代，中俄都是拥有核武器的国家，一旦中国试图收回被俄罗斯侵占的领土，就很可能引发大规模战争。战争进行到一定程度很可能引发核战争，其结果将是灾难性的，这是中国不愿意看到的。即使中俄之间都力图避免核战争，常规战争对中国而言也要承受巨大的代价。虽然俄罗斯在经济实力上不如中国，但在军事实力上领先于中国，从中国向俄罗斯购买武器就可以看出这一点。即使中国崛起，军事实力未必就能超过俄罗斯；即使军事实力超过俄罗斯，但也不会有绝对优势。因此，一旦中国向俄罗斯发动战争，将承受巨大的战争代价，得不偿失。所以，中国不会冒着巨大的风险去对俄罗斯发动战争。

最后，中国也不会向俄罗斯远东地区进行人口渗透。中国人口虽然很多，但中国本身有着辽阔的国土，大量的国土有待开发，这些待开发的国土就能养活大量人口，因此用不着去俄罗斯去垦殖土地。另外，远东地区掌握在俄罗斯手中，无论是移民也好，还是短期的经商务工也好，其数量都在俄罗斯远东边疆区政府的控制之下，即使中国想移民也不可能。数据显示，中国在远东地区移民数量很少。俄罗斯联邦移民局局长罗莫达诺夫斯基说，俄罗斯不存在中国移民扩张问题，俄联邦境内的中国移民数量仅比德国移民多1万至2万人。① 所以，中国移民根本不会对俄罗斯远东地区的人口结构产生根本性影响，不会动摇俄罗斯人在远东地区的数量优势。

正是看到了以上几点，俄罗斯总统普京否定了"中国威胁论"之说。他说道："我对那些试图用中国威胁来吓唬我们的人多次说过：在当代世界，不论东西伯利亚和远东的矿产资源多么诱人，主要斗争却非围绕它们……对于我们来说，中国是伙伴，是可靠的伙伴。我们看到了中国领导层和人民的意愿，他们希望与我们建立睦邻友好关系，并准备就最复杂的问题寻求妥协。我们看到了这一点，自己也将同样行事，通常也能找到沟通切入点。"②普京对"中国威胁论"的否定势必有利于中俄安全关系的发展。

（二）中国崛起有助于俄罗斯应对美日的威胁

俄罗斯真正的敌人是日本和美国。美国是俄罗斯西部和腹部地区安全的主要威胁。日本是俄罗斯的天敌，是俄罗斯远东和西伯利亚地区安全的最大威胁。中国是俄罗斯的朋友，中国崛起有利于俄罗斯应对日美的挑战。

---

① 《俄罗斯否定中国移民扩张的说法》，http://news.163.com/15/0622/09/ASN40TFI00014AEE.html

② 赵华胜：《中国崛起对俄罗斯是威胁吗？》，《国际问题研究》，2013年第2期。

美国是俄罗斯在西部和腹部地区的主要威胁。自苏联建立以来，美国就一直持敌视态度。虽然在面临共同的敌人纳粹德国时有短暂的合作，但二战结束不久，美苏之间就陷入冷战之中，一直持续到苏联解体。其间，美苏之间还曾到了核战争的边缘。冷战结束后，美国将俄罗斯视为主要对手之一，继续压制俄罗斯，压缩俄罗斯的战略空间。

在西部地区，以美国为首的北约组织不断东扩，不但把原苏联势力范围内的东欧国家扩大进去，甚至还把前苏联的一些加盟国家给扩大进去。美国在东欧多个国家部署导弹基地，其中部署在波兰莫龙格基地的导弹距离俄罗斯只有60公里。①美国主导的北约东扩不但大大压缩了俄罗斯的战略空间，还对俄罗斯的西部安全构成了严重威胁。美国向格鲁吉亚、中亚、阿富汗和外蒙古的渗透则危及到俄罗斯的腹部安全。在与格鲁吉亚的关系上，美格关系发展迅速，美国与格鲁吉亚进行经常性的联合军事演习，对格鲁吉亚军事人员进行培训，对格鲁吉亚进行大量的军事援助和经济援助。②美国还承诺支持格鲁吉亚加入北约。③一旦格鲁吉亚加入北约，俄罗斯的南部安全又将面临严重威胁。在中亚，"9·11"事件发生后，美国在吉尔吉斯斯坦首都比什凯克近郊的马纳斯国际机场设立了空军基地，该空军基地临近俄罗斯，对俄罗斯的安全构成了较大的威胁。④虽然该基地被关闭，但美国对中亚地区的渗透不会停止。美国在阿富汗战争后在阿富汗建立了多个军事基地，而且准备长期驻留阿富汗。

---

① 《美军冷战后首次进驻波兰意味深长》，http：//news.eastday.com/w/20100526/u1a5227166.html
② 《格鲁吉亚与美国的关系》，http：//euroasia.cass.cn/news/84746.htm；
③ 《美国副防长承诺支持格鲁吉亚加入北约》，http：//world.huanqiu.com/roll/2009—10/609184.html
④ 《美国在中亚唯一军事基地被关闭》，http：//news.southcn.com/international/gjkd/content/2009—02/20/content_ 4926512.htm

2013年5月，阿富汗总统卡尔扎伊表示，阿富汗政府已经做好2014年多国部队撤军后继续挽留美军驻扎的准备，愿意为驻留美军提供9个大型军事基地。①阿富汗临近俄罗斯，美军在阿富汗大量基地的存在，对俄罗斯是一个不小的威胁。美国还大力向外蒙古渗透，企图利用蒙古的战略位置，遏制俄罗斯。自2003年以来，美国与外蒙古每年都在蒙古境内举行代号为"可汗探索"的联合军事演习。2012年3月，美国主导的北约与外蒙古正式签署了合作伙伴协议。5月的北约峰会，美国邀请外蒙古以北约"全球伙伴关系"框架内的"和平伙伴关系国地位"参会。② 美国对外蒙古的渗透对俄罗斯腹部安全也构成了一定威胁。

日本是俄罗斯的天敌。自俄罗斯与日本接壤以来，俄日之间就处在竞争与敌对的关系中。在萨哈林岛和千岛群岛，日本与俄罗斯展开了激烈争夺，并一度夺取了俄罗斯萨哈林岛的南部和千岛群岛。日本还三次向俄罗斯发动战争。1904年，日本挑起日俄战争，并在战争中打败俄罗斯，使俄罗斯在远东的利益受到巨大损失。十月革命后，日本一度侵占苏俄远东地区。20世纪30年代末期，日本曾试图发动对苏联的大规模入侵，并在张鼓峰和诺门坎地区进行了试探战争，如果当时苏联红军没有打退日军的进攻，日本很可能就会发动对苏联的全面进攻。二战末期，苏联发动对日战争，从日本手中夺回了萨哈林岛南部和整个千岛群岛。日本对此耿耿于怀，日本声称俄罗斯占领的南千岛群岛（日本方面称北方四岛）是日本固有领土，一直想从俄罗斯手中收回。③ 其实，日本想从俄罗斯手中收回的远不止是北方四岛，它要收回整个千岛群岛甚至是萨哈林岛。如果

---

① 《美军决心长期驻留阿富汗 欲保留驻阿九座基地》，http://world.huanqiu.com/exclusive/2013—05/3919867.html
② 《蒙古成为北约准成员国》，http://www.chinaiiss.com/conference/index/64
③ 《日本叫嚣三天收复北方四岛 俄罗斯如何回应》，http://news.qq.com/a/20160101/012359.htm

以后日本的实力有了显著性的增强,按照日本民族自古以来对外武力扩张的特性,它很可能会采取武力的方式收回上述地区。加上日本领土狭小、资源匮乏,又生活在岛上缺乏安全感,所以,到时日本就不仅仅是收回上述地区,它极可能会进行进一步的武力扩张。土地辽阔、资源丰富和人口稀少的西伯利亚地区将成为日本扩张的主要目标。因此,日本的目标可能就不仅仅是千岛群岛、萨哈林岛,它可能还会向西伯利亚腹地扩张。虽然俄罗斯有核武器,但一旦日本也有了核武器,它很可能就不会再忌惮俄罗斯。按照日本民族狂热不计后果的特点,就像二战时日本对美国发动战争的那样,它极有可能冒着核战争的危险发动对俄罗斯的战争。到时,俄罗斯远东和西伯利亚地区特别是勒拿河以东地区将面临严重威胁。一旦这些地区被日本占领,日本就会大量移民,到时这些地区将不复为俄罗斯所有。所以,日本是俄罗斯在远东和西伯利亚地区最大的威胁。

面对日本与美国的严峻挑战,俄罗斯无力单独应对,需要与其他国家尤其是大国的合作。印度虽然与俄罗斯关系良好,但印度实力相对较弱,且与美国关系暧昧,对于俄罗斯而言不是合作伙伴的最好选择。中国则是俄罗斯最好的合作伙伴。中国的崛起必将有利于俄罗斯应对日本和美国的挑战。

首先,崛起后的中国将面临美国和日本更大的打压,这就使得中俄之间有了更多的共同利益。美国现在把中国视为和俄罗斯并重的战略对手,视为其全球霸权的主要障碍之一,因而对中国刻意打压。一旦中国崛起,中国的国力和国际影响力显著增加,在美国看来,这对其全球霸权的威胁更大,因而会进一步加大对中国的打压力度。只要美国认为中国会妨碍其全球霸权的观念不变,它一定会这么做——除非它能改变这种偏见,这样中美就能和平友好共处。日本把中国视为最大的敌人和称霸东亚地区的最大障碍,因而极力阻止中国崛起。所以,一旦中国崛起,日本对中国的敌视将更加严重——除非中国成为最强大的国家，按照日本民族媚强凌弱的特性，它将会追随中国。所以，中国崛起后中国的国际环境未必就能改善，反而有可能恶化。在这种情况下中俄之间将有更多的利益汇合点，中俄安全关系将进一步密切。

其次，中国崛起后强大的国力和国际影响力必将分散美国和日本更大的精力，这将会减弱美日对俄罗斯的压力。中国崛起后，如果美国还把中国视为主要战略对手的话，如果日本还把中国视为主要敌人的话，那么，它们必将付出更多的精力来处理与中国的关系。这样一来，它们在对俄关系方面所能付出的精力自然减少，相应的结果是找俄罗斯麻烦的行动将减少。这样，俄罗斯面临的美日压力将减轻不少。另外，如果中国崛起的同时俄罗斯没有崛起，美国将会改变同时把中俄作为主要战略对手的战略，而把主要矛头指向中国，这样俄罗斯面临美国的压力将会更小。

不过，在俄罗斯未能崛起的情况下，中国的崛起在有的方面对俄罗斯是不利的。如果在中国崛起而俄罗斯未能崛起的同时日本崛起，俄罗斯可能面临日本更大的挑战。按照其民族的特性，日本崛起后很可能会对外扩张。中国人口众多，在历史上日本向中国扩张曾遭受过惨败，所以，日本向中国扩张的可能性不大。而俄罗斯西伯利亚地区地广人稀、资源丰富，所以极可能成为日本武力扩张的主要方向。在中国崛起俄罗斯未能崛起的情况下，日本向西伯利亚武力扩张的可能性将更高。届时，俄罗斯的主权和领土安全将面临巨大的危机。

综上所述，中国崛起一方面不会危及俄罗斯的国家安全，另一方面有利于分散俄罗斯的国际压力和增强俄罗斯应对国际挑战的力量，因而对俄罗斯都是有利的。因此，届时中俄安全关系将会更为密切。

冷战后越南的安全困境及其外交政策调整

李春霞*

[内容提要] 东欧剧变与苏联解体使越南陷入冷战后的安全困境，如何维护越共政权的稳定，如何走出经济社会的恐慌，越南内部展开激烈的争论。国际局势的剧变与安全困境的威胁迫使越南认识到时代特点已从冲突向和平过渡，国家间关系已从对抗转向对话合作。从世界观，到经济领域，再到外交政策，越南逐步淡化意识形态，确立其"增友减敌""开放的、全方位和多样化"外交政策。在战略上，越南注重地缘政治，回归地区，寻求以区域集体安全确保国家安全，确立了其与东南亚政策，并最终成为东盟中的一员。全方位外交与东盟成员身份，为越南政权稳定、经济社会发展奠定了坚实基础，而强调民族国家利益与区域合作则成为越南外交不断演进的一条主线。

[关键词] 越南安全困境 冷战后外交调整

20世纪80年代中期，随着戈尔巴乔夫外交"新思维"的提出和苏联外交政策的调整，越南政权内已出现关于世界观与国家政策转型的争论。从80年代末到90年代初，社会主义阵营先后经历了东欧剧变与苏联解体等一系列变化，在思想上极大地冲击着越南执

---

* 李春霞，国际关系学院国际政治系副教授，主要研究领域为越南外交、东南亚地区问题等。

政者。这种思想上的冲击与影响远远大于对其经济的冲击与影响。关于如何维护越共政权的稳定，如何走出经济社会的恐慌，越南政权内部产生了激烈的争论。这些争论直接影响到越南后来的外交思维革新与外交政策的转型。

学界关于越南革新开放、现代化转型以及政治体制改革等研究成果较多，但对其外交转型的研究相对较少。西方学界对越南1995年加入东盟及与美国关系正常化较为关注，倾向于从政治学、国际关系等学科，解释和理解越南外交转型。[1] 越南学界关于越南外交的论著较为丰富，特别是新世纪以来，越南关于外交的专著不断涌现，内容多集中于阐述越南总体外交政策，认为越南外交演变是胡志明思想与民族、时代相结合的产物。[2] 我国关于越南外交的研究主要是期刊论文[3]，认为越南外交"经过90年代的四次调整，逐步形成一套较为成熟的外交战略和外交政策"，"对发展和安全两大问题的理念更新奠定了越南外交战略调整的理论基础"。[4]

为了更好地把握越南外交政策发展脉络，本文拟从冷战后越南面临的安全困境入手，依据越共党内文件，通过分析这一时期越南决策者时代观的变化及内部争论，说明越南外交思维革新及外交政策调整的内在逻辑。

---

[1] James W. Morley & Masashi Nishihara（ed.），*Vietnam joins the World*，New York：M. E. Sharpe，1997. Carlyle A. Thayer &Ramses Amer（ed.），*Vietnamese Foreign Policy in Transition*，Seng Lee Press Pte Ltd，1999.

[2] ［越］范光明：《越南的革新外交政策（1986—2010）》，世界出版社，2012年版；［越］范平明主编：《新阶段越南对外政策路线》，国家政治出版社，2011年版；［越］阮孟雄、范明山主编：《越南外交：传统与现代》，政治理论出版社，2008年版。

[3] 于向东：《冷战后越南对华外交政策的调整》，《当代亚太》，2005年第4期，第60—64页；林明华：《新时期越南外交》，《当代亚太》，2003年第3期，第31—37页；王国平：《革新开放以来越南对外政策的调整》，《东南亚》，2006年第1期，第17—23页。

[4] 郑翠英：《试论冷战后越南外交战略和外交政策的调整》，《东南亚研究》，2001年第3期，第36—49页。

一、苏联解体后越南的安全困境

（一）越共政权的稳定与安全

随着东欧剧变、苏联解体，越南政权面临严重的安全困境。这一时期，为了寻求政权安全，越南急于与中国改善关系。越南曾认为中国是其主要威胁，并通过与苏联建立正式军事同盟，以外部制衡方式对抗来自中国的威胁。① 1986年底，越共"六大"基于对国际局势的新认识，表示"愿意不论何时，不论何地，不论级别地与中国就两国关系正常化问题开展谈判"。② 1988年10月，在中国39周年国庆的贺词中，越南正式承认中国仍是社会主义国家。1988年12月，越南修改了1986年《宪法》序言，删除了关于中国是"最危险的直接敌人"的描述，并呼吁停止两国间的对抗宣传，缓解陆地边境紧张。随着柬埔寨问题的政治解决，中越关系正常化谈判也取得突破性进展。1990年9月3日，两国在成都召开中越峰会，中国同意两国关系正常化，但拒绝了越南关于在意识形态基础之上的结盟建议。1990年12月，中国时任总理李鹏出访东盟四国，表示中共不再与任何东盟国家的共产党保持联系，并宣布意识形态不再影响中国与东盟关系的提升。

越南逐渐认识到，中国已淡化意识形态在国家间关系中的作用，通过与中国结盟解决政权安全的希望不大。这一时期，越南外交部

---

① Alexander L. Vuving, "Strategy and Evolution of Vietnam's China Policy: A Changing Mixture of Pathways", *Asian Survey*, Vol. 46, No. 6 (November/December 2006), pp. 805 – 824.

② ［越］越南共产党：《越南共产党第六次全国代表大会文件》，真理出版社，1987年，第107页。

文件中写道，"中国口头保卫社会主义，但中国从未讲过要在国际层面保卫社会主义，这意味着中国只保卫中国的社会主义和霸权地位。"[1] 1991年11月，时任越共总书记杜梅、部长会议主席武文杰访华，标志着中越关系正常化。越南学者认为，两国关系"不像过去十年那样不正常，但也不像五十、六十年代那样亲密"，是在"和平共处五项原则和不损害第三方"基础上的国家间关系。[2] 在越共看来，这样的中越关系无法满足其政权安全需要，中国不会为越南的政权安全承担责任与义务。1992年，越共中央会议认为，在当前国际背景及国家形势下，"革新和整顿党"是当前最重要任务，要提高党的领导力、战斗力，这对整个革命事业具有决定意义。[3]

同时，随着革新开放政策的实施，越南社会与市场逐步向西方国家开放，越南政权面临西方"和平演变"的危险也不断增强。1992年5月14日，一些旅法越南人以组织、社团等名义向越共总书记杜梅发出警告信，"反对越共领导下的独裁统治"，并起草了"越南后共产党阶段计划书"等。1993年，阮富仲曾指出，一些海外势力公开攻击越共，他们的"首要目标是如何早日推翻共产党的领导，推翻革命政权，改变我国的政治制度"。[4] 所以，冷战结束后，越南

---

[1] MOFADecember 21, 1990 report, "On same strategic and tactial issue in our struggle for a solution to the Cambodia problem and improvment of international relations", p. 18. From: Nguyen Vu Tung, *Vietnam-ASEAN Cooperation after the cold war*, Ph. D. Dissertation. Columbia University, 2004. p. 208.

[2] Intervew for Foreign Minister Nguyen Manh Cam to Greater Solidarity newspaper, December 1991, From: Nguyen Vu Tung, *Vietnam-ASEAN Cooperation after the cold war*, Ph. D. Dissertation. Columbia University, 2004. p. 209.

[3] ［越］《第七届党中央政治局第三次会议通报》，《共产主义杂志》，1992年第7期，第3—5页。

[4] ［越］阮富仲：《反共产党势力的新论调》，《共产主义杂志》，1993年第4期，第23—26页。

面临的最大威胁是政权的生存，而非国家的生存。①

（二）越南经济社会的恐慌

自20世纪80年代中期开始，随着国际局势的缓和，以及戈尔巴乔夫外交"新思维"在苏联的推行，苏联和东欧社会主义国家逐步减少了对越南的援助。柬埔寨战争爆发后，国际社会冻结了越南的海外资产，并停止一切对越南的援助与贸易关系。再加上国内经济在计划官僚模式下的失误，以及战后人口激增等因素，越南根本无法满足人民的基本生活需要。1982—1986年，越南经济严重依赖于东欧及苏联的援助，苏联对越南的经济援助每年约10亿美元，对越南的军事援助每年约15亿美元。② 这一时期，越南对苏贸易额占越南外贸总额的60%以上，贸易逆差巨大，债台高筑。③ 1985年，旨在废除配给制的价格、工资与货币改革的尝试失败，导致高达774.7%的恶性通货膨胀。

1986年黎笋去世后，长征和阮文灵先后当选越共总书记，开始推行革新开放政策。越共"六大"决定进行全面革新和对外开放，开始向商品经济转轨，并切实以"粮食—食品、日用品和出口产品"生产为突破口，应对危机，遏制危机恶化的势头。但是，1986—1991年的五年里，越南与中美两个大国仍处于敌对状态，在区域内仍处于孤立状态。越南的革新开放既缺乏实际经验，又受到苏联模式的影响，加上这一时期东欧与苏联的相继垮台，越南经济遭受沉

---

① Nguyen Vu Tung, "Vietnam's new concept of security", Kurt Radtke and Raymond Feddema (eds.), *comprehensive security in Asia: views from Asia and the west on a changing security environment*, the Netherlands: Brill, 2000, pp. 405 – 424.

② *The Nation*, May 15, 1987.

③ 徐绍丽：《越南对外经济关系的发展与展望》，《亚太经济》，1992年第1期，第32—36页。

重打击。所以，1988—1992 年，越南国内的经济形势急剧恶化。继 1986 年和 1987 年连续两年人口年增长 2% 和粮食年产量减少 2% 之后，到 1988 年，许多地方缺粮，全国有 700 万人面临饥荒威胁。1988 年，越南贸易逆差加剧，出口额只等于进口额的三分之一，国民生产总值约 100 亿美元，而外债却高达 87 亿美元，人均外债近 120 美元，大大超过了正常的还债负荷力。① 1989 年，虽然农业生产有所恢复，但工业生产大滑坡，工人失业率高达 20%，据越南《人民报》1989 年 11 月 20 日报道，1989 年 4 月、5 月、6 月，全国工业产值分别下降 5%、8.2%、8%。在贸易领域，越南对社会主义国家的依赖仍很严重，1989 年与社会主义国家贸易额占越南出口总额的 57%，进口的 73.5%。② 所以，历史上，越南把这一阶段称作"经济社会恐慌"时期。③

在这样糟糕的经济状况之下，越南仍在柬埔寨派驻大量的军队，保持战备状态。这不仅加重了越南的经济困境，也使越南的安全环境更加恶化。1988 年 5 月，越共政治局六届十三中全会决议强调，"经济薄弱、政治孤立、经济封锁是我国安全和独立的主要威胁"④。这一时期的经济社会状况已使越南处于失控的边缘，"如果让这种情况持续下去，比周围国家更加落后是不可避免的"。⑤ 陈光机于 1992 年写道："当前，越南的敌人是贫困、饥饿与落后；越南的朋友是所有能够在与上述敌人做斗争中支持我们的人。"⑥

---

① 罗四维：《1988 年的越南经济》，《印度支那》，1989 年第 1 期，第 11—12 页。
② 陈伶：《1989 年的越南经济及 1990 年的经济指标》，《东南亚纵横》，1990 年第 2 期，第 46—47 页。
③ ［越］国防部政治学院：《现代越南人意识中的建设社会主义祖国与保卫社会主义祖国之间的关系》，国家政治出版社，2010 年，第 18 页。
④ Text of the 13th Politburo Resolution, May 1988, pp. 3 – 4.507.
⑤ ［越］武阳勋：《为革新事业的现代越南外交 1975—2002》，外交学院出版社，2002 年，第 63 页。
⑥ ［越］陈光机：《回忆录》，河内出版社，1996 年。

二、越南时代观的变化及政策争论

(一)越南时代观的变化:从对抗到对话

这一时期,国际体系发生重大变化,越南对时代判断及历史趋势的认识也发生了重大转变。1986年7月,越南政治局《关于世界局势与我党我国对外政策的第32号决议》指出,"世界正从对抗向和平共处下的对话与斗争转变"。① 1991年,越共"七大"召开时,社会主义阵营已陷入严重恐慌,苏联虽尚未解体,但已显衰落之势。因此,"七大"外交路线不再以苏联为"基石",而强调"自立自强思想,发挥民族的物质与智力潜能,同时扩展国际合作关系"②。1991年苏联解体后,"两大阵营"消失了,"四大矛盾"是否还存在? 1991年,越共"七大"通过的《向社会主义过渡时期的国家建设纲领》(简称《纲领》)认为,目前世界还存在四大矛盾:1. 以前是"社会主义阵营和帝国主义阵营之间的矛盾",现在是"社会主义和资本主义之间的矛盾",是两种社会制度之间的矛盾,而非两个阵营之间的矛盾;2. 将"被压迫的民族与帝国主义、殖民主义的矛盾"修改为"资本主义发达国家与发展中国家,欠发达国家之间的矛盾"。以前以意识形态为主,现在明显减弱,富裕的北方与贫困的南方之间的矛盾更突出;3. "资本主义国家之间的矛盾";4. 资本主义国家内部的"资产阶级和劳动人民、工人阶级之间的矛盾"。

---

① [越]越南共产党:《越南共产党第六次全国代表大会文件》,真理出版社,1987年,第31页。
② [越]越南共产党:《越南共产党第七次全国代表大会文件》,真理出版社,1991年,第315页。

《纲领》分析认为,"资本主义固有的、日益增强的社会化生产力与私有制、资本主义制度之间的基本矛盾越来越深化"。[1] 关于国际格局,越南学者认为,"旧的世界秩序已不存在,新的世界秩序尚未形成。国际棋局正重新组合。一切都在复杂演变当中,需要继续加强研究"。[2] 这些调整说明,越共逐步认识到世界秩序已从两极转向多极化,世界游戏规则正从对抗向合作转变。

安全问题仍是越南在《纲领》中强调最多的内容。安全的内容涉及到国家安全和领土主权完整,以及确保越南共产党的执政地位和社会主义制度两方面的内容。[3] 1992年6月,在越共七届三中全会的开幕式上,杜梅指出,"和平与发展"已成为越南"国际活动的目标",这一目标服务于越南民族的最高利益,即"尽快摆脱危机,维护和巩固政治稳定,发展经济社会,民富国强,保卫祖国的主权独立与自由"。"政治稳定"是这一时期各类会议与文件中强调最多的关键词。会议还通过了《关于保卫政策和国家安全的决议》,以反对"和平演变",确保越共执政地位的稳固。所以,这一时期,越南最重要的国家利益是确保政权与经济社会的稳定与安全。冷战后,国家间相互依赖加强,国际社会更加民主化,国家的生存安全得到一定的保障。越南决策者更加关心越共执政地位的安全与经济社会的稳定。对于越南采取革新开放政策的最终目的,越南学者指出,也是为了"保护政权和越南共产党统治免遭来自内部的可能挑战"。[4]

---

[1] [越]《越南共产党第七次全国代表大会文件》,真理出版社,1991年。

[2] [越] 阮雄山:《提高越南在多边组织与论坛的参与效果》,载范平明主编:《2020越南对外战略定向》,国家政治出版社,2010年,第199—222页。

[3] 赵卫华:《当前越南共产党的国家安全战略及对中越关系的影响》,《重庆交通大学学报(社科版)》,2012年6月第12卷第3期,第88—91页。

[4] Nguyen Vu Tung, *Vietnam-ASEAN Cooperation after the cold war*, Ph. D. Dissertation. Columbia University, 2004.

(二) 越南内部争论: 发展优先还是稳定优先?

80年代中后期，相互依赖概念通过戈尔巴乔夫的"新思维"进入越南。[1] 越南前外交部长阮基石是这一概念的积极推动者。他认为，相较于过去的军事力量，在当前时代，经济力量和科技革命在衡量全球力量分布时发挥了更重要的作用。国际社会是一个以经济为基础的相互依赖体系，国家命运已不再取决于武器竞赛，而代之以"经济竞赛"。所以，越南应当把发展经济放在国家政策的首要位置。[2] 越南前总理武文杰、副总理武宽也是这一战略主张的推崇者。他们认为，经济增长是增强国家实力、实施内部制衡的最好方式，经济落后于周边国家是越南面临的最大危险。只有融入世界经济，与金融和技术大国合作，才能够实现复合型相互依赖，才能够追求和实现越南的国家利益。[3] 也就是说，在外交上，越南不应再以意识形态判断敌友，以结盟方式保障安全；而应通过外交关系的多样化，在大国间保持平衡寻求安全。

越南党内的另一部分人则反对完全放弃意识形态。他们强调，社会主义与帝国主义之间的冲突与竞争仍是时代的主题，社会主义只是暂时处于弱势，帝国主义最终将会被取代。[4] 所以，他们主张以意识形态为标准，团结社会主义国家，防范帝国主义的破坏。他们

---

[1] Ramesh Thakur and Carlyle A. Thayer, *Soviet Relations with India and Vietnam* (London: Macmillan, 1992), pp. 53-61 and 69-70; and Thayer, "The Soviet Union and Indochina", in Roger E. Kanet, Deborah Nutter Miner and Tamara J. Resler, eds, *Soviet Foreign Policy in Transition* (Cambridge: Cambridge University Press, 1992), pp. 236-255.

[2] [越] 阮基石:《过去五十年 (1945—1995) 的世界和未来二十五年 (1996—2020) 的世界》，国家政治出版社，1998年。

[3] [越] 武宽:《七大中的国际问题》，阮孟琴:《长远价值与一贯方向》，外交部:《融入国际与保持本色》，国家政治出版社，1995年，第71—76页和第223—230页。

[4] [越] 黎可漂:《武装力量干部士兵坚定民族独立与社会主义目标，坚持两个战略任务相结合路线》，《人民报》，1996年3月25日，第1—2版。

尤其关注和强调"开放""融入世界经济"过程中对共产党政权的威胁。他们认为,"越南的社会主义方向将会受到市场经济和外国政治文化的不良影响",[1] 并预言越南将会成为"外国反动分子与帝国主义（海外越南人与美国）"进行"和平演变"的目标。他们甚至呼吁："应当像保卫国家的陆海空领土一样保卫马列意识形态和胡志明思想。"[2] 也就是说，越南应当坚持从意识形态出发看待世界与国家未来的发展，应当通过与中国加强关系，以保卫越南政权稳定与安全。

这两种战略思想与主张在越南党内长期存在并相互弥补。在亚洲工业国家兴起与中国改革成就的激发下，1986—1988年，越南的经济社会革新开放和外交政策转型先后起步。阮基石主张与美国发展关系，并尝试与美国进行关系正常化谈判，但没有成功。其后东欧共产主义势力的衰败极大地震惊和警醒了越南政权。越共总书记阮文灵与国防部长黎德英担心美国及西方力量试图从世界上消灭共产主义，决定加强马列主义思想，强调社会主义与资本主义在全球的长期敌对，主张优先考虑保护社会主义，反对帝国主义。[3] 在外交政策上，阮文灵与黎德英寻求与中国结成意识形态同盟，希望中国高举社会主义大旗，并时刻准备与中国领导人讨论团结问题。

1991年7月，越共召开"七大"，阮基石辞去外交部长职位，退出中央政治局，而军警出身的黎德英任国家主席，政治局成员陶维松负责意识形态和宣传工作，表明了越南政权更加注重和强调意

---

[1] ［越］裴潘记:《当今世界建设与保卫社会主义祖国的几个问题》,《共产主义杂志》,1996年8月第16期,第18—20页。

[2] ［越］黎春流:《革命新阶段建设与保卫祖国新关系》,《共产主义杂志》,1996年5月第10期,第7—10,14页。

[3] ［越］阮文灵:《阮文灵同志在中央政治局第七次会议闭幕式上的讲话》,《共产主义杂志》,1989年第9期,第5—12页;杜明:《是否应当以马列主义作为思想基础?》,《共产主义杂志》,1991年第5期,第56—57页;阮文誉:《世界新秩序还是一个新斗争形态?》,《全民国防杂志》,1992年第1期,第57—61页。

识形态作用。尽管中国拒绝了越南的结盟要求,将中越关系定位为"同志而非同盟",但阮文灵与其继任者仍努力在意识形态基础上加强中越关系。根据越南原高层领导回忆录,直到1992年底,越南仍在党的内部保密文件中以意识形态决定外交的优先顺序。[①]

但是,国际社会主要推动力已从阶级斗争转换为经济增长的认识,在越共党内已被普遍接受,形成共识。越共"八大"文件中删除了"阶级斗争""敌友区分"和"两条道路之争"等字眼,强调越南应融入地区和世界经济,外交关系的重点在于建立国际经济关系而非意识形态同盟。[②]

三、越南外交思维革新:淡化意识形态

早在20世纪70年代,一些政治学家就看到了军事实力在国际斗争中的局限性。1977年,美国政治学家罗伯特·基欧汉和约瑟夫·奈指出,军事实力不可能转换为经济实力,所以军事实力并不能解决经济问题。[③] 80年代,一些政治家注意到,武力并不是维护国家利益的最有效手段,增强军备和发展经济应当保持一定的平衡,发展经济和加速科技进步才是维护国家利益的有效途径。越南执政者从七十年代开始,也认识到经济的重要性。80年代中后期,越南对国际关系的认识,已放弃了"谁胜谁""三股革命潮流"等旧概

[①] 参见 Bui Tin, *Following Ho Chi Minh: The Memoires of a North Vietnamese Colonel*, London: Hurst & Company, 1995, p.191。关于意识形态在越南外交政策中的概述参见 Eero Palmujoki, *Vietnam and the World: Marxist-Leninist Doctrine and the Changes in International Relations*, 1975—1993, London: Mcmillan Press Ltd, 1997.

[②] [越]《越南共产党第八次全国代表大会文件》,国家政治出版社,1996年,第27页。

[③] Robert O. Keohane & Joseph S, Nye, *Power and Interdependence-World Politics in Transition*, Boston: Little, Brown and Company 1977, Chapter 1&2.

念，而使用新术语，如"世界科技革命""相互依赖""国际化趋势"和"国际秩序"等，① 体现出这一时期越南由意识形态驱动的世界观已开始发生改变。

在对外经济与外交领域，越南也逐步突破了意识形态的束缚。越共"六大"指出："国家间分工合作不断扩大是历史趋势，与不同社会经济制度的国家合作，是我国社会主义建设事业中不可缺少的条件。"② 因此，越共主张"利用好各种机会，扩大与外部世界的贸易、经济与科技合作，服务于社会主义事业"。③ 在这一政策思想的指引下，1987年12月，越南颁布了《外国投资法》，表示"不区分社会政治制度"，吸引世界各国投资。这是越南在对外经济领域突破意识形态束缚的标志。但在外交领域，直到1988年5月，越南政治局第13号决议才正式提出"全方位外交政策"，④ 这是越南在对外关系中淡化意识形态的开始和标志。

在战略思维上，越南进一步明确民族国家利益的重要性。此前，越共以意识形态为标准发展对外关系，"阶级利益""国际义务"高于"国家利益"。越共政治局第13号决议则表明，"国家利益"已成为"对外政策制定"首要考虑的因素。1990年3月，越共六届八中全会进一步转变外交思维。会议明确提出，国际义务应符合国家实力，符合世界潮流，不"包办"，不"代办"，尽国际义务应符合越南的利益。1992年6月，越共七届三中全会明确提出，"对外工作应当服务于民族利益，这也是我们实现国际主义的最好方法"。会

---

① Eero Palmujoki, "Ideology and foreign policy: Vietnam's Marxist-Leninist Doctrine and global change, 1986—1996", Carlyle A. Thayer, Ramses Amer, *Vietnamese Foreign Policy in Transition*, Singapore: ISEAS. 1999, p. 31.
② [越]《越南共产党第六次全国代表大会文件》，真理出版社，1987年，第31页。
③ 同上。
④ [越] 阮怡年：《继续为国家工业化、现代化事业而革新开放》，《共产主义杂志》，1996年6月第12期，第47页。

议制定了处理对外关系的四个方针,第一个方针就是"保障真正的民族利益"。① 在谈到1986—1990年的越南外交政策时,卡莱尔·塞耶认为:"八十年代后期,越南领导人对外交政策的认识发生了很大的转变……从充满意识形态思想的对外路线转向重视国家利益与现实政治思想的对外路线。"②

在安全战略上,越南开始转向基于地缘政治的地区集体安全。1992年6月18日,越共七届三中全会确立了重视地区的外交方向,并指出,地区外交"具有地缘政治价值,是建立与大国关系的桥梁"。③ 这种思维的改变也体现在越南的身份定位上。1992年3月,《共产杂志》发表了越南副外长丁如廉(Dinh Nhu Liem)题为《亚太大趋势中的越南》的文章。文章认为,越南的国家安全和社会主义经济建设,要求越南采取优先发展与亚太地区关系的外交政策,并指出,越南将"成为和平、独立和发展的亚太成员"。④ 这篇文章表明越南开始回归和重视地缘政治。冷战时期,河内定位自己是社会主义在东南亚的前哨。冷战结束后,越南定位自己是一个亚太国家,地区成员,强调地区对其安全的重要作用。

从世界观,到对外经济发展,再到外交政策,越南逐步开始从意识形态,向民族利益转变,并在对外战略上开始从以意识形态划线,到考虑地缘政治的重要性。当然,这只是转变的开始,并不代表越南决策者完全放弃了意识形态。虽然越共提出了"在和平共处原则基础上,不区分社会政治制度,与所有国家平等合作",但是,这一时期越共仍以意识形态划分敌友,仍以"帝国主义"称呼美国

---

① [越]邓廷贵:《论新阶段越南对外活动中的民族国家利益》,载范平明主编:《2020年越南对外战略定向》,国家政治出版社,2010年,第66—84页。
② Carlyle A. Thayer, Ramses Amer, *Vietnamese Foreign Policy in Transition*, Singapore: ISEAS. 1999, p. 1.
③ [越]阮孟琴:《新外交政策的落实》,《共产主义杂志》,1992年第8期,第3页。
④ [越]丁儒廉:《亚太趋势下的越南》,《共产主义杂志》,1992年第3期。

等西方国家。1992年，越共党刊《共产杂志》发表的社论中，在谈到利用外资借贷时，称"不能空等帝国主义的'好心'来建设社会主义"。①所以，在追求对外关系"全方位、多样化"的同时，越共七届三中全会还通过了《关于保卫政策和国家安全的决议》，以反对"和平演变"，保障国家安全和政权安全。

四、外交政策调整：全方位与回归地区

在经济恐慌与政权稳定的安全困境下，越南外交政策一方面突出经济的重要性，另一方面提出了"增友减敌"方针。1989年3月，越共六届六中全会强调，"将外交活动从以政治关系为主转向政治经济关系为主，扩大经济关系，服务建设与保卫祖国事业"②。1990年3月，越共六届八中全会强调，"继续坚持增友减敌方针，扩大对外关系，维护和平，建设与保卫祖国"③。1991年，越共"七大"文件表示，"越南愿与致力于和平、独立与发展的所有国家成为朋友"，主张在和平共处五项原则基础上，同社会政治制度不同的所有国家进行平等互利的合作。④ 同时，"七大"进一步调整和完善了革新开放政策，确立了商品经济发展路径，并于1992年将这些成果写进宪法。这标志着越南彻底摆脱了苏联模式，走上了与中国相似

---

① [越] 社论：《独立自主、自立自强建设与保卫祖国》，《共产主义杂志》，1992年第2期，第3—4页。
② [越]《六届六中全会报告—检查六大决议实施两年以及未来三年任务方向》，《党文件全集（第49集）》，国家政治出版社，2007年，第905页。
③ [越] 越共政治局：《六届八中全会第8号决议"关于社会主义国家情况、帝国主义的破坏及我党的紧迫任务"》，党中央办公厅留存，第40页。
④ [越]《越南共产党第七次全国代表大会文件》，真理出版社，1991年。

的渐进稳健的发展模式。①

1992年6月,在七届三中全会上,越共总书记杜梅作了题为《当前的时局与我们的任务》的报告,对越南的外交战略和外交方针做出重大调整。杜梅提出,新形势下,越南的外交政策是"开放的、全方位和多样化的外交政策",既包括政治、经济、文化、科学技术等领域,也包括党、国家和人民团体、非政府组织等领域。② 这是越南共产党首次提出"全方位、多样化"外交政策。在具体的对外政策方面,杜梅首先强调,应"坚持执行社会主义国家团结的一贯路线",其次提出要"建立地区内各国的友好关系"和"扩大与发达资本国家的关系"。越共七届三中全会标志着越南新外交路线的出台。③

随着外交思维中意识形态的淡化,地缘政治的上升,越南对东盟的认识也发生了改变。特别是在与东盟协调解决柬埔寨问题过程中,越南逐渐认识到东盟在国际社会中的影响力,以及在地区的主导作用。1986年,越共"六大"提出,在"发展和巩固印支三国特殊关系"的同时,"努力发展与印尼和其它东南亚国家的友好合作关系","我们希望并随时准备与区域国家协商解决东南亚问题,将东南亚建设成为和平稳定和合作的区域"④。

这一时期,为营造和平、稳定的国际环境,除了积极调整与中国、美国的关系外,越南更加重视地缘政治,注重改善与东盟的关系。1988年,越共第13号决议提出,"应制定对东南亚的全面政

---

① 游明谦:《当代越南经济社会发展研究》,香港社会科学出版社有限公司,2004年,第95页。
② [越]杜梅:《当前局势与我们的任务》,《共产主义杂志》,1992年第6期,第3—4页。
③ [越]范平明:《对新外交政策方向的几点思考》,载范平明:《2020年越南外交战略定向》,国家政治出版社,2010年,第41—65页。
④ [越]《越南共产党第六次全国代表大会文件》,真理出版社,1987年,第100—108页。

策，首先要加强与印尼在多领域的合作关系，打破与泰国关系中的障碍，扩大与区域内国家在经济、科技和文化上的合作关系，以协商方式解决我国与这些国家间存在的问题，促进和平、稳定、友好与合作的区域建设"①。这表明越南不再将东盟视为敌人，而是间接承认东盟在建立地区新秩序中的重要作用，并切实打算改善与东盟国家关系。1989年3月召开的越共六届六中全会，决定将加强与东盟邻国的经济合作作为其外交重点。1990年3月27日，越共六届八中全会进一步明确，为了突破包围禁运，创造和平稳定发展环境，应将扩大与区域内邻国的友好合作放在优先位置。正如越南时任外长阮孟琴所言："区域政策之所以特别受重视，是因为其地缘政治性，同时也因其是'通往世界的桥梁'。"②

1991年6月，越共"七大"明确提出对东南亚外交政策，"对于东南亚国家，我们主张在尊重独立和主权、不干涉内政、互惠互利原则下扩大多领域关系"。"发展与东南亚各国的友好关系，为东南亚的和平友好与合作而努力。"③ 1992年6月，越共七届三中全会就如何发展越南与东盟的关系做出具体指导，"应尽快加入《东南亚友好合作条约》，参加东盟的对话论坛，积极研究未来如何扩大与东盟关系。"④ 会议还正式承认国家利益已成为越南与地区国家间关系的指针。从国家利益与对外目标出发，越南提出，"发展与邻国和区域国家的友好合作关系，建立和平稳定周边环境，是党和国家对外活动的首要任务。"⑤ 1992年《宪法》也明确提出，"与社会主义国

---

① [越] 越南共产党：《政治局关于对外的13号决议》，1988年，第12页。
② [越] 阮孟琴：《按新定向开展对外政策》，《共产主义杂志》，1992年第4期，第11—15页。
③ [越] 《越南共产党第七次全国代表大会文件》，真理出版社，1991年，40页。
④ MOFA ASEAN Department report, "On Vietnam-ASEAN relations", prepared for the 20th diplomatic conference November 1995, p. 2. From: Nguyen Vu Tung, *Vietnam-ASEAN Cooperation after the cold war*, Ph. D. Dissertation. Columbia University, 2004. P. 189.
⑤ [越] 《越南共产党第七次全国代表大会文件》，真理出版社，1991年，第88页。

家和邻国加强友好团结与合作关系"。1993年10月15日,越共总书记杜梅在访问泰国期间,宣布了越南对东南亚的"新四点"政策。越南的东南亚地区"新四点政策"与1976年提出的"四点原则"相比,体现了越共对外思维的革新,受到东盟国家与国际社会的欢迎。1995年7月28日,越南成为东盟第七个成员国,标志着越南真正在外交上淡化意识形态,回归地区。

结语

冷战结束后,越南面临严重的安全困境,这不仅体现在越南经济社会的恐慌状态,更体现在越共政权能否稳定上。国际局势的剧变,与安全困境的威胁促使越南决策者的时代观发生改变,由冲突到和平发展,由对抗到对话合作。为了顺应时代的变化,越南不断调整其外交战略,逐步淡化意识形态在外交中的作用,强调国家和民族利益,确立了"开放、全方位和多样化"外交政策。同时,在战略上,越南开始注重地缘政治,回归地区,寻求以地区集体安全确保越南的安全,改善与东盟关系,最终成为东盟成员国。全方位外交政策与东盟成员身份化解了越南冷战后的安全困境,改善了越南的地区与国际环境,为巩固越共政权、发展国家经济奠定了坚实的基础,而对民族国家利益与区域安全的追求也成为越南外交不断演变的主线。

(本文发表于《亚太研究与海洋研究》2017年第1期,此次收入书中进行了增删、修订——作者。)

当代对外援助的战略安全视角：一种理论分析

刘毅[*]

[内容提要] 对外援助作为国家间关系的重要内容，具有长期的历史渊源。二战后，随着官方发展援助与多形式发展合作的兴起，对外援助的战略内涵与国际政治意义在表面上出现淡化趋势，但在现实层面仍具有关键含义。这意味着"事务主义"或发展主义理解未能涵括对外援助的关键内涵，战略安全动机至关重要，但是纯粹以权力利益为导向的对外援助理念也不能全面反映当前状况。对外援助的战略安全交换利益体现在本国需求与他国需求的平衡方面，以"条件性""选择性"为基础，在援助行为中得到具体体现。在战略安全动机方面，新兴大国的对外援助具有自身特点，但并不特殊，与西方式援助同时存在，互为补充。

[关键词] 对外援助 事务主义 战略安全 援助政治

一、对外援助的事务主义理解

对外援助是国际关系研究领域最突出的经验现象之一。在一定

---

[*] 刘毅，国际关系学院国际政治系讲师，主要研究领域为当代大国对外援助、发展援助与全球治理。

意义上，国家间交往互动过程总是伴随着"相互给予好处"或利益交换行动。一般认为，早期的国家间援助行动以军事援助为主，与特定区域内国家之间战争、冲突、干涉、结盟等战略事项密切相关。观察早期的国家间援助行为，可以理解其战略本质与强烈的政治含义。这一特点一直延伸至冷战期间。20世纪40年代末到80年代，"援助竞争"是美苏两国争夺欧亚非拉各国的重要战略工具。援助过程具体形式包括：提出竞争性援助承诺、削减或威胁撤销援助、追加援助与贷款额度、提出或去除援助附加条件、将对外援助与其他的战略目标（或军事协定）挂钩，等等。

其中，"马歇尔计划"（The Marshall Plan）作为二战后最著名的大规模国家间援助行为之一，在对外援助史上具有代表性。研究者对"马歇尔计划"的争论焦点首先在于：当时美国决定援助欧洲的主要动机。相应答案至少可以有三种：一是主要基于理想主义或意识形态；二是主要基于现实利益或实用主义；三是主要从战略角度出发的一种长线决策。[①] 在理想主义话语体系中，"马歇尔计划"被描述为"国家间慈善的神话""美国对世界和平的最大贡献"，体现了一种"伟大的援助精神"。[②] 它也是基于美国"拯救和改造世界"的使命感或同情感，借以"推进民主和自由"，反击战后初期苏联意

---

① 近期研究者重新发现"马歇尔计划"的参照价值。特别是2008年金融危机之后，曾经出现若干版本的"中国版马歇尔计划"提法。近年来，中国大规模援助非洲、成立亚洲基础设施投资银行（AIIB）、推进"一带一路"（丝绸之路经济带与21世纪海上丝绸之路）等重大战略行动，也被视为该计划的重要步骤。有代表性的论述可见金中夏：《中国的"马歇尔计划"：探讨中国对外基础设施投资战略》，载《国际经济评论》2012年第6期，第57—64页。金玲：《"一带一路"：中国的"马歇尔计划"》，载《国际问题研究》2015年第1期，第88—99页。Shannon Tiezzi, "The New Silk Road: China's Marshall Plan," *The Diplomat*, 2014.11.6. Michele Penna, "China's Marshall Plan: All Silk Roads Lead to Beijing," in *World Politics Review*, 2014.12.9.

② 1948—1952年，美国累计援欧超过130亿美元，占当年美国GNP的2%。Imanuel Wexler, *The Marshall Plan Revisited: The European Recovery Program in Economic Perspective*, Westport: Greenwood Press, 1996.

识形态的扩张态势。① 然而，这种理想主义动机并不纯粹。关于"马歇尔计划"更多研究表明：美国在施行这项计划过程中，具体步骤体现出明显的私利考量。

首先是对受援国的干预。根据《1948年对外援助法》，西欧国家必须"与美国签订双边或多边协定，提供本国经济状况的确切数据，允许美国对其预算做出某种控制"；受援国需要"承担具体义务，包括与其他国家开展合作以促进贸易、采取特定金融货币与汇率政策"；②此外干涉措施还包括：受援国需削减与苏联东欧集团的贸易，放弃各种形式的国有化政策，接受美国指定机构监督等。

其次是援助的捆绑性质。在计划实施过程中，美国政府通过财政预算，向本国企业采购受援国"所需"物资；规定一定数量的援款由美国支配，购买美国自身短缺的物资，相当于"战略储备"；为保护美国经济，援助法案还鼓励出口本国剩余物资，禁止出口紧缺物资，受援国不得从美国以外地区购买农产品等。③

还包括援助的变动性。"马歇尔计划"最初是以恢复经济为核心。同时，美国还对欧洲国家提供某些军事援助。杜鲁门政府希望将军事援助作为一项"短期计划"，用来输出美国库存的剩余武器。然而随着欧洲冷战形势的明晰化以及朝鲜战争的爆发，美国迅速调整该计划实施重点，削减经济援助（至23亿美元），同时扩大军援规模（至52亿美元），计划相应行动也日益转向防务和军工项目。

---

① 王新谦：《马歇尔计划：构想与实施》，北京：中国社会科学出版社，2012年版，第160—169页。王新谦认为，美国实施"马歇尔计划"的核心出发点是"实用主义"。考察二战后初期美国的国内经济状况，虽然总体形势很好，仍存在着生产过剩、失业人数过多（复员军人数量巨大）、通货膨胀压力大、国内有效需求不足等严重的现实问题。美国出口行业由于其他国家硬通货的短缺而大受限制。这表明：美国以及全世界都面临一场巨大的经济危机风险。唯有通过援助打开西欧市场、控制欧洲经济，才是最符合当时利益的政策。

② 王绳祖：《国际关系史第7卷（1945—1949）》，北京：世界知识出版社，1995年版，第137—138页。

③ 王绳祖：《国际关系史第7卷（1945—1949）》，北京：世界知识出版社，1995年版，第137—138页。

1952 年，美国援助欧洲物资 80% 以武器装备形式提供。①

但毫无疑问，"马歇尔计划"取得了相当意义上的成功。尽管在援助过程中，英国抱怨美国"将英国视为普通的欧洲国家"；法国则忧虑英美有"特殊谅解"、担心援助更有利于德国；但英法等国都承认，"美国人寻求自身利益和无可否认的现实慷慨态度，这两者是并存的。"② 这表明一项精致设计和巧妙运作的对外援助计划应同时具备"动机混杂性""利益巧合性""战略前瞻性"等多项要素。研究者在对比"马歇尔计划"与当前中国若干重大战略（援助非洲、"一带一路"等）时，经常涉及二者在"共同发展""平等互惠""务实让利"若干方面的区别。③ 事实上，更有意义的问题可能是：如何平衡理想与现实等多层面的动机，使对外援助政策在更高的层次上得以实施，从而有效赢取国家综合战略利益。

二战后特别是冷战结束以来，关于对外援助的战略含义呈现某种模糊化、边缘化、"隐秘化"趋向。对外援助研究的主流框架整体转向以发展经济学、国际政治经济学为基础。④ 在美国援助欧洲的"马歇尔计划"以及技术援助不发达国家的"第四点计划"基础上，"发展"在全球公共话语领域中逐步取得并巩固其地位；自 20 世纪 60 年代起，联合国围绕发展问题通过多项决议，官方发展援助（ODA）随之兴起；在发展援助领域，关键推动者还包括经合组织发展援助委员会（OECD-DAC）。经合组织于 1961 年成立，旗下 DAC

---

① Harry Price, *The Marshall Plan and Its Meaning*, Cornell University Press, 1955, pp. 357 - 358.

② 王绳祖：《国际关系史第 7 卷（1945—1949）》，北京：世界知识出版社，1995 年版，第 139 页。

③ 金玲：《"一带一路"：中国的"马歇尔计划"》，载《国际问题研究》2015 年第 1 期，第 88—99 页。此项研究体现中国学者对"一带一路"战略特殊性的重视。

④ Steven Hook and Jessie Rumsey, "The Development Aid Regime at Fifty: Policy Challenges Inside and Out," in *International Studies Perspectives*, 2015, pp. 1 - 20. SachinChaturvedi（ed.）, *Development Cooperation and Emerging Powers: New Partners or Old Patterns*, London: Zed Books, 2012.

成员国涵括绝大多数的发达国家，它们向发展中国家提供援助的规模通常占全世界总额90%，意义重大。[1] 半个世纪以来，国际发展援助治理格局经历多次调整和改进，特别是新兴援助国（emerging donor）在国际援助领域的作用逐渐增强。[2]

官方发展援助机制（ODA regime）强调政府间资源流动与相应的绩效标准，但是它并非一种完全基于公益标准的"国际公共物品"。援助国仍然可以通过附加条件、选择援助目标、决定规模变动、确定具体分布、控制援助质量等若干形式，实现战略利益的最大化，这种利益动机的表现形式可能是"全球减贫""发展至上"等公益目标。[3]

在表象意义上，战后对外援助的"构述框架"已从先前的"战略利益"转向"全球发展"等公益类目标。这在一定程度上体现了国际政治的进步性，也可能导致若干问题。其中的关键矛盾是：援助国自身利益并没有消失，而是或多或少掺杂在公益目标之中；全球公益和国家利益的关系未能理顺，致使对外援助实践与实际目标之间长期存在某种扭曲或脱节关系。[4] 援助国致力于体现其战略设计与对外关系重点；通过援助他国促进本国经济；基于补贴、不平等

---

[1] 目前，OECD-DAC成员国包括爱尔兰、奥地利、澳大利亚、比利时、丹麦、德国、法国、芬兰、韩国、荷兰、加拿大、卢森堡、美国、挪威、欧盟、葡萄牙、日本、瑞典、瑞士、西班牙、希腊、新西兰、意大利、英国。关于经合组织发展的详细情况可见OECD, *DAC in Dates: The History of OECD's Development Assistance Committee*, Paris: OECD, 2006.

[2] 关于当代国际发展援助整体治理框架的详细描述可见黄超：《全球援助治理机制与模式》，载《阿拉伯世界研究》2013年第3期，第29—39页。

[3] Steven Hook, "The Development Aid Regime at Fifty: Policy Challenges Inside and Out," in *International Studies Perspectives*, 2015, pp. 1 – 20. Steven Hook, *National Interest and Foreign Aid*, Boulder: Lynne Rienner, 1995.

[4] 援助国的战略利益与这些国家的援助行为密切相关。据学者归纳，美国的援助与国家安全、反恐、意识形态等因素有关；瑞典的援助主要流向其认定的"进步社会"（progressive societies）；法国的援助基本上流向法语区前殖民地国家以及那些与本国存在重要经贸关系的国家；日本援助目标则主要是邻国、地缘关键国家、支持其成为"政治大国"的国家等，并通过捆绑条件促进本国出口贸易；等等。张海冰：《发展引导型援助：中国对非援助模式研究》，上海人民出版社，2013年版。

贸易、技术准入、环境标准限制等措施,使援助在受援国效果打折扣。①

另一方面,对外援助研究本身也存在某些问题。例如在既有研究框架内,对外援助被塑造成为一种"过于重要"的国际现象,用于证实援助国的慷慨,或是用于论证援助的"失败"。这导致援助本身只具有某种标签意义,涉及"除援助以外的所有事情"。② 在本质上,此类研究属于一种事务主义或管理主义视角,未能考虑到当代援助行为的国际关系含义及复杂性。事务主义思路过于强调援助的单独性质,忽视援助作为国家战略的形式及意义。事实上,援助研究的关注点未必只须集中于受援国,对外援助涉及国与国之间的政治经济关系互动,特别是基于某种战略目标的行为过程,带有特定策略含义。在发展经济学潜在假设中,援助行为的观察标准被设定为某种"国家慈善"或利他行动,可能模糊援助国给予和获得之间的连带关系,难以充分解释援助动机与援助效果的矛盾性质。③

尼利玛·古拉贾尼(NilimaGulrajani)将技术取向或者管理主义(managerialism)归于一种意识形态,它掩蔽了实存的援助国动机行为关系。④ 管理主义观察思路实际上绕开了公益与私利的冲突,通过技术主义方式讨论发展援助成效问题,甚至对援助失败的讨论也包

---

① 前世界银行著名经济学家、里根政府政策改革顾问都格·班东将美国的对外援助行为称作"昂贵的失败"(an expensive failure),因为长期援助并没有达到其应有的公益效果。Doug Bandow, "Foreign Aid: Help or Hindrance," in *Foreign Service Journal*, 2012, pp. 32–36.

② David Mosse, "Is Good Policy Unimplementable: Reflections on the Ethnography of Aid Policy and Practice," in *Development and Change*, Vol. 35, No. 4, 2004, pp. 639–671. 在该研究中,戴维·穆瑟对当代援助的工具主义与管理主义分析思路展开讨论,试图理解发展经济学视角存在的某些缺陷。

③ "Foreign Aid is not Charity but an Investment," http://www.businessweek.com/articles/2014—06—23.

④ NilimaGulrajani, "Transcending the Great Foreign Aid Debate: Managerialism, Radicalism and the Search for Aid Effectiveness," in *The Third World Quarterly*, Vol. 32, No. 2, 2011, pp. 199–216.

含一种"向上指引期望值（glass half full）"的潜在路向。同时，管理主义的视角认定：通过精确规划与科学执行，国际援助即可以达成预想目的。基于此类观念，当代对外援助的实践可能出现抽象化、简便化、一般化。① 对效率的过分强调导致对外援助动机行为互动的具体复杂性或偏向性被掩盖，技术与政治之间出现脱节情况。克劳迪亚·威廉姆森（Claudia Williamson）将援助动机与行为的复杂关系归因于信息或知识的不对称性质。② 威廉姆森认为国家不可能得到充足知识以实现援助目标，援助国尤其如此，它在确定受援国具体情况与实际需求方面总是不能克服信息困境。

基于技术路线的"管理主义"思路试图将援助与政治相分隔，在解释当前国际援助现象时，面临若干问题。本质上，援助现象难以脱离政治而成为纯经济议题。至少可以从如下几方面理解当代国际援助现象的政治涵义。

首先，作为"技术路线"推行者的对外援助机构（aid agencies）或非政府组织本身并非"去政治化"的公益实体。这主要是就援助国官方或非官方机构的运作过程及效果而言。对此，伯丁·马特恩斯（BertinMartens）提出了一个有趣的问题，即"援助机构为何存在"，或"援助机构为何不是只有一个"。③ 马特恩斯认为，援助机构核心作用是"在受援国反馈环节不完整条件下，解决援助分配与所有权转移问题"。援助机构通过协调本国与受援国的利益偏好，发挥上述作用。然而，双方的利益偏好经常存在差异与不一致情形，

---

① NilimaGulrajani, "Transcending the Great Foreign Aid Debate: Managerialism, Radicalism and the Search for Aid Effectiveness," in *The Third World Quarterly*, Vol. 32, No. 2, 2011, pp. 199–216.

② Claudia Williamson, "Exploring the Failure of Foreign Aid: The Role of Incentives and Information," in *Review of Austrian Economics*, 2009, pp. 91–107. 这可以视为一种以公共选择理论为基础的"技术路线"。

③ Bertin Martens, "Why Do Aid Agencies Exist," in *Development Policy Review*, Vol. 23, 2005, pp. 643–663.

"道德风险（moral hazard）"或"逆向选择"问题引发寻租腐败的空间。① 马特恩斯指出，官方援助机构与私人援助行为有所不同，甚至相反。由于它作为中介的自身能动性，总有机会将其利益体现在援助项目计划或执行过程中。威廉·伊斯特里（WilliamEasterly）根据援助机构的透明度（transparency）、专门化程度（specialization）、选择性（selectivity）、渠道无效度（ineffective aid channels）、一般开支（overhead cost）等指标，对主要国际援助机构进行评估，结果显示相关机构在这些方面表现不令人满意，与其宣称的情况存在较大差距。②

非政府组织是否存在援助政治（aid politics）问题？吉莉斯·南希（GillesNancy）研究表明，非政府组织的援助分布与其捐助来源者的考虑存在某些关联，同时还关涉到具体组织自身的发展利益，这些联系的表现形式可能具有隐蔽性。③ 非政府组织与官方援助机构合作过程也存在某些问题。二者相互关系呈现"替代发展"向"多元参与"的总体转变，但在一些情况下非政府组织也可能成为援助国推进其援助战略的可选工具或便利渠道。④ 在一些不便或不利于正

---

① Brian Cooksey, "Aid, Governance and Corruption Control: A Critical Assessment," in *Crime Law and Social Change*, Vol. 58, 2012, pp. 521 – 531. 该项研究给出关于挪威政府对坦桑尼亚官方援助的腐败案例。2009 年挪威政府决定向坦桑尼亚政府"资源与观光部"提供 6000 万美元的赠款。随后独立审计报告显示，约有五成到七成的项目资金用于举办各类研讨会、报告会、专家旅行费用等，其中有三分之一的费用未登记。由于隐性腐败或管理不善导致的浪费达总金额一半以上。双方援助对应机构浪费情况严重。该研究指出：对外援助提供的寻租机会具有低风险性、各机构间缺乏协调制衡，是导致这些问题产生的重要原因。

② William Easterly and Claudia Williamson, "Rhetoric vs. Reality: The Best and Worst of Aid Agency Practices," in *World Development*, Vol. 39, No. 11, 2011, pp. 1930 – 1949. William Easterly, "Are Aid Agencies Improving," in *Economic Policy*, Vol. 22, No. 2, 2007, pp. 633 – 678.

③ Gilles Nancy and BorianaYontheva, *Does NGO Aid Go to the Poor*, IMF Working Paper, WP/06/39, 2006.

④ International Policy Network, *Fake Aid: How Foreign Aid is Being Used to Support Self-Serving Political Activities of NGOs*, International Policy Press, 2009. 相关研究可见杨义凤：《发达国家 NGO 参与对外援助的制度比较与经验借鉴》，载《经济社会体制比较》2014 年第 7 期，第 224—232 页。杨义凤：《国际 NGO 参与对外援助的变迁对中国的启示》，载《中国行政管理》2014 年第 3 期，第 109—114 页。

式出面的援助环节（目标），非政府组织的政治意义更加显著。[①] 在援助过程中，非政府组织更容易与受援国结成某种利益共生关系。

其次，当代援助实践中，援助国的利益动机与权力行为显著存在。研究表明，绝大多数受援国对援助国具有军事、政治、经济、战略等多重意义，它们已有交往密度较高，援助是既有关系的一部分。大部分援助实际上流入少数国家，而非需求最迫切的国家；援助的目标国多为前殖民地、地区或潜在大国、相对稳定或发展较好的国家，与援助国之间存在重要贸易关联或战略安全指向。对外援助的优先性与选择性（selectivity）构成受援国的重要权力来源。战略优先性差异也是不同援助国个性化模式的主要体现。一般认为，美国对外援助更重视战略安全、反恐、商业利益，与其全球战略紧密配合；欧洲对外援助则强调制度改造与价值观推广，较多流向与本国有历史和传统联系的前殖民地国家；日本对外援助体现出强烈的商业动机（贸易、投资、援助的综合模式），特别是获取能源资源、推进政治大国目标等。即使被认为"最好"的援助国如瑞典等北欧国家，也体现出国家战略利益考虑，例如将欧洲地区作为其优先援助目标、考虑"民主"原则的规制、评估受援国与本国建立互惠关系的可能性、注重环境项目并充分利用本国技术优势、力图在欧盟内部扩大其影响力，精简援助国数量等等。[②] 这些国家缺乏前殖民地联系，在对外援助的布局方面更加灵活。总体而言，援助国在运用援助战略扩展其具体利益方面，有大致相似的考虑。其过程体

[①] Simone Dietrich, "Bypass or Engage: Explaining Donor Delivery Tactics in Foreign Aid Allocation," in *International Studies Quarterly*, Vol. 57, 2013, pp. 698–712. 该研究认为，非政府组织在资金来源和预算等环节受到限制是官方机构及捐助者可能对其施加影响的主要方面，对非政府组织协调援受方利益偏好的能力有影响。

[②] Edward Ostrom, *Aid, Incentives and Sustainability: An Institutional Analysis of Development Cooperation*, Swedish International Development Agency, 2001. 张海冰：《发展引导型援助：中国对非援助模式研究》，上海：上海人民出版社，2013年版，第64—69页。刘毅：《关系取向、礼物交换与对外援助的类型学》，载《世界经济与政治》2014年第12期，第71—94页。

现出援助国与受援国的权力关系，受援国本来可能未必以援助国希望的方式行事，或者本来能以不同方式进行，接受援助后可能考虑改变具体做法和国际政治态度等。

理解对外援助的战略含义，前提包括受援国具有的主动地位。[1]一般而言，研究者较多关注援助国与受援国之间权力依附关系，对受援国在讨价还价中的地位有所忽视。实际上，当代对外援助已经超越早期意义上的资源单边让与，援助对各方而言具有可欲性质（desirable）。受援国可能提供对援助国而言急迫或稀缺的等价品，前者甚至可据此实施各类"援助游戏"。为购买重要朋友，援助国可能坚持赢取"援助竞标"，保护利益范围，围绕援助形成一种特殊的日常关系。这种情形反映出当代国家可选范围的扩大化，同时表明当代对外援助作为战略行为的实践空间得到扩展，国家间围绕援助与受援情况，更有可能形成战略互动关系。

二、对外援助的战略安全动机

关于大国对外援助的动机，存在单一论与复合论的不同观点。在广义上，关于国家为什么提供对外援助，卡洛·兰开斯特（CarolLancaster）认为主要包括两个问题：援助国追求何种目标；为什么追求这种目标而非其他。[2] 兰开斯特指出，国际关系理论或政治学理论关于对外援助动机的研究具有某种线性思维特征，例如现实

---

[1] Michael Dewald, "Comparative Advantage and Bilateral Foreign Aid Policy," in *World Development*, Vol. 24, No. 3, 1996, pp. 549 – 556. Jeanne Hey, *Small States in World Politics: Explaining Foreign Policy Behavior*, Lynne Rienner Publishers, 2003. Christine Ingebritsen, et al., eds., *Small States in International Relations*, University of Washington Press, 2006.

[2] Carol Lancaster, *Foreign Aid: Diplomacy, Development and Domestic Politics*, University of Chicago Press, 2007, Chapter 1.

主义一般认为对外援助是国家追求权力、安全或国家利益最大化的工具，援助可能产生的公益效果只是一种偶然或副产品；后来秉持技术主义立场的发展经济学家也给出很多与现实主义暗合的类似结论；在左翼理论、后殖民主义、依附论、结构主义、反全球化等主张之中，对外援助是世界资本主义国家继续控制和"剥削"不发达国家的一种工具；自由国际主义者（也包括理想主义或有自由主义倾向的理论）将对外援助视为国家寻求国际公益与全球正义的积极形式，至少也是为共同应对全球化与相互依赖过程的问题，而做出的国家间合作努力，因而可将对外援助视为某种"国际公共物品"；在理念主义视角下，对外援助具有较强的"道德"寓意，同时也是一种国际规范进化发展的过程，有利于全球认同的文化形塑。[1]

兰开斯特认为，对外援助混杂动机与多元解释构成所谓"摩根索难题（Morgenthau Puzzle）"。[2] 即试图区分援助现象的公共利益与国家利益（包括各种具体目标及其结果），是一件过于困难的事。[3] 兰开斯特将目标（purpose）作为动机（motivation）的代指概念。他认为援助基本目标包括外交、发展、人道、商业等若干种，但也包括文化（教育项目）、社会（制度交流）、政治（民主扩散）、其他目标（应对全球议题、阻止冲突扩散等）。[4] 最后只能承认：对外援助的现实过于复杂、相互交融，试图将目标做明确类分极其困难，有必要采取一种整体论（holistic）方法来认识：将援助国作为整体

---

[1] David Lumsdaine, *Moral Vision in International Politics*, Princeton University Press, 1993.

[2] Carol Lancaster, *Foreign Aid: Diplomacy, Development and Domestic Politics*, University of Chicago Press, 2007, Chapter 3.

[3] Hans Morgenthau, "A Political Theory of Foreign Aid," in *American Political Science Review*, Vol. 56, No. 2, 1962, pp. 301–309.

[4] 瑞德尔给出一种"领域"意义上的类似区分。援助的目标包括：解决紧急需求；促进受援国经济发展；显示团结（solidarity）意向；追求政治目标及战略利益；扩展商业利益范围；维持历史联系；作为国际公共物品去除国际公害；基于人权考虑等。可见 Roger Riddell, *Does Foreign Aid Really Work*, Oxford University Press, 2007, pp. 91–92.

来考虑，分析其总体援助规模与流向；审视这些分布的动机含义；考虑这些援助的基本用途与条件；理解其对援助国的重要（而非全部）回馈意义等。

现实主义援助观并不认为提供援助是基于受援国需求。同样，受援国经济状况以及国内治理也不是主要考虑因素。援助国能够通过援助获得何种资源、影响力、即时收益、总体外交目标，是现实主义的重要关注点。是否能够通过援助争取更多盟友、削弱潜在对手、赢得优势或主动地位等议题，在现实主义的援助理论中得到充分体现。基本上，现实主义援助论不同意国家主要基于道德或利他考量而做出对外援助决定，而是强调以当前国家利益作为单一量度。

作为"现实主义援助观"最重要的代表人物之一，摩根索首先区分了对外援助行为的主要形式，包括人道主义援助、生存援助、军事援助、贿赂援助、声望援助、发展援助等。[1] 其中，人道主义援助的政治程度最低，但仍能发挥某种政治功能；生存援助旨在协助受援国维持其社会运转与政权的存在，主要是维持现状以及防止解体。维持与否、维持到何种程度，成为政治性的关键；贿赂在国际关系史上极为常见，摩根索认为现代国家间贿赂的新特点是：经常以援助或经济发展名义进行，已经组织化、常态化；经济发展只是一种意识形态掩饰，借以换得政治优势。对援助的经济发展功能过于看重只能导致普遍失望与相互指责；军事援助的政治目的经常超越军事本身，可以给受援国带来"军事强国"的幻想，这些援助很少有机会使用；在一些情况下，经济发展援助与军事援助可能相互交叉，冷战期间尤其如此；声望援助与贿赂援助也存在相互的联系，即使援助对受援国并无用处，甚至只是浪费，也很可能被接受。摩

---

[1] Hans Morgenthau, "A Political Theory of Foreign Aid," in *American Political Science Review*, Vol. 56, No. 2, 1962, pp. 301-309.

根索将其称为"不断升腾的预期革命",借以标示两国政治友谊,彰显一种表面的"慷慨",但这种"慷慨"对援助国而言很可能还是一笔划算的交易。①

摩根索对经济援助做出特别考察。他首先批评了经济学将对外援助视同"纯粹技术事务"(self-sufficient technical enterprise)的思路,认为这样是在主观忽略其政治动机的现实性:经济利益将阻止经济援助真正用于经济的发展,这种利益不仅指向援助国,受援国也可能对"保持经济政治现状"更感兴趣。改变现状反而是一种自我革命。对保守的援助国而言,利益考虑经常不是开放的(意指共同发展意愿较低),援助有效性故此远低于预想情形。

摩根索给出的政策建议是:针对具体国家情形设计援助方案,避免一概而论;不论何种援助类型都应视为外交政策的有机组成部分,不能单独行事;对外援助必须有明确清晰的目标设定,走出理想化的可能误区。② 摩根索对外援助理论的最大贡献可能是:在援助国动机与权力利益关系之间建立起更直接的关联,揭示出援助过程中政治元素的遍在性。在现实主义看来,这一过程可能分布在援助国做出承诺、设定预期、兑现协议、威胁削减援助、将特定受援国列入或移出考虑范围等各种具体情形中。在具体谈判过程中,受援国可能引入竞争或分工,抵抗援助国的权力影响,援助国则可以通过应用各种"条件性"确保这一影响的持续性。现实主义者认为各类"条件性"与援助国利益意图存在不可避免的联系,即使是那些似乎事关受援国利益的"条件",仍然反映出援助国寻求政治影响力

---

① Hans Morgenthau, "A Political Theory of Foreign Aid," in *American Political Science Review*, Vol. 56, No. 2, 1962, pp. 304–305.
② Hans Morgenthau, "A Political Theory of Foreign Aid," in *American Political Science Review*, Vol. 56, No. 2, 1962, pp. 308–309. 特别是需要仔细评估受援国以经济好处交换政治影响力的意愿强度,避免一厢情愿。当然这种信号可能被受援国有意模糊化,政策评估标准应该是实际关系结果及其进展的积极程度。

的努力，属于"权力本质"在援助动机中的核心体现。

现实主义援助观坚持"以权力界定的援助国利益"，将其作为区分真实动机与各种"纲领文件"的关键点。但具体权力及利益情境可能存在历时变动（现实主义者并不将这些变动视为根本性变革），需要在外交政策的语境中加以考察。① 实际上，二战后对外援助特别是发展援助几乎在主要发达国家同步兴起。这些国家将其作为外交与安全政策的重要内容、国家间经济利益再分配的可用渠道。现实主义者在解释发达国家对外援助具有的公益成分、可能的"质量"改进及合作努力时，可能将其视为某种自我利益行动的副产品或非意图行为的偶然结果。国际援助机制（如DAC）被视为推进成员国经济政治利益的集体努力，但各国有较大的行动独立性与相对分散的利益指向。

本质上，理想主义和现实主义援助观似乎可以归纳为公益（慈善）与私利（权力）的分歧。但这一论断有某种简单化、"冷战式"的对立意味。需要注意的是：当代援助无论就其动机还是具体行为而言，已经呈现出显著的复杂化迹象。这种复杂化不仅是指参与者或互动局面的多元化，更重要的是国家对外援助动机精致化与策略化。特别是在"予和取（give and take）"问题上，"非黑即白"更多转向"黑白混合"的灰色思路。援助在基本意义上仍然是一种政策工具，但很可能经常超越表面利益，或更多采取公益形式兼得利益效果。举例而言，在 DAC 明确的官方发展援助定义下，赠款比例不少于25%；实证研究则表明，其余部分通常与援助国的利益直接关联，实际上大部分又流回援助国。② 其他各类援助情形更加明显。

---

① 一般而言，发展援助对援助国而言至少意味着三类主要收益：公共利益（public goods）、国家利益（private goods）、安全外溢（security externalities）。它们可能具有外交、战略、军事等多种含义。

② SolimanCarapico, *Political Aid and Arab Activism*, Cambridge University Press, 2013. North Tocci, *The European Union, Civil Society and Conflict*, London: Routledge, 2011. Packard Cooper, *Interantional Development and Social Science*, University of California Press, 1997.

在对外援助动机讨论中,常见研究思路大致是综合陈列公益私利等多项目标,寻求整合方案。可以认为,关于理想主义与现实主义的动机区分主要是基于一种"模式论"思路。在实际援助行为中,研究者通常能观察到两种成分同时发挥作用的情形(成分论)。摩根索提出国家利益的"道德尊严"(moral dignity)概念,认为利益可能是在不同道德原则之间做动态取舍。[1] 绝大多数援助行为并非纯粹利他,理想主义成分经常作为国家真正目标的一种积极实现路径。戴维·拉姆斯戴恩(David Lumsdaine)指出,国际援助政治主要涉及"道义选择与道义权衡及其不同表征"。[2] 权力与道义的调和折中是必要的。援助国实际动机情形可能是一种按需调节的过程。

格莱恩·帕尔默(Glenn Palmer)在其研究中,发展了基于"变革"与"维持"的双维度分析方法,有助于理解援助国动机目标的动态取舍问题。[3] 帕尔默指出,援助国有一系列具体而多元化的动机目标,导致相关实证研究的结论很弱,且过于片面。需要某种更加一般化、有普遍意义的理解框架。帕尔默将国家视为一个面临多元选择的忙碌行为体:国家有着各种未完成或接近完成、难实现或易于实现的多类型议题,围绕资源投入展开相互竞争。国家总括动机是:基于有限的资源,尽力实现最理想的总体结果。在配置资源过程中,国家不得不改变或舍弃某些现状,保护另外一些目标。改变与维持同时进行,而非单纯改变(如权力转移论)或单纯维持(如霸权稳定论)。不同援助国在追求对外援助政策目标时,可能只是曲

---

[1] Hans Morgenthau, *In Defense of National Interest*, New York: Alfred and Knopf, 1952.
[2] David Lumsdaine, *Moral Vision in International Politics*, Princeton University Press, 1993, pp. 291 – 294.
[3] 具体图示与模型可见 Glenn Palmer, Scott Wohlander and Clifton Morgan, "Give or Take: Foreign Aid and Policy Substitutability," in *Journal of Peace Research*, Vol. 39, No. 1, 2002, pp. 5 – 26. Morgan Clifton and Glenn Palmer, "A Model of Substitutability in Foreign Policy," in *Journal of Conflict Resolution*, Vol. 44, No. 1, 2000, pp. 11 – 32. Peter Schraeder, Steven Hook and Bruce Taylor, "Clarifying Foreign Aid Puzzle," in *World Politics*, Vol. 50, No. 2, 1998, pp. 294 – 323.

线位置有差异，大致形状类似。在道义和利益理想结合点与实际结合点几乎重合时，对外援助效果趋于最佳。

帕尔默的研究至少表明，实际援助动机具有明显复杂性。对外援助固然不等于慈善行为，但也不能缺少理想主义成分。后者是战略目标得以实现的必要条件，导致公益和私利的巧合关系。对外援助类似于特殊的国际公共物品，与纯粹公共物品在公益度方面有所区别。公益性本身属于外部力量基于各种原因（主观或客观考虑）所做的一种矫正。公共物品不等于免费产品，或者说，不存在绝对的免费产品，只存在交换给付或"跨期付费"问题。接近公益（利他）方向能够吸引他国消费或做贡献，接近私利方向有利于回收成本并保证收益。①

三、对外援助行为的战略导向

理解当代对外援助的战略安全性质，首先应明确：不同国家、不同形式的对外援助在本质上都具有某种程度的限制要求或交换性质，其中最关键的分析要素包括"条件性"（conditionality）与"选择性"（selectivity）等内容。

---

① 关于对外援助、国际合作与全球公共物品讨论，代表性研究成果可见 Athur Stein, *Why Nations Cooperate: Circumstance and Choice in International Relations*, Ithaca: Cornell University Press, 1990. Cecilia Albin, "Negotiating International Cooperation: Global Public Goods and Fairness," in *Review of International Studies*, Vol. 29, No. 3, 2003, pp. 365 – 385. David Kapur, "The Common Pool Dilemma of Global Public Goods," in *World Development*, Vol. 30, No. 3, 2002, pp. 337 – 354. Davis Bobrow, *Defensive Internationalism: Providing Public Goods in an Uncertain World*, Ann Arbor: University of Michigan Press, 2005. Todd Sandler, "Donor Mechanisms for Financing International and National Public Goods," in *World Economy*, Vol. 28, No. 8, 2005, pp. 1095 – 1117. Todd Sandler, "New Face of Development Assistance: Public Goods and Changing Ethics," in *Journal of International Development*, Vol. 19, No. 4, 2007, pp. 527 – 544. Todd Sandler, *The Theory of Externality, Public Goods and Club Goods*, Cambridge: Cambridge University Press, 1996.

一般认为，对外援助条件性是指"援助国附加给受援国作为前提的条件，只有满足才可以签署援助协议或维持某项援助。"① 这些条件主要是指向受援国国内的某项改革或制度变更。戈登·克劳福德（GordonCrawford）将援助的条件性与受援国国内政治经济变革建立直接联系。克劳福德认为，发展援助总是会体现政治性，包括各种权力后果：作为大国"奖赏"或"惩罚"目标国的工具，故而饱受争议。② 基于本国价值观而评判他国的做法被认为缺乏客观性，相应标准如民主、人权、良治等经常带有意识形态取向。基于"条件性"标准对他国特别是弱国进行干涉乃至限制发展的做法，与其声称的利他动机有悖。克劳福德在检视"条件性"的合法性（legitimacy）问题时，提到三个层次的关键质论：一是外部干预行动的正义与秩序之争（即人权与主权、人权与民主、良治与发展之间的区隔）；二是援助国的正直性（integrity），包括条件性是否存在"隐含意图（hidden agenda）"与权力控制目标等（自由主义与西方主导地位相互配合）；其三是对政策标准互惠性的质疑，包括"条件性"援助的设定国自身并未达到这些条件，或者未能严格遵循相关条件，导致非对等状态，还可能出现"条件性"援助反而削弱民主自由良治的情形。③

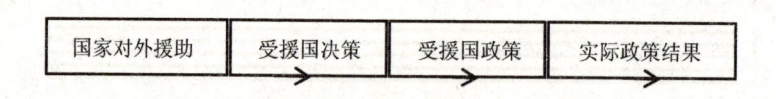

| 国家对外援助 → 受援国决策 → 受援国政策 → 实际政策结果 |

图1 援助"条件性"的基本作用途径④

---

① Olav Stokke, *Aid and Political Conditionality*, London: Cass, 1995, p. 11.
② Gordon Crawford, *Foreign Aid and Political Reform: A Comparative Analysis of Democracy Assistance and Political Conditionality*, New York: Palgrave, 2001, pp. 2-4.
③ Gordon Crawford, *Foreign Aid and Political Reform, Comparative Analysis of Democracy Assistance and Political Conditionality*, New York: Palgrave, 2001, pp. 35-43.
④ Francois Bourguignon and Mark Sundberg, "Aid Effectiveness: Opening the Black Box," in *American Economic Review*, Vol. 97, No. 2, 2007, pp. 316-321.

一般而言，条件性主要涉及原因（why）、方式（how）、目标（who）等相关层面。动因方面，可能基于经济、政治、和平、反恐等目的而施加；过程方面则涉及如何劝说、支持、施压，如围绕援助项目当事国主导权（ownership）、条件的形式公开性（formality）、施加条件的硬性程度（hardness）、条件规定的具体程度（specificity）、条件的实行层级（level）等方面展开；在目标方面，主要是在国家层面展开，情况比较复杂，涉及各类国家间博弈与妥协。总之，条件性意在实现"行为的改变"而非"资源的输入"。[1]传统意义上的"条件性"被认为是一种负行为，援助国通过各类负向关系行动向受援国施压。斯维亚·科奇（Svea Koch）对这一理解进行扩展，认为"条件性"还包括正面激励，例如事前激励与事后激励等。[2]（表1）

表1 科奇关于政治条件性的类型学

	事前（ex-ante）	事后（ex-post）
积极	条件作为前提，先满足条件后援助。 例：预决定条件；援助选择性	追加赠予，鼓励满足条件的表现。 例：利益刺激条件（incentivizing）
消极	在协议达成之前，减少或撤回援助。 例：条件性的激化（intensifying）	在关系过程中，减少或撤回援助。 例：援助制裁或监督型条件

---

[1] Paul Collier, "Is Aid Oil: An Analysis of Whether Africa Can Absorb More Aid," in *World Development*, Vol. 34, No. 9, 2006, pp. 1482-1497. 保罗·科利尔按照"事先""事后"的逻辑次序，根据"政策""结果""治理"维度，区分"事先政策条件性"（ex ante policy conditionality）、"事后政策条件性"（ex post policy conditonality）、"事先效果条件性"（ex ante outcome conditionality）、"事后治理条件性"（ex post governance conditionality）以及"交互条件性"（mutual conditionality）。最后一项主要涉及援受双方的信任建设过程。

[2] Svea Koch, "A Typology of Political Conditionality beyond Aid: Conceptual Horizons based on Lessons from the European Union," in *World Development*, Vol. 43, 2015. (in press)

科奇指出，当代国际经济政治关系的发展，已经让"东西对峙""南北鸿沟"变得不像过去那样显著，条件性的吸引力（或杠杆作用）也在流失，正在与其他的政策方式结合运用。这种多元性还意味着援助目标设定的广泛化以及战略意义的增强。[①] 当然，条件性主要还是意在改变受援国行为。

根据科奇的论述，"事前积极条件"是指在成为伙伴或协议生效之前，提出若干积极收益许诺，作为"预条件（predetermined conditions）"。"事前消极条件"则是在建立援受关系前，规定负面措施或惩罚内容。"事后积极条件"是指根据实际表现增加援助或其他增益行为。"事后消极条件"则是以减少或裁撤援助作为压力手段，减少受援国已有收益。

这种分类大致是就过程意义而言。关于"条件性"的干涉度或纵深意义，存在其他分类思路。[②] 纳迪亚·默勒纳尔（Nadia Molenaers）认为，关于援助条件性的一般观念从第一代"民主中心论"转向第二代"治理中心论"，相应援助方式也由先前分散的、以援助国为主驱动力、受援国无权发挥作用的状态，转向援助和谐化（harmonization）、适当体现受援国偏好、向透明化方向发展的协商过程。[③] 默勒纳尔根据条件性的干涉度，区分了三类援助特征。（表2）

在援助博弈研究中，条件性被明确视为一种"以援助换变革"的政策工具。[④] 例如，尼古拉斯·伊曼纽尔（Nikolas Emmanuel）将

[①] George Kelly, *Ethnic Politics in Europe: The Power of Norms and Size*, Princeton University Press, 2004.

[②] Nadia Molenaers, "Sebastian Dellepiane and Jorg Faust, Political Conditionality and Foreign Aid," in *World Development*, Vol. 43, 2015. (in press)

[③] Nadia Molenaers, Sebastian Dellepiane and Jorg Faust, "Political Conditionality and Foreign Aid," in *World Development*, Vol. 43, 2015. (in press)

[④] Nikolas Emmanuel, *Conditioning Relations: Evaluating a Political Conditionality Approach*, Dissertation submitted to University of California, 2008.

表2 对外援助的政治条件性与干涉度

条件性	预期特征	操作可能性
高度干涉：进行政治改革的推进手段	以援助国为主导，不考虑受援国国内改革动力	或明或暗的援助国主导，直接对应政策项目条件
中度干涉：鼓励政治改革的协商方式	协商、共识，结果导向，事后分析（ex-post）	援助国协调、分工，政治协商，与受援国签署协议
低度干涉：基于选择性的援助条件性	适当性、经济规模、形态、行为者、部门相关条件	援助国提出各项选择性的标准，或各类非明示标准

援助博弈分为若干阶段，包括"预前协商""对方反应""对应行动""改变态度"及可能的奖惩结果。"条件性"将增加受援国"不变革制度或不改变相应态度"的可能成本。伊曼纽尔认为，对外援助的"条件性"在强度方面介于"外交压力"与"援助制裁"之间，在实践中则与二者相互配合运用，改变目标国预期考虑，警告并促使其尽快改变某些行动或偏好（或者敦促目标国不作出某些决定）。当情形激化或者无效时，制裁（sanctions）作为条件性的逻辑延伸环节将会启用。伊曼纽尔认为援助"条件性"意味着一种不对称权力的互动博弈与交换过程，这体现在援受双方的结构性差异、策略空间、条件设定、关系展开、交换行为、协商立场、最终结果等多个方面。围绕权力与利益的博弈也意味着政治资源流动及调整，在受援国呈现结果可能包括：形成援助依附、激化国内压力、面临援助国协调制裁、寻求第三国支援作为反制策略、放弃部分自主权等。

在当代援助行为及互动中，"援助制裁"是一种常见的负向措施。不同于正常援助过程中的权力利益"和缓"体现，援助制裁更集中、更直接地反映出援助国行为的权力向度。这些措施可能有：针对某国全部停止各类援助；减停规划援助和预算支持；中止项目援助或技术援助；在政治基础上削减援助分布或具体安排；其他相关措施包括政治声明、威胁采取限制性措施或贸易禁运等。①

援助条件性与援助制裁可以视为相互匹配的"权力利益工具组合"。条件性的问题首先在于，它以"技术统治论（technocratic）"的狭隘治理观念看待发展议题，忽略或遮饰双方的权力需求，而且经常取决于目标国领导精英的合作意向，并不解决实际问题；此外，条件性经常出现"选择性失明"情形，保持不同程度的模糊性（vague），为其在阐释或施行过程中的权力运用留出必要空间。条件性还可能导致非有意的结果，包括对正在实施改革的国家造成冲击，形成反向效果，削弱国家原有自助能力。条件性的实施过程与制度化自我利益、经济考虑、战略利益密切相关，缺乏应有的连贯性（consistency），引发可信度争议。② 援助国对这些目标的界定也缺乏清晰或统一完整性，在执行时多有模糊；更关键的是，条件性也是援助国隐含或显性实现其利益的过程，这导致双方围绕援助展开某些"不连贯的交换游戏"。③

对外援助的"选择性"与条件性密切相关。有研究认为"事前条件性"（exante）即意味着一种选择性。但二者侧重点有差异，条件性主要涉及如何通过设定条件对受援国内部制度进行干预；选择性更多是描述一种直观意义上的援助决策或相应的调整变动。技术主义援助观认为，援助的选择性应该以受援国需求及国内政策表现

---

① Gordon Crawford, *Foreign Aid and Political Reform*, New York: Palgrave, 2001. 这些措施"无效性"的可能原因有：受援国政府在国内具有相对强大的权力基础或民意支持；受援国政府可能利用外部制裁强化其国内地位；受援国未形成依附关系，即援助对该国的影响力很有限；援受国家的双边关系不重要；单边制裁未能引发滚雪球效应，缺乏国际协调行动，等等。其中，经济制裁与政治制裁的情形可能存在差异，前者一般是更具体指向某种措施或规定，后者则涉及整个政治制度，更难奏效。此外克劳福德还指出：援助制裁目标国可能机敏逃避或故意模糊政治标准，在制裁实施国坚持制裁意志不足情况下，可能削弱实际有效度。

② Gustavo Canavire, Peter Nunnenkamp and Rainer Thiele, "Assessing the Allocation of Aid: Developmental Concerns and the Self-Interest of Donors," in *Indian Economic Journal*, Vol. 54, No. 1, 2006, pp. 26 – 43.

③ Barbara Grosh and Stephen Orvis, "Democracy, Confusion or Chaos: Political Conditionality in Kenya," in *Studies in Comparative International Development*, Vol. 31, No. 4, 1997, pp. 46 – 65.

为基准。但实际情形相对复杂，具体战略利益、官僚机构博弈、特别事件（如动乱）都有可能影响援助国具体选择。援助选择性的最佳状态如何确定，仍是一个高度政治化的问题，与援助国战略利益相联系。由于援助规模不稳定，受援国国内政治经济状况将受到不同程度影响，国际援助很大程度上并未成为接受国经济发展的稳定力量或保险机制。① 此外，选择性还涉及援助政策的即时调整（selective aid denial）。援助国对援助流向和规模的"选择性调节"经常体现其政治安全利益考虑。艾瑞克·纽梅尔（Eric Neumayer）对主要援助国的"选择性"援助分布进行考察，发现援助国对"人权、民主"的支持仅限宣誓层面，实际的对外援助分布与规范意义上的分布情况有悖离，甚至存在较大差距。②

基于"条件性""选择性"等具体特点，可以更好地理解当代对外援助的战略安全导向，包括将对外援助作为战略外交工具或战略竞争方式的"援助政治"，有别于单纯的技术导向援助理论。③

---

① Ales Bulir and Javier Hamann, "Volatility of Development Aid: From the Frying Pan into the Fire," in *World Development*, Vol. 36, No. 10, 2008, pp. 2048 – 2066.

② Eric Neumayer, "Do Human Rights Matter in Bilateral Aid Allocation," in *Social Science Quarterly*, Vol. 84, No. 3, 2003, pp. 650 – 666. Eric Neumayer, *Pattern of Aid Giving: The Impact of Good Governance on Development Finance*, London: Routledge, 2003. Eric Neumayer, "Is Respect for Human Rights Rewarded: An Analysis of Total Bilateral and Multilateral Aid Flows," in *Human Rights Quarterly*, Vol. 25, 2003, pp. 510 – 527. Burton Abrams and Lewis Kenneth, "Human Rights and Distribution of U. S. Foreign Aid," in *Public Choice*, Vol. 77, 1993, pp. 815 – 821. Yolanda Sadie, "Aid and Political Conditionalities in Sub-Saharan Africa," in *South African Journal of International Affairs*, Vol. 9, No. 1, 2002, pp. 57 – 68.

③ 关于"援助政治"的讨论，可见 Alberto Alesina and David Dollar, "Who Gives Foreign Aid to Whom and Why," in *Journal of Economic Growth*, Vol. 5, 2000, pp. 33 – 63. Jessica Andreasen, *Foreign Policy through Aid: Has U. S. Assistance Achieved Its Foreign Policy Objectives*, Dissertation submitted to Utah State University, 2014. Sheila Nair, "Governance, Representation and International Aid," in *Third World Quarterly*, Vol. 34, No. 4, 2013, pp. 630 – 652. Martin Steinwand, *The Political Economy of Foreign Aid*, Dissertation submitted to Rochester University, 2010. Rune Hagen, "Buying Influence: Aid Fungibility in a Strategic Perspective," in *Review of Development Economics*, Vol. 10, No. 2, 2006, pp. 267 – 284. Brian Atwood, Peter McPherson and Andrew Natsios, "Making Foreign Aid a More Effective Tool," in *Foreign Affairs*, Vol. 87, No. 6, 2008, pp. 123 – 132. Ngaire Woods, "The Shifting Politics of Foreign Aid," in *International Affairs*, Vol. 81, No. 2, 2005, pp. 393 – 409.

首先，在实体意义上，对外援助的战略含义主要涉及援助国如何设置"发展目标"与各类旁生目标的关系。戴维·都勒（David Dollar）以援助分布模式为例探讨"援助国为什么对特定国家提供援助"这一核心问题。其基本结论是：援助国对政治及战略目标的综合考量，至少不亚于它对受援国需求及发展绩效的关注；殖民历史联系与联盟关系是决定援助分布的关键因素，在此前提下，处于民主化进程中的国家接收援助相对较多，此亦构成援助不同于对外直接投资（FDI）的关键特征；更重要的是，即使成熟援助国之间仍存在各种战略差异性。故此，对外援助一直具有多目标、多中心并存性质，地缘政治利益考虑（位置、资源、盟友、历史）似乎相对重要和稳定，商业利益也经常排在靠前位置。当前援助国在很大程度上认同这样一种观念：国家有可能通过援助其他国家发展的方式，实现本国利益；"国际发展"可以作为国家利益的某种组件。

因此，在援助国实际操作中，只有受援国在"良治"或"民主"方面做出一些实际改变或表现出合作意向时，援助才能更顺利实现。此类实证研究表明：援助国确实是在推动国际发展目标，只是更多基于一种"战略方式"，将发展纳入其"利益格式"，通过实现发展目标，只有如此才能获得最大化利益。

其次，在关联意义上，战略含义主要涉及援助国如何将对外援助作为一类基本手段或特定工具，实现多元化外交战略目标。这些目标可能包括：获得更大的影响力、赢得友好关系、换取经济贸易合作机会、增加投资机会、获得战略军事存在、争取在联合国投票与国际动议支持、推进周边外交或特定地区战略等。还有一种可能的情形是：通过援助，换取受援国做某种让步，确保援助国政府赢得国内支持，这样体现出对外援助的政治性，甚至意味着援助具有"正常商品"（normal good）的性质。

对外援助作为外交工具，面临的问题首先是：通过"资源转移"

能否确定实现预期目的。其中的权力关系可能具有复杂的悖论性质，涉及援受双方的脆弱性与期望的差异，不能简单认为援助国对于受援国一定具有某种确切的影响手段（leverage）。围绕国家间援助与受援过程的外交关系，呈现"工具性"（instrumental）或"表达性"（expressive）等多种形态，后一种形式主要涉及显示本国决心、提升国家威望、回应内外压力、维护国家形象、稳固观念认同等。在援助国确认并无可能以完全彻底的"工具性"方式推进时，就会考虑暗中转向"表达性"援助制裁。

对外援助作为外交战略工具的另一问题是：由于这一资源转移过程具有不同程度的可转换性（fungiblility），特别是军事援助用途相对而言更加不确定，如果被受援国用于其他目的（流向不需要的国家），可能对援助国产生某些风险或潜在威胁。当援受双方关系发生变动、前者对后者影响力下降，或者受援国获得更多选项及可能渠道时，这种风险有可能强化。对此，"条件性"被视为一种可能的预防措施或限制手段。值得一提的是，对外援助的政治外交含义不一定影响其发展目标，甚至有可能基于政治外交战略目的，最终促进受援国实现发展利益。

总体而言，援助研究的"战略视角"认为，国家对外援助行为需要付出必要成本、综合运用资源，同时体现公益和私利。同时，这种利益流向再调整过程具有显著的延时性质，对理解"各类援助战略为何具有可能性"具有关键意义，有助于区分"技术主义"发展援助观与"战略向度"援助政治的性质差异。具体而言，"援助政治"的战略安全性质主要体现在历时层面与共时层面。

在历时意义上，跨期因素是对外援助行为可实现性的关键。它意味着对战略价值的延时回收。在本质上，国家行为选择都具有"情境依赖性"，不存在一种绝对非理性的选择；选择本身可能导致战略价值变动，跨期交换是一种相对理性，只能获得相对满意的结果。因此，国家对收益总量的认知并不清晰，边际收益与"总量收益"的联系亦非特别紧密。互动过程类似于一种投资（在长期、当期、主观效用基础上考虑折现问题），属于以短期趋近长期的"战略包络"。

在共时意义上，对外援助属于一种策略互动，意味着国家经常需考虑与其他行为体的互动与反应，行为本身仍是目标导向的，试图寻求实现最优或更好的结果，但考虑到其他行为体具有相对独立的目标偏好，互动过程行为的可预测程度有限。行为者的收益不仅取决于自身选择，也取决于其他参与者的行为策略。① 这些因素表明围绕对外援助的交换行为不同于简单的利益计算，它具有模糊、延时与类似"投资"的性质，其具体效果有赖于交换方式的差异。作为战略互动的对外援助行为实际效果未必能一概而论；在战略目标的远期意义上，援助可能并不总是最有效的战略工具，还有其他外交及经济工具发挥辅助或替代作用。② 因此，战略援助的效用与期望值之间存在合理差值。

作为一种"战略交换"的援助行为及过程或多或少都存在权力效应。换言之，作为"战略交换"的对外援助属于某种广义的动态政治过程，其中不可避免蕴含有各种权力要素，发挥即时、弥散或深层的影响，体现出相对不平等性质。③ 谢利亚·奈尔（Sheila Nair）揭示了这种权力在表观（representational）意义上的作用方式，包括

---

① David Lake and Robert Powell, *Strategic Choice and International Relations*, Princeton: Princeton University Press, 1999.

② Jessica Andreasen, *Foreign Policy through Aid: Has U. S. Assistance Achieved Its Foreign Policy Objectives*, Dissertation submitted to Utah State University, 2014.

③ Sheila Nair, "Governance, Representation and International Aid," in *Third World Quarterly*, Vol. 34, No. 4, 2013, pp. 630 – 652. FranziskaDubgen, "Africa Humiliated: Misrecognition in Development Aid," in *Res Publica*, Vol. 18, No. 1, 2012, pp. 65 – 77. Michael Mastanduno, "Economic Statecraft, Interdependence and National Security: Agenda for Research," in *Security Studies*, Vol. 9, No. 4, 1999, pp. 288 – 316. Drezner, "The Trouble with Carrots: Transaction Costs, Conflict Expectations and Economic Inducements," in *Security Studies*, Vol. 9, No. 4, 1999, pp. 188 – 218.

援助国在界定援助的功能、形式、分配与再分配方面呈现的霸权话语及表观权威。这种权威还体现在援助国对援助效果的判断、对相应解决方案的主导权等方面。奈尔认为，这种等级式、非对称的权力关系可能对援助国自我认知及援受关系本身产生深刻的塑造作用。在奈尔看来，援助研究框架锁定在"是否有效、为何无效、怎样变得更有效"等思路上，可能陷入一种"慈善陷阱（charity trap）"，用市场机制掩饰对外援助的权力本质。[①]

四、新兴大国援外的战略定位

关于新兴大国对外援助的性质及特点，长期存在各种误解与批评。赫伯特·史密兹（HubertSchmitz）认为，传统的"西方优胜论"导致西方国家长期以自我为中心观察外部世界，虽然有研究者试图跳出此类思维限制，但效果不佳。面对"崛起的东方"时，很难去除固有偏见。[②] 但是，坚持认定传统援助国与受援国的援助关系总具有负面意义，也不符合实际情形。实际上，中国对外援助不同于西方的条件式援助，而是一种以实践为基础的战略调适过程。基于中国的对外援助战略，可以从更全面、更宽广的视角理解"新兴大国对外援助的战略方式"，包括对国际援助格局的实际作用。格里高利·齐恩（Gregory Chin）认为，新兴援助国的具体行为是否与传统

---

① 亦可见 Alen Escobar, *Encountering Development: Making and Unmaking of the Third World*, Princeton University Press, 1995. Sheila Nair, "Governance, Representation and International Aid," in *Third World Quarterly*, Vol. 34, No. 4, 2013, pp. 630 – 652. 奈尔认为，当代对外援助中的非政府组织作为前沿行为者，可能是这种"新殖民主义"的先锋队。因为它们成功树立一种"正义"的话语表观（discursive representation），以"良治""自由"为基础，显示不可或缺性，但实际是"打穷国的话语牌"（speak of the poor）而非"为穷国着想"（speak for them）。

② Hubert Schmitz, "The Rise of the East: What Does It Mean for Development Studies," in *IDS Bulletin*, Vol. 38, No. 2, 2007, pp. 89 – 106.

援助国存在根本区别，仍然存疑；但其作用是显而易见的：首先在于"立"，其次才是"破"。新兴援助国的战略对原有格局带来竞争，在一些领域（如减债、低息或无息贷款、基础设施援助）展示出可能的多元化选择；更重要的是，新兴援助国一般而言都不太重视国际协作，而是各自行动；尚未形成"垄断、排他、铁板一块"的援助战略集团，只是在展示某种"非西方可能性"方面存在特定一致性，相互之间存在较大的实践差异。① 这些差异可能体现在寻求捆绑商业利益、灵活设置援助条件、援助对象的战略选择、援助宣誓与落实情况的差距、平衡战略利益与人道主义动机、包括援助机构集权度等诸多方面。②

基于上述情况，"新兴援助国"带来的"援助革命"只能称之为一种"静静的变革"：对传统援助国带来"隐形压力"，相对弱化后者在具体援助谈判中的地位，但并非全面、整体的冲击。盖尔·伍兹（Ngaire Woods）针对相应误解，指出新兴援助国无论在对外关系理念还是在具体实践方面，已经具有更多的复杂性，超越过去那种绝对化、单一化思路；新兴大国同样重视援助环节的规范化、长期性、有效性，只是相应环节与西方的传统援助方式存在差异。③ 马库斯·帕尔（Marcus Power）认为，传统援助与新兴援助的共同点在

---

① Gregory Chin and FahimulQuadir, "Rising Donors and the Global Aid Regime," in *Cambridge Review of International Affairs*, Vol. 25, No. 4, 2012, pp. 493–506.

② Dane Rowlands, "Individual BRICs or a Collective Bloc: Convergence and Divergence amongst Emerging Donor Nations," in *Cambridge Review of International Affairs*, Vol. 25, No. 4, 2012, pp. 629–649. MyriamSaidi and Christina Wolf, *Recalibration Development Cooperation*, OECD Development Center, Working Paper, No. 302, 2011.

③ Ngaire Woods, "Whose Aid, Whose Influence: China, Emerging Donors and the Silent Revolution in Development Assistance," in *International Affairs*, Vol. 84, No. 6, 2008, pp. 1205–1221. Deborah Brautigam, "Aid with Chinese Characteristics: Chinese Foreign Aid and Development Finance MeetOECD-DAC Aid Regime," in *Journal of International Development*, Vol. 23, No. 4, 2011, pp. 752–764. Peter Kragelund, *Potential Role of Non-Traditional Donors Aid in Africa*, International Center for Trade and Sustainable Development, Issue Paper, No. 11, 2010.

于：它们都重视战略利益及具体实现效果，同时都在不同程度上运用"道德目标"解释或掩饰实际目标。① 帕尔指出，中国对外援助战略的特点在于：重视以合作为基础扩展特殊关系；探寻复杂、动态、多元化途径；强调因地制宜，不断调整和改进具体援助实践；与实力战略相配合，但至少不试图以援助为杠杆改变受援国制度与内部安排。在一定意义上，中国的对外援助并不特殊，其意识形态化、形式化内容相比西方"庇护式援助"要少很多。中国对外援助并不呈现一种清晰的类型化模式，更像是中国传统行为习惯的合理化过程。

新兴大国对外援助的战略含义还包括其灵活适应特征与发展进化内涵。赵穗生基于中非关系背景考察中国对外援助战略的灵活适应性。他认为中国将援助对象国作为战略"新边疆（new frontier）"加以经营，并迅速改变早期商业利益至上的单一援助模式，转向经济政治的战略综合模式；围绕援助的战略合作已经超越经济或资源等初级层面，升级至全面的互惠交换，在安全层面亦有所进展，包括军事交流、人员培训、支持非洲区域整合并参与其中、为非洲维和及冲突解决做出努力、兼顾援助外交与政治经济战略等。② 新兴大国对外援助的进化与调适，使之具有更突出的灵活性及竞争力。③

---

① MayMullins, Giles Mohan and Marcus Power, "Redefining Aid inChina-Africa Context," in *Development and Change*, Vol. 41, No. 5, 2010, pp. 857 – 881.

② 关于中国早期对外援助的无序性与利益性，研究者认为主要是由于国内行政机构与企业相关配置不完善所致，中国援外体制并非铁板一块：在大方向上可能有某种整体性，但在具体实施过程特别是早期阶段难免有各种"乱象"。但这一局面的改变速度也很可观。Bates Gill and James Reilly, "The Tenuous Hold of China Inc. in Africa," in *Washington Quarterly*, Vol. 30, No. 3, 2007, pp. 37 – 52. Joshua Eisenman, "China's Africa Strategy," in *Current History*, 2006, pp. 219 – 224. Yun Sun, *Africa in China's Foreign Policy*, BrookingsWorking Paper, 2014. Jianwei Wang, "China Goes to Africa: A Strategic Move," in *Journal of Contemporary China*, Vol. 23, 2014, pp. 1113 – 1132.

③ Laurence Chandy and HomiKharas, "Why Can't We All just Get Along: The Practical Limits to International Development Cooperation," in *Journal of International Development*, Vol. 23, 2011, pp. 739 – 751.

战略视角有助于理解传统援助与新兴援助可能的共性或趋同性。[1] 杰西·欧瓦迪亚（Jesse Ovadia）认为，不能简单将中国对外援助特定方式视为"新殖民主义"，也不能将西方援外方式统称为"新帝国主义"，它们在很大程度上已呈现某种共性，欧瓦迪亚称之为"新发展主义"。故此可能需要用"共同/和（both/and）"视角取代原有"其一/或（either/or）"思路。[2] 这种"共同"视角的延伸逻辑是：两种援助取向并无本质差异，但在具体的行动层面"各自为政"。它们有各自的目标与行动习惯，并无意发生冲突；它们的援助行为侧重点有异，而战略含义类似。[3] 美国的对非援助强调"良治"条件、制度变革、"私有化"，但通常是以自我利益为实施标准，过于关注战略关键国家；中国对外援助强调国家独立性、经济基础设施、公有部门、民众福利，注重发展同更多国家的关系；但二者都重视援助与本国战略利益的直接联系。[4] 之所以存在针对新兴援助的"过度批评"，主要还是由于传统援助国与新兴国家在全球层面以及其他问题上的分歧传导；就战略层面而言，两种方式的共存有益无害。

---

[1] Chris Alden and Daniel Large, "On Becoming a Norms Maker: Chinese Foreign Policy, Norms Evolution and the Challenges of Security in Africa," in *The China Quarterly*, Vol. 221, 2015, pp. 123 – 142. Giles Mohan, "China in Africa: A Review Essay," in *Review of African Political Economy*, Vol. 35, 2008, pp. 155 – 173.

[2] Jesse Salah Ovadia, "Accumulation with or without Dispossession: A both/and Approach to China in Africa with Reference to Angola," in *Review of African Political Economy*, Vol. 40, 2013, pp. 233 – 250. 但这并不意味着两种取向都是"良善"的。按照欧瓦迪亚的观点，它们在性质上可能是日渐趋同，都既有"帝国式的掠夺"又有"商人式的利益让与"，受援国难以寻见第三种选择。

[3] Xu Yi-Chong, "China and U. S. in Africa: Coming Conflict or Commercial Coexistence," in *Australian Journal of International Affairs*, Vol. 62, No. 1, 2008, pp. 16 – 37.

[4] Larry Hanauer and Lyle Morris, *Chinese Engagement in Africa: Drivers, Reactions, and Implications for U. S. Policy*, RAND Cooperation, 2014.

非传统安全与治理

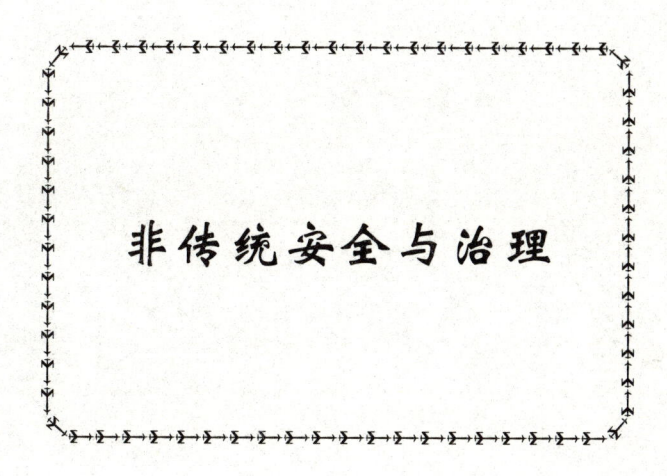

论恐怖主义与有组织犯罪的融合趋势

朱素梅[*]

[**内容摘要**] 20世纪90年代以来，恐怖主义和有组织犯罪之间的界限变得越来越模糊。一些恐怖组织涉足有组织犯罪领域，有的恐怖组织甚至与有组织犯罪集团结为伙伴。恐怖主义与有组织犯罪的融合主要表现在以下几个方面：从事毒品交易；绑架人质索取赎金；偷渡人口；核材料走私。恐怖主义与有组织犯罪的融合原因是复杂的，两者的融合主要采取两种模式：一种模式是恐怖组织直接从事有组织犯罪活动，将自己的恐怖组织转变为准犯罪组织；另一种模式是恐怖组织与有组织犯罪集团在互有所需的基础上建立伙伴关系。目前两者的融合多采用第一种模式，但随着反恐形势的发展，一些恐怖组织会采用第二种融合模式。为有效遏制恐怖组织与有组织犯罪集团的融合趋势，我们需要制定和实施相关政策和措施，做到标本兼治。

[**关键词**] 恐怖主义　有组织犯罪　融合模式　趋势

自20世纪90年代以来，一个值得注意的现象是恐怖主义与有组织犯罪的融合趋势，越来越多的恐怖组织涉足有组织犯罪领域，从事毒品走私、洗钱和偷渡等非法活动，一些恐怖组织甚至与有组

---

[*] 朱素梅，国际关系学院国际政治系教授，主要研究领域为国际安全、恐怖主义问题。

织犯罪团伙相互勾结。我国也面临着西亚和中亚等地恐怖活动与有组织犯罪的双重威胁，极端势力企图将我国新疆等地区发展为贩毒集团与极端组织的活动走廊。这一危险趋势增加了反恐的难度，对我国的国家安全与国际安全提出了新的挑战。为制定有效的反恐战略，我们有必要了解和分析恐怖主义与有组织犯罪融合的原因和方式，并据此制定有效的打击措施。本文首先回顾了恐怖主义与有组织犯罪之间的关系以及两者融合的各种表现形式，继而分析了两者融合的原因以及融合的模式，最后提出相关的政策建议。

一

以往研究者一般把恐怖主义和有组织犯罪作为不同的现象分别进行研究。[1] 从定义上看，两者也有显著的不同。按照西方国家的定义，恐怖主义（terrorism）是"由次国家组织或隐蔽人员对非战斗目标发动的有预谋的、有政治动机的暴力活动"。[2] 而根据国际刑警组织的定义，有组织犯罪（organized crime）是"三人以上，按照等级和分工的原则，系统地和有准备地实施的严重犯罪行为，目的是获取经济利益和权力，通常采用暴力、不同方式的恫吓、腐败和其他影响手段"[3]。依照以上定义，恐怖主义和有组织犯罪的动机和所要达到的目的截然不同，恐怖组织追求政治目标，有组织犯罪集团则受经济利益驱使。动机各异决定了两者在暴力的运用方式上有很大不同。有组织犯罪集团通常只袭击那些直接或间接干预其获利行

---

[1] 例如，欧洲由 Frank Cass 出版公司出版的专门研究有组织犯罪的刊物 Transnational Organized Crime 和美国专门研究恐怖主义的期刊 Studies in Conflict & Terrorism 等。
[2] 参见美国国务院国际信息局：《2002 年全球恐怖主义形势报告》，2003 年 4 月 30 日；石斌："试析美国政府对恐怖主义的定义"，《世界经济与政治》，2002 年第 4 期，第 56 页。
[3] Transnational Organized Crime, Vol. 3, Autumn 1997, p. 127

动的人，他们使用精心策划的和有选择的暴力来毁灭竞争者或威胁执法人员。由此他们的袭击对象一般包括记者、法官、政治家和竞争者。恐怖组织往往通过不加选择的暴力来袭击象征性目标，如著名建筑物、车站和机场等，意在最大限度地引起世人对其政治诉求的注意，近年一些宗教极端组织越来越趋向滥杀无辜，追求"让更多人看"的大规模伤亡效应。

从恐怖主义和有组织犯罪各自的发展历史看，两者的界限一直是比较分明的。19世纪末以来，那些以推翻现政权和实现民族独立为宗旨的意识形态型恐怖主义往往坚持激进的政治观念，坚守"理想"和"主义"，他们因顾及自己的道德形象而不轻易涉足非法犯罪活动，故被称为"纯粹的恐怖主义"；而有组织犯罪集团一般是政治上的保守派，他们反对激进的政治变革，其政治性行为（如与腐败官员的勾结）也主要是为寻求保护和逃避法律制裁。[①]

不可否认，一些历史悠久的恐怖组织曾经通过有组织犯罪的形式为恐怖活动筹措资金。如西班牙的埃塔就长期依靠征收"革命税"来筹措恐怖活动资金。爱尔兰共和军的激进派别也一直通过收取保护费、勒索和抢劫等犯罪形式聚敛钱财，并对拒绝服从者施以暗杀等手段。在哥伦比亚，麦德林和卡利贩毒集团的毒品恐怖主义也曾十分猖獗。但这并非全球普遍现象，在冷战结束前，世界各地大多数恐怖组织没有系统地涉足有组织犯罪领域。

20世纪90年代以来，恐怖主义和有组织犯罪之间的界限变得越来越模糊。越来越多的恐怖事件开始与有组织犯罪交织在一起。1993年发生在印度孟买股票交易所的恐怖事件显示了恐怖组织与有组织犯罪团伙的勾结。在这次由穆斯林极端组织制造的、导致260

[①] 也有学者认为像意大利黑手党这样的有组织犯罪集团已超出一般刑事犯罪的性质而具有很强的控制政府的政治目的，因而将此类暴力活动称为黑社会恐怖主义。

人死亡的特大恐怖事件中，一个名为达乌德·伊卜拉欣的印度黑帮头目提供了资金支持，此人被称为"东南亚的阿尔·卡彭"，控制着一个庞大的有组织犯罪团伙。进入21世纪，恐怖组织与有组织犯罪集团的融合趋势日益显著，根据专家的描述，"哥伦比亚和巴尔干半岛的黑手党团伙和贩毒集团展开政治暗杀行动，制造置警察和检察官于死地的炸弹爆炸事件。欧洲和北非的恐怖团伙则开展贩毒和偷渡活动。犯罪辛迪加和恐怖主义团伙都靠黑市交易和洗钱来获取大笔资金，都根据目标调动组织网络和秘密分支"。①

从目前来看，恐怖组织与有组织犯罪集团的融合与勾结多发生在那些政府控制力弱、政局动荡和法制不健全的国家和地区，如南美、中东和中亚地区、巴尔干地区、金三角和金新月地带以及东南亚一些国家。两者的融合形式多样，主要表现在以下方面：

1. 从事毒品交易。目前世界恐怖组织中很多都和毒品走私有关联。在西亚和中东，恐怖组织越来越多地参与日益猖獗的毒品贸易，如黎巴嫩历史上一直是中东激进组织从事毒品生产与交易的大市场；在阿富汗，鸦片产量一直呈逐年递增趋势，根据联合国毒品与犯罪问题办公室发表的《2017年世界毒品问题报告》，由于阿富汗罂粟产量增加，2016年全球鸦片产量比上年增长了三分之一。②随着阿富汗鸦片产量的增加，恐怖组织也越来越多的参与到毒品行当中，例如，塔利班年收入的一半来自毒品生产和贩运，如果没有这笔收益，塔利班的触角和影响可能不及今日。据估计，阿富汗境内高达85%的鸦片种植出现在塔利班可以施加影响的领土范围内。③

欧洲也存在一个资助恐怖活动的毒品网络，这一经销网络遍及

---

① 戴维·卡普兰：《为恐怖活动搜罗资金》，《美国新闻与世界报道》，2005年12月5日。
② 《联合国：去年全球鸦片产量比上年增长三分之一》，环球网，2017年6月27日，http://world.huanqiu.com/hot/2017—06/10903617.html
③ 同上。

摩洛哥、西班牙、比利时和荷兰等国，如2004年"3·11"马德里爆炸案的经费就来源于恐怖分子走私印度大麻和摇头丸的所得。拉美的恐怖活动也带有极其浓厚的毒品色彩，一些非法反政府武装通过走私毒品获得令世界许多恐怖组织望尘莫及的经济实力。"哥伦比亚联合自卫力量"等三个哥伦比亚非法反政府武装以及秘鲁的"光辉道路"均不同程度地参与毒品的种植与走私，并将买卖毒品作为其筹资的重要来源。①

2. 绑架索取赎金。从事绑架活动是恐怖组织敛财的主要手段之一。历史上和现实中大量从事绑架活动的恐怖组织有欧洲的一些极左翼恐怖组织如意大利红色旅等、菲律宾的阿布沙耶夫、巴基斯坦塔利班以及哥伦比亚的"哥伦比亚革命武装力量"等恐怖组织。目前较活跃的几个恐怖组织均较多涉入绑架索取赎金的非法活动。例如，西非的"伊斯兰马格里布基地组织"利用利比亚和马里的混乱局势频频绑架欧洲国家公民，并索要高额赎金，为组织的生存和发展积蓄力量。根据《纽约时报》的报道，"伊斯兰马格里布基地组织"等"基地"分支自2008年以来共得到至少1.25亿美元（$125 million）的绑架赎金。其中法国所付赎金最多，大约5800万，其次是瑞士和西班牙。②

近年恐怖主义江湖中风头最盛的"伊斯兰国"也参与绑架人质行当。据美国财政部估算，"伊斯兰国"仅在2014年就通过人质赎金获得2000万美元—4500万美元。③一些中东地区消息人士披露，为了绑架更多人质，"伊斯兰国"制定了专门的绑架方案。根据情报，"伊斯兰国"武装人员计划潜入黎巴嫩和约旦等国绑架人质，随

---

① 参见《国际恐怖主义与反恐怖斗争年鉴2003年》，时事出版社，2004年版，第118页。
② Should nations just pay ISIS ransom? http://edition.cnn.com/2015/01/20/opinion/bergen-schneider-isis-ransom-new/
③ 参见 FATF's report on the financing of the Financing of the Terrorist Organisation Islamic State in Iraq and the Levant.

后带回叙利亚。他们通过绑架人质并索要赎金等方式筹集资金,用以贿赂同情"伊斯兰国"的边防人员,以便潜入其他国家,进而绑架更多人质。①

3. 偷渡人口。组织偷渡成为一些恐怖组织的诈财新手段。虽然恐怖组织不是这一行当的主力,但充当蛇头确能使其获利不菲。早在 2005 年 12 月 5 日《美国新闻与世界报道》的一篇文章中就披露,意大利当局怀疑一伙极端分子将 30 批人偷运到西西里附近岛屿,每人收取 4000 美元。更危险的是偷运恐怖分子的行为。另据美国《波士顿先驱报》2005 年 1 月 5 日报道,美国情报官员经调查发现,臭名昭著的美国黑帮团伙 "MS – 13" 与 "基地" 组织有着密切联系,该黑帮控制着一条延伸至墨西哥的境外走私路线,其成员有可能帮助 "基地" 组织成员偷渡进入美国境内。近年随着欧洲难民危机的爆发和大量难民的涌入,恐怖组织也参与了偷渡人口的行当。欧盟刑警组织负责人温赖特在 2016 年的一次听证会上表示,对恐怖组织与蛇头之间可能的联系感到 "极为担忧"。欧洲刑警组织不仅在最近的若干案件中发现了恐怖嫌犯和通过移民渠道入境之间存在可能的联系,而且担心恐怖组织正把偷渡作为一个资金来源。②

4. 核材料走私。让西方国家更加担心的是一些恐怖组织可能获得制造核武器的材料,近年来一些恐怖组织已经不满足于技术含量较低的袭击手段。根据有关国家提供的数据,1993 年至 2001 年全球已破获核材料走私案件 176 起,部分案件经查证确与一些恐怖组织有关,美国也表示基地组织可能获取了一定的放射性材料。2004 年初巴基斯坦核弹之父卡迪尔·汗的核走私网被破获,这一被专家称

---

① 《"伊斯兰国"制定绑架战略?》,新华网,2015 年 2 月 9 日,http://news.xinhuanet.com/world/2015—02/09/c_127471414.htm.

② 《难民危机令蛇头大发横财部分资金或流入恐怖组织》,《参考消息》,2016 年 5 月 6 日,http://www.fx361.com/page/2016/0506/179595.shtml.

为"私人扩散的沃尔玛"的庞大核贸易网络呈现出一个可怕的现实：国际上存在一个核技术转让的地下高科技市场。非法组织能够依靠有限的人力操作来转让一向由国家垄断的核材料。近年也不断有关于极端组织拥有或试图拥有核材料的报道，据英国《每日邮报》网站2016年2月17日的报道，"伊斯兰国"极有可能拥有"高度危险"的放射性材料，他们可能会利用该材料来制造"脏弹"以打击西方国家。

二

上述恐怖主义与有组织犯罪融合的种种表现向人们展现了国际安全形势的严酷现实。这一现象的产生原因是复杂的，恐怖活动需要资金，这包括武器、情报、后勤和行动人员的支出等等，当代跨国大型恐怖活动尤其需要巨额资金的支持。而冷战结束后，一些原先资助恐怖主义的国家放弃了支持恐怖主义的做法，这使得一些靠国家资助的恐怖组织不得不另谋生路；从战略层面看，"9·11"以来国际社会的全球反恐斗争，尤其是国际社会构筑的全球金融反恐体系，沉重地打击了以基地组织为代表的全球恐怖组织。为谋求生存，一些恐怖组织调整了战略，转而寻求与有组织犯罪集团的勾结。如"9·11"事件后，一些宗教极端组织无法再通过宗教团体和慈善机构募集资金，于是他们更多的转向贩毒、走私等有组织犯罪形式；全球化的发展也在客观上为恐怖组织与有组织犯罪集团的融合提供了便利条件，各国日益开放的边界和信息技术的不断发展使得两者更易于开展协作。

为深入理解恐怖主义与有组织犯罪的融合现象，我们有必要对两者的融合模式做进一步分析。从目前的发展状况看，恐怖组织与有组织犯罪集团的融合大致可分为两种模式：其一是恐怖组织直接涉入有组织犯罪，将自己的恐怖组织转变为准犯罪组织，这类恐怖组织被称为"蜕变中的恐怖组织"。其二是恐怖组织与有组织犯罪集团为了共同的利益而进行勾结与合作，形成伙伴关系，恐怖组织将勾结所得资金用于资助恐怖活动；以下分别对这两种模式进行分析。

目前世界各地大多数的恐怖组织采取第一种融合模式。这类恐怖组织从事有组织犯罪主要是为其意识形态目标（如实现民族独立和推翻现政府等）服务，这类具有政治诉求的恐怖组织较注重自己的道德形象，他们因顾及自己的形象而不愿与有组织犯罪集团勾结，但迫于反恐形势的压力不得不为筹措资金而从事有组织犯罪活动。上文提到的爱尔兰共和军和土耳其工人党等民族主义类型的组织就属于此类，如土耳其工人党通过毒品走私等非法活动每年可筹措资金近1亿美元；爱尔兰共和军早在20世纪70年代就因有关国家对爱尔兰人募金渠道的打击而不得不寻求新的资金来源。爱尔兰共和军的激进派别广泛涉入各种形式的有组织犯罪如走私汽车和燃油、勒索钱财等，爱尔兰共和军甚至通过购买出租车和公共汽车一度垄断了爱尔兰的运输业。[①] 2004年12月发生在北爱尔兰的英国历史上数额最大的银行抢劫案就被认为是由爱尔兰共和军激进派所为。

采取这种融合模式的恐怖组织往往对有组织犯罪集团持不信任的态度，他们既顾忌与犯罪集团的勾结对其形象的损害，又担心这种勾结会暴露其身份。如"基地"组织就对卷入毒品交易采取了比较谨慎的态度。多年来，本·拉登及其得力干将始终没有涉足阿富汗快速发展的海洛因贸易，因为"基地"组织的头目认为贩卖毒品可能会暴露他们的身份。"基地"组织高层对许多大毒枭并不信任，

---

① 参见 Chris Dishman, "Terrorism, Crime, and Transformation", Studies in Conflict and Terrorism, Volumn 24, pp. 43—58, 2001.

而且建议手下不要与他们混在一起。①

还有少数反政府武装深深地卷入了有组织犯罪活动，以至于将自己的组织蜕变为一个犯罪集团。菲律宾的阿布沙耶夫就是典型代表。1990年，菲律宾宗教极端分子简加拉尼与拉登的妹夫一起创建了分离组织阿布沙耶夫，最初，该组织领导层纯粹的意识形态考虑使得该组织保持了浓厚的极端伊斯兰主义色彩，阿布沙耶夫领导人明确提出要"通过暴力手段建立独立的伊斯兰国家"。然而，在冷战结束的大背景下，菲律宾南部的分离主义运动很快陷入低谷，缺乏内外部支持的阿布沙耶夫实力和境况也每况愈下，不得不把解决资金来源问题作为重要任务。于是该组织涉入了绑架和索取赎金的行当，该组织领导层也出现了从事地下犯罪活动的成员，尤其是1998年简加拉尼死后，该组织蜕变成一个松散的以匪徒为主要构成的团伙组织。② 近年不断有阿布沙耶夫绑架人质索取巨额赎金的报道，该组织将外国人作为首要的绑架目标，因为绑架外国人质，既可得到赎金，又能在政治上对菲律宾政府施压。该组织每次绑架人质的确都能获得不菲的收入，例如，2016年5月初，遭阿布沙耶夫绑架的10名印度尼西亚人质获释，据悉阿布沙耶夫要求印尼政府交付100万美元（约134万新元）的赎金。③ 阿布沙耶夫的蜕变过程说明，少数恐怖组织在变化了的社会政治条件下，其领导层态度改变，原有的意识形态的弱化，导致其"自力更生"，深度卷入有组织犯罪活动。

恐怖主义与有组织犯罪的第二种融合模式是两者在互有所需的基础上建立起某种合作关系。在"9·11"后的国际反恐大气候下，

---

① 戴维·卡普兰：《为恐怖活动搜罗资金》，《美国新闻与世界报道》，2005年12月5日。
② Dipak K. Gupta, "Understanding Terrorism and Political Violence: The Life Cycle of Birth, Growth, Transformation, and Demise", Routledge, 2008, p. 157.
③ 《遭菲南阿布沙耶夫绑架逾一个月 印尼10人质获释》，《联合早报》，2016年5月3日。

为追求更大的生存空间，恐怖组织与有组织犯罪集团日趋接近。两者的合作可存在于战术和战略的各个层面。① 如在战术层面上，恐怖组织可从有组织犯罪集团手里获得所需的武器和军火，有组织犯罪集团精心设计好的走私线路也可成为恐怖组织的运输线路，有组织犯罪集团的政治影响力还可为恐怖组织所用，达到比用袭击方式更易达到的政治目的；对有组织犯罪集团来说，恐怖组织可向其提供使用武器和爆炸物的训练，恐怖组织还可在其控制的区域为犯罪集团提供安全通道。伴随着合作的加深，一些有组织犯罪集团受与其合作的恐怖组织的影响，成为更具意识形态色彩的组织。如在南亚，一些犯罪集团越来越具有宗教或意识形态倾向。

与前一种模式相比，恐怖组织与有组织犯罪集团结为伙伴，尤其是在战略上建立伙伴关系的例子似乎并不多见，但也不是没有前例。如根据意大利警方的披露，西班牙的埃塔曾与以那不勒斯为基地的黑手党建立过联系，由黑手党向其提供武器。一个更具代表性的例子是俄罗斯车臣地区以莫斯科为基地的车臣黑手党与以格罗兹尼为基地的车臣非法武装之间的"战略合作"，② 俄罗斯内务部认为车臣黑手党向车臣非法武装输送了大量金钱。为阻止两者的进一步勾结，俄政府命令警方重拳打击车臣犯罪集团。在科索沃，"科索沃解放军"曾于科索沃战争前和战争期间与阿尔巴尼亚人的犯罪集团建立过长期的战略同盟关系，两者紧密勾结，共同从事海洛因走私活动，据美国毒品管制局统计，"科索沃解放军"每年走私到西欧的毒品价值高达20亿美元。"科索沃解放军"用走私所得购置武器，不断扩大自己的实力。

---

① Rollie Lal, "Terrorists and Organized Crime Join Forces", International Herald Tribune, May 24, 2005.

② 参见 Chris Dishman, "Terrorism, Crime, and Transformation", Studies in Conflict and Terrorism, Volumn 24, pp. 43—58, 2001.

对于两种模式的现状，尤其是第二种模式的现状和发展趋势，研究者提出了不同的看法。有的研究者认为已披露的恐怖组织与有组织犯罪集团合作的例子只能作为特例，并不具普遍性。[1] 如在上文提到的车臣的例子中，车臣非法武装与其合作伙伴车臣黑手党同属车臣族，车臣黑手党因"同情"车臣非法武装而自愿捐款支持其"事业"，车臣非法武装则因军事实力较弱而更愿与车臣黑手党合作。车臣的这些背景使得两者的合作具有特殊性。持此观点的研究者认为，到目前为止，尚未发现恐怖组织与有组织犯罪集团建立长期战略关系的典型事例，当前和未来两者的合作更多是临时和零星的，是权宜之计，而非战略性的，其原因在于恐怖组织与有组织犯罪集团的动机完全不同，两者的组织结构也有很大不同，当代恐怖组织大多呈网络状结构，其活动日益小型化和分散化，而有组织犯罪集团往往有固定和严密的组织结构。

有的研究者对上述观点表示了不同看法，[2] 认为在当前的反恐形势下，一些恐怖组织迫于生存的压力，完全可能与有组织犯罪集团结为伙伴。在有组织犯罪集团能够提供恐怖组织所缺少的巨额资金和能力的情况下，这种合作的可能性尤其大，换言之，那些自身实力（主要是军事实力）较弱的恐怖组织更愿意与有组织犯罪集团合作。持此观点的研究者指出，当代恐怖主义是一种"巨大的商业"，一些恐怖组织的组织结构和经营手段与跨国公司和企业相类似，如"基地"组织就被称为"圣战有限公司"，而有组织犯罪集团就是披着合法外衣的企业。当代恐怖组织与有组织犯罪集团的关系类似于商场上的生意伙伴，为获得本企业所缺乏的能力而寻找合作伙伴一直是商界的经营手段，恐怖组织与有组织犯罪集团就是互有所需的

---

[1] 参见 Chris Dishman, "Terrorism, Crime, and Transformation", Studies in Conflict and Terrorism, Volumn 24, pp. 43—58, 2001.

[2] 参见 Russell D. Howard, Terrorism and Counterterrorism, McGraw-Hill, 2004, p. 248.

生意伙伴。

当代恐怖组织具有相当大的灵活性，随着国际反恐力度的加大，生存空间日益缩小的恐怖组织会随时调整自己的战略和战术。"9·11"以来国际社会在截断恐怖主义财源方面取得较大进展，恐怖组织原有的的洗钱系统被摧毁和监控，"基地"等恐怖组织越来越难以获得实施恐怖行动的资金。在此情况下，"基地""伊斯兰国"等恐怖组织极有可能寻求与有组织犯罪集团建立合作关系，而信息时代电子技术的发达又可使犯罪集团隐蔽地利用因特网从事电子银行账户转账等非法洗钱活动，这也打消了恐怖组织对暴露身份的疑虑。例如"伊斯兰国"就通过网络集结零散资金的"众筹"方式筹措资金。因此，未来将有越来越多的恐怖组织与有组织犯罪集团建立某种程度的战术或战略上的合作关系。

三

综上所述，笔者认为，伴随冷战后国际大环境的改变，恐怖组织与有组织犯罪集团正逐步走向融合，目前大多数恐怖组织采取第一种融合模式，它们涉入贩毒、抢劫、走私人口和武器等各种形式的有组织犯罪，逐渐把自己的组织转变成准犯罪组织。在国际社会的严厉打击下，一些恐怖组织将调整战略，转而寻求与有组织犯罪集团的合作，未来将有更多的恐怖组织采取第二种融合模式。

恐怖组织与有组织犯罪集团的融合与勾结增强了这两股邪恶势力的生存能力。恐怖组织通过参与有组织犯罪活动获得恐怖活动所需资金和武器，利用国际贩毒集团提供的线路，恐怖组织可更加顺利地实施跨国恐怖行动；而恐怖活动所造成的政治经济混乱局面又可为有组织犯罪集团"开发"新市场提供便利。上述种种增加了反恐和打击有组织犯罪的难度，对国际安全构成了巨大威胁。

为有效遏制恐怖主义与有组织犯罪的融合趋势，我们需要制定和实施相关的政策和措施。为此笔者提出以下几个方面的建议。

1. 从战略上重视两股势力合流的危害，将反恐与打击有组织犯罪有机地结合起来

国际社会一直非常重视打击有组织犯罪活动和恐怖活动。2000年11月15日联大通过了《联合国打击跨国有组织犯罪公约》，该公约是目前世界上第一项针对跨国有组织犯罪的全球性公约，它为各国开展打击跨国有组织犯罪的合作提供了法律基础。此后针对日益猖獗的非法贩运枪支和贩卖人口活动，联合国又通过了《打击非法制造和贩运枪支及其零部件和弹药的补充议定书》和《关于防止、禁止和惩治贩运人口特别是妇女和儿童的补充议定书》。在这些公约的指导下，近年各国对有组织犯罪实施了卓有成效的打击。在反恐方面，联合国早在"9·11"之前就制定了12项打击恐怖主义的公约和议定书，"9·11"后，反恐更成为国际社会关注的焦点，世界各国根据联合国1373号决议采取了一系列反恐措施，极大地削弱了恐怖组织的实力。

尽管国际社会在反恐与打击有组织犯罪方面分别取得了很大成就，但到目前为止，许多国家基本上在反恐和打击有组织犯罪的两条战线上分别作战，对于两股势力合流的趋势有关国家没有从战略上重视起来，一些国家把重点放在恐怖主义问题上而忽视了对有组织犯罪的打击。这样的认识和做法是非常有害的，在许多情况下，如果不对有组织犯罪集团实施重大打击就无法摧毁恐怖组织的后勤基地，轻视两种势力的融合趋势将导致反恐斗争越反越恐的后果。

近年国际社会已经意识到恐怖主义与有组织犯罪融合的危害性，2014年12月19日，联合国安理会就"恐怖主义和跨境犯罪"举行会议并通过决议，强调要共同努力阻止恐怖组织通过跨国有组织犯

罪获得资金。在 2015 年 4 月 12 日至 19 日举行的第十三届联合国预防犯罪与刑事司法大会上，联合国秘书长潘基文指出："我们必须认识到，有组织犯罪和恐怖主义之间的联系正不断增长。全球范围的犯罪分子和恐怖分子正结合在一起，互相支持，目前这种情况比以往任何一个时候都明显。"

有关国家应当制定相关战略，把打击恐怖主义和打击有组织犯罪结合起来。这样的战略应包括对有关恐怖组织的战略劣势的分析、其与有组织犯罪集团可能的融合模式，以及对恐怖组织与有组织犯罪集团融合趋势的分析等。

2. 制定具可操作性的法律，有效打击恐怖组织的融资及洗钱活动

反恐的一个最重要的环节就是切断恐怖组织的资金来源，世界各地的恐怖组织通过参与有组织犯罪活动获得巨额资金，并将这些资金通过银行转帐等方式非法洗钱，这使恐怖组织获得了继续生存的经济保障。"9·11"事件后，盛行于中东西亚一带的资金转移系统"哈瓦拉"被披露是基地等恐怖组织的重要融资工具，它同时也是有组织犯罪集团的非法洗钱工具。尽管有关国家在打击非法"哈瓦拉"方面取得了一定成果，但非法"哈瓦拉"仍在一些国家存在。为有效打击非法洗钱活动，有必要专门制定法律，限制甚至终止非法"哈瓦拉"的洗钱活动。

近年来国际社会和有关国家制定了一些具有可操作性的打击恐怖组织资金流动的条约，规定对参与洗钱和转移恐怖组织资金的企业和银行施以惩罚并追究其责任。例如 2012 年 2 月，"金融行动特别工作组"讨论通过了新的打击洗钱、资助恐怖活动、大规模杀伤性武器扩散活动的 40 项建议，明确了以风险为本的反恐融资方法。2014 年中国人民银行与公安部、国家安全局联合发布了《涉及恐怖活动资产冻结管理办法》，强调加大对恐怖融资的打击力度。联合国

安理会 2015 年 2 月 12 日通过决议，要求各国采取行动，切断"伊斯兰国""支持阵线"等极端组织从非法石油贸易、走私文物、绑架索取赎金和捐款等获得的资金来源。①

3. 加强情报部门的合作

情报工作是摧毁恐怖组织与有组织犯罪集团合作网络的关键环节。这需要各个层次的情报交流和合作，如在国际层面可建立国际合作机制来协调情报工作，国际刑警组织可建立与国际反恐机构及各国警方的合作与交流；在国家层面，一国的各情报部门应在对付恐怖主义与有组织犯罪的过程中分享情报，共同采取行动。一些国家已经认识到恐怖组织与有组织犯罪集团合流的危害性，并开始了情报方面的合作。

4. 加强对政治混乱地区和国家的综合治理

为从根本上消除产生恐怖主义和有组织犯罪的根源，有必要对政局动荡和贫困落后地区和国家进行综合治理，恐怖活动和有组织犯罪猖獗的地区往往是那些内战和冲突不断的地区，处于转型期的国家也易于滋生恐怖活动和有组织犯罪，目前这些地区和国家包括巴尔干地区、俄罗斯中亚地区、阿富汗、东南亚某些国家（如缅甸、菲律宾等）以及南美等。在政治上应健全法律，使国家在民主与法制的轨道上运行。在经济上国际社会和有关国家应向落后和动荡国家提供经济援助，帮助其消除贫困。唯有标本兼治，才能有效地打击恐怖主义与有组织犯罪的合流趋势。

---

① Peter Bergen and Emily Schneider, "Should nations just pay ISIS ransom?", January 22, 2015, http://edition.cnn.com/2015/01/20/opinion/bergen-schneider-isis-ransom-new/.

国际能源问题的全球治理及中国参与

罗英杰[*]

[内容摘要] 进入 21 世纪以来,国际能源形势发生了较大的变化,国际能源安全的脆弱性凸显。为了应对这一变化,全球能源治理开始受到各国政府、国际能源组织以及非政府组织的广泛关注,相关问题也逐渐成为国际能源外交的焦点。与此同时,中国能源安全面临的挑战也日趋增多,为此,中国积极参与到全球能源治理当中,提出了"均衡、共赢、平等、协商"等治理理念,开展了"走出去"能源外交战略,推动了双边和多边能源外交及与国际能源组织的合作。

[关键词] 能源安全　能源外交　全球能源治理　"走出去"战略

自 1973 年第一次石油危机爆发以来,国际能源问题逐渐受到世人的关注。进入 21 世纪后,国际能源格局发生了深刻的变化,而随着中国和印度等新兴市场国的加入,参与全球能源治理的主体逐渐多元化,全球能源治理机制也不断完善。为了应对日益紧张的能源安全形势,履行维护全球能源安全的国际义务,中国提

---

[*] 罗英杰,国际关系学院国际政治系教授,主要研究领域为俄罗斯中亚问题、能源安全与能源危机及欧亚地区安全等。

出了"均衡、共赢、平等、协商"等治理理念，并积极实施"走出去"能源外交战略，开展双边和多边能源外交，推动与国际能源组织的合作。

一、国际能源形势变化与全球能源治理的发展

（一）21世纪初国际能源形势的变化

进入21世纪以后，经济全球化使世界各国经济发展深度交融，能源安全问题的国际化倾向越来越突出，全球能源格局正经历着一系列新的变化，国际能源形势也变得更加复杂。

1. 全球能源格局发生变化

首先，全球能源供应格局向多极化发展。俄罗斯、中亚里海地区、中南美洲和非洲的石油储产量大幅增长。据英国BP石油公司的统计，全球石油探明储量增长最快的是中南美洲。截止2015年底，中南美洲的石油探明储量为3292亿桶，占全球的比例为19.4%，比2005年的1036亿桶增长了3.18倍，其中委内瑞拉的储量增长最快，比2005年增长3.76倍。与此同时，2015年中东的石油探明储量虽仍然稳居全球首位，但其份额仅占全球的47.3%，相比2005年的56.1%下降了8.8个百分点。[1] 从2005—2015年的10年间，上述地区的石油产量出现了较大幅增长。其中，哈萨尔克斯坦为29%，阿塞拜疆为89%，安哥拉为42.4%，苏丹为88%。[2] 而中东地区的石

---

[1] 《BP世界能源统计年鉴（2016年）》，http://www.bp.com/content/dam/bp-country/zh_cn/Publications/StatsReview2016/BP%20Stats%20Review_2016%E4%B8%AD%E6%96%87%E7%89%88%E6%8A%A5%E5%91%8A.pdf

[2] 这是2011年的数据，2012年受南北苏丹分立的影响，石油产量大幅下降。

油产量增长了17.8%，增长相对较为平稳。① 由于内部动荡等原因，委内瑞拉的石油产量并未跟随其探明储量同步增长。随着俄罗斯、中亚里海地区、中南美洲、非洲等地的石油储量和产量的增长，国际石油供应格局也随之发生变化。除中东地区以外，出现了北美、中南美供应中心，苏联地区供应中心和以安哥拉、苏丹等为核心的非洲供应中心。

近10年更值得注意的是全球天然气产业的蓬勃发展。据英国BP石油公司的统计，自2005年以来，全球天然气探明储量快速增长。其中，北美地区的天然气探明储量增长居全球之首，增长了64.1%，其次是欧洲和欧亚大陆，增长了32.1%，这两个地区的天然气探明储量增长分别比全球平均增速（18.8%）高出45.3个百分点和13.3个百分点。从天然气产量的增速来看，全球天然气产量在2005—2015年间增长了26.8%，而同期石油产量增幅仅为10.8%。② 地区分布中，中东地区增速最高，亚太地区和中南美洲次之。

其次，全球能源消费格局发生变化。一方面，全球石油消费重心从经合组织国家向发展中国家转移。从消费区域来看，近年北美洲和欧洲地区的石油消费出现下降，中东地区和亚太地区消费持续递增。2015年，全球石油消费增长1.9%，即190万桶/日，高于历史平均水平。其中经合组织国家是消费相对强劲增长的主要原因，其消费每日增长51万桶。美国和欧洲的消费增长都远高于其近年均值：美国增幅为1.6%（29万桶/日）和欧洲为1.5%（20万桶/日）。非经合组织国家中，中国以6.3%的增幅再次成为最大需求增

---

① 《BP世界能源统计年鉴（2016年）》，http：//www.bp.com/content/dam/bp-country/zh_cn/Publications/StatsReview2016/BP%20Stats%20Review_2016%E4%B8%AD%E6%96%87%E7%89%88%E6%8A%A5%E5%91%8A.pdf

② 《BP世界能源统计年鉴（2016年）》，http：//www.bp.com/content/dam/bp-country/zh_cn/Publications/StatsReview2016/BP%20Stats%20Review_2016%E4%B8%AD%E6%96%87%E7%89%88%E6%8A%A5%E5%91%8A.pdf

量来源国，印度超越日本成为世界第三大石油消费国。① 另一方面，全球天然气消费普遍增长，尤其是欧美天然气消费增长迅速。据英国 BP 石油公司的统计，从 2005—2015 年，全球天然气消费量增长 25%。2015 年，全球天然气消费增加了 1.7%，但仍低于其十年平均值 2.3%。和石油一样，天然气的消费增长低于非经合组织国家消费增长的平均值（1.9%，占全球消费的 53.5%），但高于经合组织国家的平均值（1.5%）。在新兴市场国家中，伊朗（6.2%）和中国（4.7%）获得世界最大消费增量，但是中国的增速远低于其十年平均值（15.1%）。在经合组织国家中，美国以 3% 的增幅排位第一。②

2. 国际能源安全脆弱性凸显

相比 20 世纪的世界能源形势而言，21 世纪初的国际能源形势显得更加复杂和严峻。这主要表现在，受诸多内外因素的交织和搅动，各国对能源问题的敏感度大大提升，维护本国能源安全和参与国际能源竞争的强烈意愿彰显无遗，这些又进一步加剧了国际能源安全的脆弱性。

首先，影响能源安全的因素明显增多。进入 21 世纪后，世界经济出现了强劲的增长势头，其中欧洲和美国的经济连续稳步增长，日本经济走出衰退并开始恢复增长，以中国、印度新兴经济体为代表的亚太地区经济持续高速增长，这使各大经济体对能源的需求增长明显加速。而随之爆发的阿富汗战争、伊拉克战争和"阿拉伯之春"等使原本就很脆弱的中东地区局势更加紧张，造成了地缘政治

---

① 《BP 世界能源统计年鉴（2016 年）》，http://www.bp.com/content/dam/bp-country/zh_cn/Publications/StatsReview2016/BP%20Stats%20Review_2016%E4%B8%AD%E6%96%87%E7%89%88%E6%8A%A5%E5%91%8A.pdf

② 《BP 世界能源统计年鉴（2016 年）》，http://www.bp.com/content/dam/bp-country/zh_cn/Publications/StatsReview2016/BP%20Stats%20Review_2016%E4%B8%AD%E6%96%87%E7%89%88%E6%8A%A5%E5%91%8A.pdf

形势的极度不稳定。这些因素使得国际能源安全面临的风险加剧。

其次，大国纷纷出台对外能源战略，客观上加剧了世界能源资源的争夺。近年，各大国不断强化海外能源安全在国家能源战略中的地位，均制定了符合国家能源需要的对外能源战略，开展了积极的能源外交。从维护国家利益的角度看，这些战略和措施并无可厚非，但是鉴于能源问题的特殊性，它往往与大国争夺、地缘政治、地区利益和民族纠纷等矛盾相互交织在一起，使得各大国能源外交战略的实施不可避免地发生了碰撞，导致了能源热点地区"高烧不退"。现阶段，国际能源争夺已经不仅仅局限在能源生产国和能源消费国之间，而且在能源消费国之间、能源生产国之间都存在着复杂的矛盾和斗争。在能源聚集地，各种国际力量的争夺更加明显。近10年，在中东地区、中亚里海地区、非洲和拉美地区，包括美国、欧盟、俄罗斯、日本、中国、印度等国在内的大国或地区组织为控制这些地区能源资源的开发运输主导权展开了激烈的角逐。

（二）全球能源治理的发展

日益严峻的国际能源形势推动了全球能源治理的发展。近年来，全球能源治理受到各国政府、国际能源组织以及非政府组织的广泛关注，相关问题也逐渐成为国际能源外交的焦点。全球能源治理的发展表现在以下两个方面：

一方面，全球能源治理机制不断完善。国际能源组织是全球能源治理的主要参与者。为了应对冷战后迫切的现实问题的挑战，一些国际能源组织将其治理传统能源安全的功能进行了延伸，一些不具备能源治理内涵的国际机制拓展了相应的功能。

作为最重要的国际能源组织，国际能源署（IEA）的目标已经由成立之初的制衡石油输出国组织（OPEC）发展为协调成员国能源政策，推动全球能源问题综合治理。为此，IEA 采取了一系列措施：加强了与 OPEC 的"修补性"磋商，以共同推动国际石油市场的稳定；1993 年，IEA 在其机制框架下建立了"全球能源对话办事处"（Office of Global Energy Dialogue），旨在加强与非成员国的协调，交流相关知识和经验。近年，IEA 还依托八国集团（G8）的平台，建立起了与俄罗斯以及八国峰会特邀参加首脑峰会的中国、印度、巴西等新兴市场国家的合作关系；将其功能延伸到提高能效和清洁能源领域，以应对使用化石能源所导致的气候变化问题。例如通过 G8 成员国在 IEA 中拥有的制度性权力（俄罗斯除外），IEA 总干事自 2005 年起每年获邀参加 G8 峰会，并借机向峰会提交提高能效的建议书。但是，由于 IEA 只能在经济合作与发展组织的轨道上运行，这种"致命"的制度性缺陷使它难以承担全球能源治理的领导角色，其治理成效也极为有限。

近年来，八国集团（G8）积极参与全球能源治理进程，甚至希望在全球能源治理中发挥主导者的作用，从而填补全球能源治理的空缺。2005 年以来，八国集团在全球能源治理方面动作频频。在 2005 年英国举行的格伦伊格尔斯峰会上，G8 启动了能源和气候变化问题的讨论，制定了"气候变化、清洁能源和可持续发展行动计划"，发起了"格伦伊格尔斯对话"，欧、美、日 20 个主要的温室气体排放国的部长参与其中。在 2006 年的圣彼得堡峰会上，成员国一致通过了"全球能源安全原则"，旨在维护市场的作用和提高能源领域的透明度。在 2007 年的德国海利根达姆峰会上，与会领导人将能源和气候变化之间的联系更为明确和具体化，建立了"海利根达姆进程"，该进程在能源安全、能源效率、气候变化等多个议题上加强同中国、印度、巴西、南非、墨西哥等新兴市场国家的对话。目前 G8 面临的困境是，由于美国反对在应对气候变暖问题上制定具体的减排目标，俄罗斯又不愿意遵守欧盟推崇的市场规则，这使得 G8 有关全球能源治理的几乎所有规划都无法达成实际和有约束力的成果。

到目前为止，除国际原子能机构（IAEA）在核能领域发挥一定的全球治理作用外，联合国没有直接参与全球能源治理。尽管联合国下属有20多个专门机构涉及能源问题，如联合国开发计划署（UNDP）、联合国粮食与农业组织（FAO）、《联合国气候变化框架公约》（UNFCCC）等，但这些机构本身不是专门用于解决能源问题的，更不具备国际协调能力。1998年成立了常设性的"跨机构能源工作组"，2004年又更名为"联合国—能源"（UN—Energy），这是一个综合性的能源协调机制，其目的是通过联合国提供更为一致和协调的行动，但是因为缺乏必要的预算和权力，它难以发挥实质性的作用。

不能否认，为了应对日益严峻的国际能源安全形势，近年全球能源治理机制建设仍在努力完善之中。正是这些国际组织和机构编制了一个成分多元、结构多层的全球能源治理网络，它担负着协调解决当下国际能源安全问题的主要责任。然而这个网络也存在严重的缺陷，那就是组织分散，缺乏一个全球性的、综合性的能源治理机构，这自然限制了国际社会采取统一行动的能力。

另一方面，全球能源安全对话逐渐推进。在国际层面，全球能源治理主要表现为全球能源安全对话日渐频繁。冷战后，由西方能源消费国组成的IEA和以阿拉伯产油国为核心的OPEC间的合作逐渐增多，逐渐建立并完善了能源对话机制，并共同召开多次国际能源会议，议题涉及世界能源市场的变化、国际能源热点问题等。相比IEA和OPEC之间的能源对话，欧盟与OPEC之间的能源战略对话似乎更加富有成效。从2005年双方在布鲁塞尔举办首次能源战略对话以来，类似高层能源对话已经举办了9次。对话的主要内容包括交流各方能源政策、介绍能源领域最新行动和经验、探讨国际能源热点问题等。对于对话的成效，双方均认为对话促进了双方建设性地交换意见，有助于兼顾能源生产国和消费国的利益，共同保证能源市场稳定。① 1975 年七国集团（G7）/八国集团（G8）诞生之初，能源问题就是峰会的核心议题。自 2005 年以来，G8 峰会开始关注与温室气体排放相关联的能源安全问题，并且每年都将这些问题纳入峰会的核心议题之中。由于 G8 成员国在 IEA 中拥有较大的制度性权力（俄罗斯除外），G8 峰会从 2005 年开始有意加强同 IEA 的合作，其目的在于扩大 IEA 的作用，促使其将治理功能延伸到能源效率和清洁能源领域，以应对使用化石燃料所导致的气候变化问题。② 1999 年成立的二十国集团（G20）原本是应对全球金融危机的产物，但如今其首脑峰会也成为了全球能源安全对话的新平台。由于 G20 成员既包括英美等西方发达国家，也有中国、印度等新兴市场国家，因此峰会所涉能源安全议题更具全球性。2013 年 9 月 5 日，在俄罗斯圣彼得堡召开的 G20 第八次峰会上，与会领导人不仅讨论了加强稳定能源市场以及能源的可持续性等问题，而且一致认为，在全球化格局下，国际能源合作是保障能源安全，实现多方共赢的重要途径，这对未来继续推进各层次的全球能源安全对话无疑具有重要的指导意义。

二、中国能源安全面临的严峻形势

改革开放以来，能源安全问题始终是关系到我国经济发展的一个重大战略问题。经过三十余年的发展，我国虽然形成了煤炭、电

---

① 《欧佩克与欧盟举行第八次能源对话》，http://www.people.com.cn/h/2011/0705/c25408-486398462.html

② Dries Lesage, Thijs Van de Graaf, and Kirsten Westphal, "The G8's Role in Global Energy Governance Since the 2005 Gleneagles Summit", p. 260.

力、石油天然气以及新能源和可再生能源全面发展的能源供应体系，能源自给程度也很高（近 90%），但是能源安全形势依然堪忧。

（一）能源资源总量丰富，但人均较低

我国的油气资源很丰富。据国土资源部 2008 年的统计，石油远景资源量为 1086 亿吨，地质资源量 765 亿吨，可采资源量 212 亿吨，天然气远景资源量为 56 万亿立方米，地质资源量 35 万亿立方米，可采资源量 22 万亿立方米。此外，我国还有较为丰富的煤层气、油页岩和油砂油等非常规油气资源。[①] 据世界能源委员会 1991 年的统计，中国煤炭的地质储量占世界总量的 20%，仅次于苏联，居世界第二。尽管能源资源总量相对比较丰富，但是我国的人均能源资源拥有量在世界上仍处于较低水平，煤炭、石油和天然气的人均占有量仅为世界平均水平的 67%、5.4% 和 7.5%。随着经济社会发展和人民生活水平的提高，未来能源消费还将大幅增长，我国的资源约束还会不断加剧。[②]

（二）能源结构性矛盾突出

2000 年以来，我国能源消费和生产的结构性问题变得越来越突出，主要表现在：一方面，我国"富煤、缺油、少气"的资源禀赋特点从根本上决定了国家长期以来"以煤为主"的能源消费结构。2015 年，全世界能源消费的构成为：原油为 32.9%、天然气为

[①] 崔民选主编：《中国能源发展报告（2010）》，社会科学文献出版社，2010 年版，第 89 页。

[②] 《中国的能源政策（2012）》（白皮书）。http：//www.gov.cn/jrzg/2012—10/24/content_2250377.htm

23.8%、煤炭为29.2%、水电为6.8%、核能为4.4%，其他为2.8%；而中国的能源消费构成是：原油为18.6%、天然气为5.9%、煤炭为63.7%、水力为8.5%、核能为1.3%，其他（风能等）为2.0%。很明显，尽管近年我国在能源消费结构调整上取得了不小的进步，但与世界上许多发达国家相比，我国还有很大差距。[①]

另一方面，能源生产结构基本以煤炭为主。在我国能源生产总量构成中，煤炭占比一直很高。从2002年以来，我国煤炭产量在能源生产结构中的比重逐年加大，平均保持在76%左右。原油生产在能源生产结构中的占比逐年减少，平均保持在12%左右的水平。自2004年开始，天然气、水电、核电和风电所占比例虽逐年上升，但整体比例较小。在二次能源中，无论消费结构还是生产结构，基本上都是以燃煤为主的火力发电作为主导能源。

总体上看，这种以低热值的化石燃料为主的能源结构不仅对我们生存环境影响较大，由此还产生了一系列社会问题。对于未来中国能源结构的调整，国家发改委能源研究所副所长戴彦德研究员并不乐观，称"中国未来能源消费仍要快速增长，以煤炭为主的能源消费结构短期内难以改变"。[②]

（三）能源对外依存度很高

能源对外依存度是能源净进口量与能源总消费量的比例，是衡量一个国家能源安全的重要指标之一。一般来说，能源依存度越高，

[①] 《BP世界能源统计年鉴（2016年）》，http://www.bp.com/content/dam/bp-country/zh_cn/Publications/StatsReview2016/BP%20Stats%20Review_2016%E4%B8%AD%E6%96%87%E7%89%88%E6%8A%A5%E5%91%8A.pdf

[②] 《中国以煤为主的能源消费结构难改》，http://cn.reuters.com/article/cnInvNews/idCNCHIN A-4027820110324

能源安全系数越低。随着国民经济的持续发展，城乡一体化的快速推进，我国能源供需形势自20世纪90年代以来，由供需平衡逐步转变为偏紧，对外能源依存度不断上升，尤其是石油的对外依存度几乎呈直线上升。

1993年，我国的石油进口量首次超过了出口量，成为石油净进口国，石油净进口量达988万吨，对外石油依存度为6.7%。1999年我国的石油进口依存度超过20%。从2000年开始我国石油进口依存度开始大幅攀升，当年石油进口依存度首次超过30%。2003年，我国成为仅次于美国的世界第二、亚洲第一石油消费大国，同年石油净进口量攀升至9113万吨。2004年我国石油进口再创新高，一举突破1亿吨大关，达到12272.4万吨，进口依存度也高达45%。2016年，中国原油净进口3.781亿吨，对外依存度升至65.4%，比2015年提高4.6个百分点，这一对外依存度水平和美国历史上最高值（66%）非常接近。[①] 石油对外依存度的不断攀升产生的负面影响是很明显的，它不仅对我国的能源安全造成了直接威胁，还对中国经济发展造成了负面影响，甚至加剧了我国同周边石油进口大国之间的竞争。

（四）能源进口过于集中

我国主要从中东、前苏联地区和西非等产油地区进口石油，并均呈上升趋势。从主要原油进口地区来看，我国的原油进口主要集中在中东地区，存在着很大的风险。中东是"世界油库"，也是各大能源进口国最重要的利益攸关地区，围绕着这一地区的地缘政治博

[①] 《油气产业发展蓝皮书》，我原油对外依存度升至65.4%，http://energy.people.com.cn/n1/2017/0322/c71661-29160900.html

弈、军事冲突从未停止过，这使我国在该地区的能源安全受到极大的威胁，一旦爆发突发事件我国能源安全难以保证，从而使我国经济遭受重大的损失。例如，受近年来持续发酵的伊朗核危机的影响，我国从2012年开始被迫放缓了在伊朗的能源投资，并且大幅降低来自伊朗的石油进口量（2011年从伊朗进口石油2775.6万吨，2012年减少了583.4万吨）。此外，从中东进口石油主要依靠海洋运输，运输线路单一，其中必经的霍尔木兹海峡和马六甲海峡都属于高风险石油海运通道，这在一定程度上增加了我国能源运输的风险。

（五）能源储备严重不足

相比西方发达国家庞大的战略能源储备，我国的能源储备机制还很落后。进入21世纪，随着石油对外依存度的不断提高，建立石油储备、保障国家能源安全变得越来越紧迫。2007年12月28日，中国国家石油储备中心正式成立，其目的在于加强中国的战略石油储备建设，健全石油储备管理体系。为此，我国决定用15年的时间，分三期完成石油储备基地的建设。第一期由政府投资的4个战略石油储备基地主要集中于东部沿海城市，分别位于浙江舟山和镇海、辽宁大连及山东黄岛，储备总量为1640万立方米，约合1400万吨原油[①]，相当于我国10余天原油进口量，加上国内21天进口量的商用石油储备能力，我国总石油储备能力可达到30天原油进口量。第一期基地建设已于2008年全部投入使用。此后，石油储备基地二期建设开始向内陆地区布局。2009年9月24日，随着新疆独山子国家储备基地的开工，标志着我国第二期石油储备基地全面展

---

① 按照BP石油公司统计资料的换算标准，1立方米原油相当于0.8581吨。

开。① 根据计划，到 2020 年整个项目完成，中国的石油储备能力将提升到约 8500 万吨，达到 100 天左右的石油净进口量，从而符合 IEA 规定的 90 天战略石油储备能力的标准。

即便如此，我国的战略石油储备体系与西方国家相比还相距甚远。由于缺乏立法层面的支持，缺乏包括政府储备、企业商业储备、企业义务储备在内的完整储备体系建设，② 要形成西方发达国家战略石油储备所具备的应对石油供应中断、抑制油价、稳定市场等方面的综合能力，我国还有很长的路要走。

（六）能源使用效率不高

进入 21 世纪以来，我国在节能减排、提高能源效率方面取得了很大的进展，然而我国的单位国内生产总值（GDP）能耗不仅与西方发达国家相比有很大差距，甚至高于一些新兴工业化国家。近年，我国单位 GDP 能耗比世界平均水平高 2.2 倍左右，比美国、欧盟、日本和印度分别高 2.4 倍、4.6 倍、8 倍和 0.3 倍。③ 2012 年，我国的单位 GDP 能耗是国际的 2 倍，是发达国家的 4 倍。④ 2012 年底《世界经济论坛》与埃森哲咨询管理公司（Accenture）共同推出了《2013 全球能源工业效率研究》的报告。该报告对世界不同国家的能源强项和弱项从经济、生态和能源安全观点进行了评估，其中中国仅位列第 74 位。2012 年出版的中国能源政策白皮书也不回避我国

---

① 新疆独山子基地规划建设 30 座储罐，每座储罐的容积为 10 万立方米，总库容约 220 万吨，工程投资 26.5 亿元人民币。
② 崔民选主编：《中国能源发展报告（2012）》，社会科学文献出版社，2012 年版，第 32 页。
③ 崔民选主编：《中国能源发展报告（2010）》，社会科学文献出版社，2010 年版，第 293 页。
④ 《去年中国单位 GDP 能源消耗是发达国家 4 倍》，http：//www.chinareform.org.cn/Economy/consume/Practice/201308/t20130801_173085.html

能源使用效率低下的事实,其指出,能源密集型产业技术落后,第二产业特别是高耗能工业能源消耗比重过高,钢铁、有色、化工、建材四大高耗能行业用能占到全社会用能的40%左右。① 严峻的现实提醒我们,无论是国家还是企业都需要不断提高认识,加强管理和创新科学技术水平,制定切实可行的能源发展战略与企业发展规划,在能源使用上进行变革。

三、中国参与全球能源治理的理念与历程

(一) 中国参与全球能源治理的理念

为了应对能源安全和温室气体排放带来的挑战,近年来我国积极推动国际能源合作,广泛参与涉及能源、环境、气候变化等问题的全球能源治理进程,并适时提出了自己的治理主张。

2009年7月,时任国务委员戴秉国代表胡锦涛主席出席 G8 意大利拉奎拉峰会,首次就全球经济治理阐述了中国的观点。戴秉国强调,"在经济全球化深入发展的条件下,只有加强和完善全球经济治理,才能从体制机制上促进世界经济协调持续发展。……全球经济治理的根本目标是推动经济全球化朝着均衡、普惠、共赢方向发展。全球经济治理应该由世界各国共同参与。平等参与不仅是形式上的,更应是实质内容上和决策过程中的。全球经济治理需要坚持民主原则,充分听取各方意见,照顾和体现各国特别是发展中国家的利益和诉求。全球经济治理需要合适的机制安排。各种治理机制

---

① 《中国的能源政策 (2012)》(白皮书), http://www.gov.cn/jrzg/2012—10/24/content_2250377.html

可以在所有利益攸关方平等协商并达成共识的基础上，制定有关国际标准和规范。"① 尽管这些理念和主张是为了应对全球经济挑战的，但是正如金融危机、粮食安全和国际贸易等问题一样，能源安全与气候变化问题也是当代与全球经济问题密切相关的两大问题，上述理念也可以作为推动全球能源治理的行动指南。

中国不仅提出了建设性的全球能源治理主张，还积极利用所有与能源相关的国际组织、峰会和论坛阐述中方关于能源安全、应对气候变化等问题的治理理念。

2012年1月16日，时任国务院总理温家宝在阿联酋阿布扎比举行的第五届世界未来能源峰会开幕式上发表了题为"中国坚定走绿色和可持续发展道路"讲话。在讲话中，温家宝呼吁全世界共同"有效保障能源安全"。他指出，"受到国际货币体系、过度投机、垄断经营、地缘政治等因素的影响，大宗能源产品价格很大程度上脱离了实体经济的供求关系，其暴涨暴跌，加剧了世界经济的非正常波动。这种不合理状况，必须从根本上加以改变。能源的安全运输、有效供给和市场稳定，符合新兴经济体、发达国家和能源输出国的共同利益，也有利于消除经济危机的隐患和影响。为了稳定石油、天然气市场，可考虑在G20的框架下，本着互利共赢的原则，建立一个包括能源供应国、消费国、中转国在内的全球能源市场治理机制。要通过协商对话，制定公正、合理、有约束力的国际规则，构建能源市场的预测预警、价格协调、金融监督、安全应急等多边协调机制，使全球能源市场更加安全、稳定、可持续。"②

---

① 《G8同发展中国家领导人对话会议在意大利举行》，http：//gb. cri. cn/27824/2009/07/10/1062s2558730. htm。

② 《温家宝总理在世界未来能源峰会上的讲话（全文）》，http：//www. gov. cn/ldhd/2012—01/16/content_ 2045746. htm。

(二) 中国参与全球能源治理的历程

1. 实施"走出去"对外能源战略

中国能源企业实施"走出去"战略是我国参与全球能源治理的重要步骤之一。改革开放前期（1993年以前），我国开展国际能源合作的主要方式是"引进来"。其主要特点就是通过开放市场和出口石油换取西方发达国家的资金、相关技术设备，并学习它们的管理经验。1993年11月，中国共产党十四届三中全会提出要"充分利用国际国内两个市场、两种资源，优化资源配置"的重要理论，这对于推动我国融入世界主流经济体系具有重要的指导意义。[1] 在2000年10月举行的中国共产党十五届五中全会上，中央明确提出实施"走出去"战略。这两次会议所做出的决议为推动我国的全球能源外交、为我国能源企业"走出去"奠定了理论基础。

1993年至今，我国能源企业"走出去"已有近20年的历史。根据不同时期"走出去"战略实施的特点，我们可以大致将其划分为三个阶段。(1) 起步阶段（1993—1997年）。在这一阶段，我国能源企业在海外投资规模不大，主要以小项目运作为主，大多是寻求油田开发项目特别是老油田提高采收率项目，也不求高效益。我们的主要目标就是要熟悉国际环境，积累国际化经营经验。[2] 例如在秘鲁、加拿大、泰国和巴布亚新几内亚等国的项目都属于这一类型。尽管这些项目规模都比较小，但是涉及到了当今世界石油合作领域的所有模式。(2) 成长阶段（1997—2007年）。这一时期，我国能

---

[1] 《中共中央关于建立社会主义市场经济体制若干问题的决定》，http://www.china.com.cn/chinese/archive/131747.htm

[2] 周吉平：《中国石油天然气集团公司"走出去"的实践与经验》，《世界经济研究》，2004年第3期，第63页。

源企业"走出去"战略的主要目标是逐步涉足大中型油气项目，争取获得海外油气项目一定规模的储量和产量，物色和建立海外油气资源战略替补区。① 从 1997 年开始，中石油、中海油和中石化三大国有能源企业作为我国能源企业海外投资的主力军开始拓展全球业务。其中中石油取得的成果最突出，其海外投资逐步向油气资源上游领域——勘探开发进军。随着苏丹 1/2/4 项目（我国在海外最大的石油投资项目）、哈萨克斯坦阿克纠宾项目和委内瑞拉陆湖三大项目的顺利实施，中石油在北非、中亚和南美取得了战略立足点。而中哈原油管道开工建设（2004 年）、中石油成功并购哈萨克斯坦 PK 石油公司（2005）、中石油投资 41.8 亿美元收购哈萨克斯坦 PK 石油公司全部股权（2007 年）的举措使中石油在中亚取得突破。（3）跨越发展阶段（2008 至今）。这一时期，以中石油、中海油和中石化为代表的能源企业不断在中东、北美和拉美取得突破，进而完成了全球布局。相比之前国际能源合作的领域和规模，这一时期无论是在投资目标区域、合作领域、合作方式、还是投资规模都表现出跨越式发展的特征。以 2012 年为例，这一年是我国能源企业海外油气并购历史性的一年，全年累计达成并购交易金额 340 亿美元，创历史最高水平，成为全球石油公司中最大的海外油气资产收购方。这一年并购金额最多的中国能源企业是中海油，全年并购金额达 214 亿美元。总的来看，近年我国能源企业海外并购的步伐越来越快，巨型并购接踵而至，在全球能源市场发挥着越来越重要的作用。据不完全统计，2008 年以来，我国能源企业海外并购交易总金额近 1000 亿美元，给中国石油企业带来了每年近 1000 万吨油当量的产量增长。②

---

① 周吉平：《中国石油天然气集团公司"走出去"的实践与经验》，《世界经济研究》，2004 年第 3 期，第 63 页。
② 茅启华、王忠桥：《中国石油企业海外投资回顾与启示》，《国际经济合作》，2013 年第 6 期，第 30 页。

2. 广泛参与国际能源合作

开展国际能源合作的水平是检验一个国家参与全球能源治理能力的重要指标。近年来，随着中国经济的发展，能源进口迅猛增长，国际能源合作也迅速展开。截止 2015 年，中国与近 30 个国家建立了双边能源合作机制，参与了 20 多个国际能源合作组织和国际会议机制，能源领域的国际合作内容不断深入。

在双边能源合作中，中国与欧盟、美国和俄罗斯等地区组织和大国建立的双边能源合作机制尤其具有代表性。中国和欧盟同是世界上能源消费的重要国家和地区，中欧双方能源消费总量占全球的近 1/3，双方石油消费量共计约占全球的 1/4。此外，中国和欧盟的能源对外依存度都很高。这些特点决定了双方在维护重要能源资源产地的局势稳定以及维护世界能源市场和价格稳定方面有着共同的利益和合作基础。目前，中国与欧盟已经建立了能源对话机制，定期举行能源对话。在 2012 年 5 月初召开的中欧高层能源会议上，双方还签署了《中欧能源安全联合声明》，这标志着中欧能源消费国战略伙伴关系的正式建立。中国和美国是世界上最大的能源生产国和消费国，在能源领域面临着许多共同挑战，合作潜力很大。对话机制已经成为中美在能源领域开展交流与合作的平台。2005 年，在美国华盛顿举行了第一次中美能源政策对话。此后，每年的政府间能源对话成为了加强中美双边交流、增进互相理解和扩大互利合作的渠道，对维护两国能源安全和促进世界能源可持续发展都具有重要意义。相比而言，中国和俄罗斯之间的能源对话机制更加完善。2008 年 7 月，根据中国国家主席胡锦涛和俄罗斯总统梅德韦杰夫于同年 5 月达成的共识，中俄副总理级能源谈判机制正式启动，这标志着两国能源合作进入新阶段。该机制是中俄总理定期会晤机制在能源领域的延伸，双方规定，该谈判机制每年至少举行一次，谈判内容不仅仅涉及两国油气合作，广义上的能源合作也将成为这个谈判机制中的重要话题。中俄能源对话机制的建设和完善将有利于中俄双方在原油贸易、油气管道建设、勘探开发、炼化等大项目方面取得更多进展，有利于继续推进核能合作，以便两国共同致力于建立全面、长期稳定、互利共赢的能源合作关系。

中国与重要的全球和区域国际能源组织几乎都建立了合作关系。这一方面是因为，在当今的国际能源格局下，离开国际能源组织几乎不可能顺利开展国际能源合作。从某种程度上说，国际能源组织的建立意味着国际能源合作的开展及合作机制的建立。另一方面，中国巨大的能源消费和进口能力是任何国际能源组织都无法忽视的，中国已经成为国际能源格局中至关重要的力量。在全球层面重要的国际能源组织中，中国是联合国下属的某些机构、世界能源理事会和世界石油大会等国际能源组织的成员国。在区域层面的国际能源合作中，中国利用亚太经合组织、上海合作组织成员国的身份广泛参与周边能源外交，与包括欧洲能源宪章、海湾阿拉伯国家合作委员会和东盟等国际能源组织建立了密切的合作关系。在国际能源组织中，石油输出国组织（OPEC）一直是中国开展能源外交的重点方向，也是中国参与全球能源治理的重要途径之一。2005年12月24日，中国—OPEC能源对话机制在北京宣告正式建立，并举行了首次能源对话。在双方共同达成的一份联合声明中提到，OPEC将与中国联手致力于建立未来的能源合作框架，在保障中国市场供应安全的同时稳定石油价格。近年，中国与OPEC成员国之间的能源合作进一步深化，OPEC中的中东产油国一直是中国石油进口的最大来源地，这无疑对于保障我国的能源安全，维护中东地区能源形势的稳定发挥了积极的作用。

四、关于中国参与全球能源治理的几点思考

（一）要制定面向全球的长期对外能源战略

我国一直缺乏立足长远、面向全球的对外能源战略。对外能源战略的缺失既制约了我国国际能源合作的进一步深化，也影响到了世界对我国全球能源治理战略和能力的理解和判断。自改革开放以来，我国先后制定了一系列能源政策和法律法规，从"十一五规划"开始更是出台了专门的能源发展规划，其中包括有关国际能源合作的相关内容。这些内容中包含的国际能源合作指导原则虽然都是我国根据当时的国情和社会发展需要适时制定的，但是缺乏独立性和战略性。与改革开放前期相比，目前我国的能源安全形势已经发生了巨大的变化。作为世界级的能源进口消费大国，近年来，我国的国际能源贸易量和能源企业对外投资额持续猛增，众多大型能源建设项目接踵上马，这些客观现实因素迫使我们必须加强对外能源战略规划能力。

（二）要加强与国际能源组织的关系

众所周知，某个国家参与国际能源组织的情况以及在其中的角色和地位决定了该国在国际能源领域的发言权和影响力。决定了该国参与全球能源治理的能力。在发展与国际能源组织的关系时，我们必须清醒地认识到，无论是对代表产油国利益的OPEC，还是对代表西方发达国家利益的IEA，或者是对近年来在"八国集团""联合国""国际能源论坛""欧洲能源宪章"等全球和地区多边国际论坛

框架下形成的能源对话机制，我国的能源话语权都很弱。这使我国难以通过这些国际能源组织达到有效维护本国能源安全的目的，也不能对现行的全球能源市场规则和运行秩序产生较大的影响。未来我们需要以更加积极的姿态加强与国际能源组织的联系，力争在国际舞台上发挥一定的主导作用。

（三）要处理好与主要能源大国的关系

能源大国是全球能源治理的核心力量。能源大国既包括出口大国，如中东产油国、俄罗斯、加拿大和委内瑞拉等，也包括进口大国，如日本、部分欧盟成员国（如德国、法国）、印度等。无论是能源出口大国还是能源进口大国，它们在世界能源供需格局中都不同程度拥有某些优势，对全球能源安全具有重要的影响力。可以说，这些国家既是国际能源安全的主导性因素，也是全球能源治理的主要参与者。现在和未来，我国要实现确保长远能源安全的战略目标并有效参与全球能源治理进程，都需要重视与这些能源大国的关系，有针对性地开展能源外交，并积极推动与这些国家的能源合作。

（四）要深入开展对重要能源产地的能源外交工作

中东、中亚里海及俄罗斯、非洲、美洲是全球能源资源最集中的地区。其中，中东一直是我国最主要的能源进口地区。相比其他地区而言，各个利益集团近一个世纪的争夺导致地区局势的长期动荡是我国开展对中东产油国能源外交必须面对的最大挑战，也是我国对中东能源外交难以回避的重大课题。中亚里海国家和俄罗斯是冷战结束后我国能源外交最成功的地区。我国与这一地区的能源合作经历了从无到有、从小到大的历史性转变，先后开辟了东北、西北三条油气管道，未来如何在此基础上进一步丰富能源合作的内涵，并以此为基础推动我国与这些国家关系的全面发展是各方共同的期待。非洲是我国传统的友好地区。自建国以来，我们通过真诚无私的援助与非洲国家建立起了深厚的友谊，这也成为了近些年来我国与非洲国家能源合作顺利进行的基石。在非洲我们面临的主要问题是冷战后非洲政治局势的变化导致的外交方向调整，以及国际势力对非洲能源资源的觊觎与渗透，这使我国对非洲能源外交的环境越来越复杂，不确定性越来越多。美洲非常规油气资源丰富，能源相对独立，排他性也较强。未来我们需要在现有基础上加大对美洲，尤其是对加拿大、委内瑞拉、巴西等国的能源外交力度。

（本文原载于陶坚、林宏宇主编：《中国崛起与全球治理》，世界知识出版社，2014年版。此次收入书中进行了增删、修改——作者。）

国际核安全形势与核安全治理

王辉[*]

[内容摘要] 冷战后，核安全问题成为世界政治议程中的重要议题。核军控与裁军、防核扩散、防范核恐怖主义、核材料安全保护成为国际核安全的主要内容。在乌克兰危机、叙利亚内战背景下，国际核安全形势日趋复杂。美俄核战略竞争态势明显；朝鲜突破核不扩散机制成功获得核武器；核恐怖主义潜在威胁难以排出；核材料安全保障状况不容乐观。国际核安全治理取得的突出成就是达成伊朗核协议，但伊核协议带来了新的问题。军事领域核威胁主要源于大国的地缘竞争，国际防核扩散机制滞后于国际核安全形势的发展，和平利用核能增加了核安全风险。复杂的国际核安全形势迫切需要建立新的治理机制。中国领导人提出新核安全观，积极参与国际核安全治理。

[关键词] 核安全　核恐怖主义　核安全观　核安全治理

自核武器诞生以来，核战争阴影始终笼罩着全世界。随着人们对核战争风险和后果的进一步认识，在国际社会共同努力下，逐步形成了以核裁军和核军控、防止核武器扩散、和平利用核能为主要

---

[*] 王辉，国际关系学院国际政治系副主任，副教授，主要研究领域为国际组织与全球治理、国际安全问题。

内容的国际规范和机制。冷战结束后，国际社会对核安全关注的内容发生了重大变化。虽然爆发核大战的危险降低，但核扩散和核恐怖主义给人类社会带来的威胁却与日俱增，人类对核能需求的增长也带来了潜在的安全风险。核安全问题不仅对维护国际安全构成挑战，更是凸显了建立新的国际核安全治理机制的重要性和紧迫性。

一、国际核安全基本态势

自特朗普入主白宫以来，美国主导的西方自由主义国际秩序日益陷入危机当中。国际核安全形势更加复杂。美俄战略博弈激烈，核大国间的战略稳定越来越难以维持。随着人们对气候变化问题的关注以及各国对核能需求的增加，国际核安全呈现以下态势。

（一）美俄维护战略稳定的共识松动

冷战时期，经过疯狂的核军备竞赛，美苏双方都拥有了庞大的核武库，双方都无法在首轮攻击中消灭对方的核武器。鉴于核武器的巨大破坏力，一旦越过核战争门槛，对手就会让战争升级到人类无法承受的程度。最终，美苏在"确保相互摧毁"的概念上达成共识。美俄双方各自进行合理的核军备发展，不寻求以打破彼此间核均势为目标的军备竞赛。双方均把核武器作为威慑手段，寻求在确保相互摧毁基础上建立威慑。核大国维护"确保相互摧毁"的默契成为战略稳定的基石。在叙利亚内战、乌克兰危机背景下，美国加快了反导体系在欧洲大陆的推进。俄罗斯对此反应强烈，美俄间的战略稳定性的维持变得非常复杂，发展与控制核武器的矛盾日益突出。美俄两国核军控政策均出现倒退。除了举行多次包括使用核武器在内的军事演习，两国相继出台更新核武库及相应基础设施现代化的政策，加快研发新一代战略武器运载工具。

俄罗斯在接手克里米亚后，美国与北约国家迅速增强在东欧的军事部署，进行大规模核战演习。2014年5月，美军与盟国共同举行了"全球闪电"军事演习。随后，举行了"勇敢之盾-2014""环球雷霆-2015"战略军演。演习涉及重型轰炸机、洲际弹道导弹、弹道导弹核潜艇以及空间和网络战。战略司令部司令海军上将塞西尔·哈尼说，演习展示了军队的"战备状态和使用战略力量去威慑、阻止并击败美国和盟国当前和未来威胁的能力"。[1] 2015年10月，北约举行了冷战结束以来规模最大的"三叉戟"联合军演。2015年7月，美国国防部在《国家军事战略》报告中指出，大国间冲突是未来主要的安全挑战，美国同其他大国间发动国家间战争的可能性"较低但确实在上升"，美军必须为"下一场大国全面战争"做准备。[2] 美国为保护盟友将使用核武器和常规武器进行延伸威慑，对非盟友国家用常规武器和核武器进行地区威慑。在未来十年里，美国政府计划投入高达3500亿美元对其核力量进行现代化改造和维护，包括研发新一级核动力弹道导弹潜艇、具备核能力的新型远程轰炸机和新型空射巡航导弹。将启动对核指挥和控制设施进行现代化改造，以及建设新的核武器生产和模拟设施，计划升级和替换其陆基弹道导弹、核动力弹道导弹潜艇和战略轰炸机。

俄罗斯认为美国的行动对俄罗斯国家安全构成了直接威胁。俄罗斯在其新版军事学说中，将美国反导系统以及北约东扩列为俄罗

---

[1] "U. S. nuclear forces, 2015", http：//thebulletin.org/2015/march/us-nuclear-forces-20158075.

[2] Department of Defense, The National Military Strategy of the United States of America 2015, http：//www.jcs.mil/Portals/36/Documents/Publications/2015_National_Military_Strategy.pdf.

斯面临的主要外部安全威胁。[1] 俄罗斯政府确信核力量特别是战略核力量对于维护俄国家安全和大国地位是不可或缺的。普京在俄国防部委员会的发言中称，美国的导弹防御系统计划以及北约在东欧逐步加强的活动，破坏了美俄战略力量平衡，正在将以前双方在战略核武器限制与裁减领域所达成的全部协议化为乌有。俄战略核力量需要列装新的洲际弹道导弹。[2] 俄国防部第一副部长兼俄军总参谋长格拉西莫夫表示：北约加强部署反导系统使当前战略平衡受到了挑战，2016年俄武装力量将把维持战略核力量作为首要任务。俄罗斯将把攻击潜力提高到"在各种条件下造成敌人不可接受损失的水平"。[3] 据俄罗斯相关机构评估，美国到2030年前将能够研制、装备和部署能够密集打击和摧毁国家和军事指挥所，及俄罗斯战略核力量核心的高超音速武器系统。俄罗斯认为核武器现代化的努力将是俄及国际军控面临的新挑战。俄罗斯采取一系列措施加大对核力量的投入，确保其导弹能有效突破美导弹防御系统。除非在不久的将来达成新军控协议，否则俄战略核武库在过去20年中持续缩减的情形很可能会终结。[4] 冷战时期的核对峙重新出现。

（二）核恐怖主义潜在威胁难以排出

国际核安全始终受到恐怖主义的威胁。冷战后，国际核扩散与恐怖主义势力相结合的危险不断上升，恐怖主义组织成为威胁全球

---

[1] 王松亭、王亮：《2014年俄罗斯联邦军事学说评析》，《俄罗斯东欧中亚研究》，2015年第3期，第69页。

[2] "Russian nuclear forces, 2015," http://thebulletin.org/2015/may/russian-nuclear-forces-20158299.

[3] 《俄军方：俄视维持核力量为2016年首要任务》，http://www.chinanews.com/mil/2015/12—15/7670847.shtml.

[4] "Russian nuclear forces, 2015", http://thebulletin.org/2015/may/russian-nuclear-forces-20158299.

核安全的最不稳定因素。美国国防部的国家核战略报告中提出，"全球核战争的威胁还很遥远，但是核袭击的风险增加"。① 国际社会就全球范围内打击核恐怖主义提出过多项倡议。2010年4月，首届国际核安全峰会与会各国对国际核恐怖主义威胁达成共识，认为"核恐怖主义是国际安全最具挑战性的威胁之一，强有力的核安全措施是防止恐怖分子、犯罪分子及其他非授权行为者获取核材料的最有效途径。"美国2010年《核态势评估报告》将核恐怖主义和核扩散看作美国面临的首要威胁，认为"核恐怖主义是当前世界最直接、最极端的威胁之一"。② 根据国际原子能机构的材料，恐怖分子或犯罪分子获得核材料、获得核或放射性材料的可能无法排除。③

巴基斯坦曾有"核走私网络"的核扩散事件，其核安全保障能力一直饱受质疑。巴基斯坦国内局势动荡，恐怖势力活动猖獗，并且"基地"组织和"伊斯兰国"等恐怖组织都对掌握核武器表现出兴趣，一旦核武器落入恐怖分子之手，后果将不堪设想。对恐怖组织来说，制造核武器并非易事，但如果拥有足够多的放射性材料，就可能制造出威胁世界的脏弹，从而形成大面积辐射威胁。目前，维持国际防范核恐怖主义机制的有效运转面临诸多挑战。恐怖主义的滋生具有政治、经济、社会等各方面深层次原因，防范核恐怖主义将是国际社会一项长期而艰巨的任务。

---

① Department of Defense: Nuclear Posture Review Report, April 6, 2010. http://www.defense.gov/Portals/1/features/defenseReviews/NPR/2010_Nuclear_Posture_Review_Report.pdf

② Department of Defense: Nuclear Posture Review Report, April 6, 2010. http://www.defense.gov/Portals/1/features/defenseReviews/NPR/2010_Nuclear_Posture_Review_Report.pdf

③ IAEA incident and trafficking database (ITDB), Incidents of nuclear and other radioactive materialout of regulatory control 2014 Fact Sheet, http://www-ns.iaea.org/downloads/security/itdb-fact-sheet.pdf.

(三) 核安全事故与核材料保护状况堪忧

当前一些国家和地区对核材料与核设施缺乏有效保护，核设施安全和核材料保护存在严重隐患。美国斯坦福大学国际安全与合作中心主任西格弗里德·赫克 2010 年曾被邀请访问朝鲜宁边核设施，他对朝鲜核设施安全状况表示担忧，朝鲜宁边核设施相当陈旧，技术相当落后，曾经面临导致日本福岛核电站重大核事故的冷却水供应故障问题。由于已经退出《不扩散核武器条约》，朝鲜无法通过正常渠道从其他国家获得相关的设备、技术和经验、教训，故他对其核设施的监管系统及其独立管理能力持怀疑态度。

目前国际核材料保护现状并不乐观。随着核能在能源结构中的比重不断上升，其带来的核安全问题日益突出。日本目前在其境内存储大量超出其使用能力的核材料，其中包括武器级核材料，潜藏了巨大的核安全隐患和核扩散风险。虽然日本福岛核电站事故之后，国际核能利用遭到了质疑，但其对于解决人类社会能源、环境问题的重要性仍不可否认。截至 2015 年 10 月，世界各国在运行的核反应堆共 432 座，核能发电量在 2010 年达 26300 亿度，占世界总发电量的 13.8%，正在建设和计划建设的核反应堆总计达 215 座。[①] 和平利用核能对推进国际防核扩散进程、维护国际核安全的影响也日益突出。和平利用核能既为加强国际防核扩散提供了前提，也增加了核扩散的技术风险。和平利用核能的发展还增加了发生核事故以及核设施遭受恐怖主义袭击的风险，环境领域的核安全问题也进一步凸显。由于核泄漏、核辐射对环境的破坏性影响是长期而且跨境、

---

① World Nuclear Association: World Nuclear Power Reactors and Uranium Requirements, October 11, 2011. http://www.world-nuclear.org/info/reactors.html.

跨区域的，因此环境领域的核安全威胁必须给予高度关注。

目前有关核安全的保障机制仍不完善，不仅缺少有约束力的国际规范，而且没有特定的申报和监察制度。尽管许多专家表示同行评审以及技术合作对提升核安全保障水平十分必要，但目前采取的措施仍然十分有限。核事故一旦发生，后果难以预料。

二、国际核安全治理取得有限进展

彻底消除核武器以及实现核不扩散是国际社会高度关注的优先事项。国际社会建立了以国际原子能机构为核心的国际核安全治理机制。近两年形成了一些新的对话机制。在《不扩散核武器条约》框架内，建立了中、英、法、美、俄"五核国进程"会议机制，就全球战略稳定与国际安全、条约履行、核不扩散、和平利用核能、五核国合作等事项展开讨论，成为相对稳定的对话机制。[①] 2014年荷兰核安全峰会成功召开，国际社会开始认真谋划后峰会时代的全球核安全机制建设。核军控领域，联合国框架下的《禁止武器级裂变材料禁产公约》（下称《禁产公约》）对话邀请25国政府专家就公约谈判展开讨论。然而，《全面禁止核实验条约》批约或《禁产公约》谈判，使美俄核裁军更因双边关系恶化而前景渺茫。许多相关重要国际条约仍未得到全面落实，国际核安全治理仅取得有限进展。

（一）伊朗核问题取得突破进展

近年来，国际核安全治理的最大成就是伊朗核问题取得突破。

[①] 中国裁军大使傅聪在《特定常规武器公约》2015年缔约国会议上的发言，http://www.fmprc.gov.cn/ce/cegv/chn/dbtyw/cjjk_1/hdft_1/t1314775.htm

经过多年艰苦谈判，伊朗核问题在 7 月最后阶段谈判终于达成全面协议。这场持续 13 年之久的国际争端最终得到了政治解决。根据框架协议，伊朗将把离心机数量和低浓缩铀的库存量大大削减，伊朗必须拆除和储存 13000 台离心机——伊朗只被允许拥有 5060 台。伊朗必须将其大量低浓缩铀储备，从现在的大约 12 吨，减少到不超过 660 磅，即减少 98%，为此必须把这些燃料运出伊朗。今后的铀浓缩活动只在纳坦兹核工厂进行，在 15 年内不再新建其他浓缩设施。此外，伊朗还必须拆除位于阿拉克的重水反应堆的核心部分。一些有限的活动将限定在 10 年至 15 年之间。[①] 伊朗还要为国际原子能机构前去检查和监督做好安排，并开始回答有关那些被怀疑是与核武器相关的军事项目的问题。国际原子能机构将能够监管伊朗核项目的方方面面，包括铀矿开采、浓缩铀活动以及"怀疑检查"等。作为回报，美国将取消限制与伊朗进行商业往来的很多与核问题相关的制裁。欧盟也会终止它采取的很多此类制裁措施。伊朗还将重获此前被冻结多达 1250 亿美元的海外资产。

伊朗协议是现有条件下，除战争手段外的最佳选择。协议有望在未来 10 年内有效管控伊朗核能力。伊核协议的重要意义在于，把伊朗获得足够的武器级铀以制造核武的时间延后了若干年，缓解了中东核扩散危机，消除了中东地区潜在的战争阴影。为国际社会解决中东问题赢得了时间。但是，铀浓缩和后处理是获取核武器材料的两条主要途径。允许伊朗进行浓缩铀活动为核不扩散条约确立了新标准。其他核门槛国家可能会援引该标准，要求进行完整燃料循环活动。这对国际核不扩散体系稳定性带来了复杂影响。如何应对国家利用民用项目积累获得核材料及核武技术能力，成为国际核安

---

① The Iranian nuclear issue agreement-The comprehensive joint action plan, http://www.freshfields.com/uploadedFiles/SiteWide/Knowledge/Briefing_ Atomabkommen%20Iran.pdf

全治理机制需要解决的问题。

(二) 朝鲜突破核不扩散机制成功获得核武器

自2013年进行了第三次核试验之后,朝鲜核计划取得了重要进展。2016年,朝鲜又发射14次、22枚弹道导弹,进行了二次核试验,已经初步形成了核威慑力。朝鲜将研制"爆发力大、小型化、轻量化的原子弹"。朝鲜劳动党中央委员会制定了经济建设与核力量建设并进的新战略路线,将拥核在政策上和法律上固定下来。2013年4月,朝鲜在其最高人民会议上通过了《关于进一步巩固自卫性的核拥有国地位》的法令。① 从20世纪90年代第一次朝核危机至六方会谈前期,朝鲜希望通过"弃核"改善外部安全环境,朝鲜存在"弃核"的可能性,但目前朝鲜放弃核武器的难度明显增加。

朝鲜进行核试验,引发了国际社会一系列交替升级的反制行动。美国向韩国提供包括核保护伞在内的延伸威慑。2016年7月8日,美国推进反导系统在亚太地区的部署,宣布将在韩国部署"萨德"反导系统。美国借口"朝鲜导弹威胁",使军方推动亚"末段高空区域防御"系统,增加在阿拉斯加部署的地基拦截弹。美国在太平洋共有16艘"宙斯盾"战舰,② 美国积极推动与日本的反导合作,构建了美日联合预警和作战机制,并拉拢澳大利亚和韩国加入其主导的反导体系。

2017年,美国公布的卫星图片显示,朝整修丰溪里核试验场,扩建西海卫星发射场,新一轮核、导弹危机随时可能发生。朝鲜要求取消在韩国部署"萨德"反导系统,并频繁试射导弹,强硬回应

---

① 《朝鲜决定进一步巩固自卫性的、核拥有国的地位》,新华网,2013年4月1日。
② Fact Sheet: Aegis Ballistic Missile Defense, Missile Defense Agency, January 2015, http://www.mda.mil/system/aegis_bmd.html.

国际社会的制裁。朝鲜发展核武器严重冲击了东北亚的地区安全形势，挑战了核不扩散机制。

三、影响核安全治理成效的主要因素

国际社会面临的核威胁分布于军事、政治、社会、环境多个领域，而且各领域核威胁相互关联、相互作用，共同构成了制约国际核安全治理的复杂根源。

（一）"安全困境"是影响国家拥核动机的主要因素

核武器及其运载工具的扩散威胁着国际和平与安全，提高核领域全球治理水平是国际社会的共识。在国际社会的共同努力下，美俄 2010 年签署了《削减进攻性战略武器条约》，但条约并没有把战略防御武器纳入其中。美国正在强化在欧洲和亚洲正反弹道导弹系统，这表明美国并未放弃谋求绝对战略优势的做法。核裁军只有在不引起其他领域军备竞赛的情况下才有意义。如不将战略防御武器领域的当前趋势纳入考虑，核裁军就无法实现。

美国强化反导弹能力可能威胁其他国家战略威慑的有效性。维护全球战略平衡与稳定是推进国际核裁军进程的良好基础。实际上，核力量始终是美国国家安全的基石以及体现美国对其盟友和伙伴所承担义务的关键，美国并不认为常规武器可以取代核武器。2010 年美国国防部在其核安全报告中称，"美国将保有安全、完好、有效的核武库，以保证美国及其盟友和伙伴的安全。"美国核政策的原则，是在拥有最小规模核武库的前提下，保持具有令人信服的核威慑能力。

国际无政府状态下的安全困境和核武器本身的特性是产生军事领域核威胁的客观基础。核武器所具有的远超常规武器的巨大杀伤力和威慑力，使其具有双重特性，既是国家维护自身安全的"终极手段"，也是威胁他国的"绝对武器"。从安全视角来看，国际社会权力政治现实及其负面作用是导致国家主权地位遭受核威胁的主要动因，国家易受威胁的脆弱性是导致核威胁发生的制约条件。由于国家主权地位遭受核威胁的可能性难以消除，大国为降低自身安全的脆弱性，"拥有可靠的核威慑"就成为符合逻辑的政策选择。这会引发核军备竞赛，使军事领域核威胁趋于强化，而且会带来核武器扩散的连锁反应。这是核裁军难以取得实质性进展的重要原因。

核大国的战略选择以及核军控与裁军进程，对国际核安全态势具有导向性作用。大范围的扩散会增加核冲突、核战争和核恐怖主义的风险，对国际核安全造成巨大威胁。核军控与裁军推进的程度对国际防核扩散机制的强化具有正相关性，对防范核恐怖主义、和平利用核能会产生明显的影响。

（二）国际防核扩散机制不平等性凸显核安全治理困境

国际防核扩散与核军控、核裁军互为补充，对维护国际核安全具有基础性作用。国际防核扩散公约基本上体现了世界各国的共同利益，国家试图通过外部制衡降低自身的脆弱性，即通过国际机制、规范和道德观念对核大国的强权政治行径加以约束。但现有的国际防核扩散机制存在有核国家和无核国家的利益矛盾与歧视性安排。

国际防核扩散机制是走向全面禁止和彻底销毁核武器最终目标的重要安排。但是，长期以来它也和核超级大国巩固自身核垄断和核优势的霸权主义企图交织在一起。① 国际防核扩散机制的不公平性和不合理性实际上固化了国家在核领域的不平等地位。② 美国的防核扩散政策始终存在"双重标准",体现了国际防核扩散领域的强权政治。2014 年 12 月,不结盟国家在维也纳举行核武器造成的人道主义影响会议。与会国家认为,拥有核武器本身即违背了国际人道主义法的原则。国家拥有核武器,或任何使用或威胁使用核武器的行为,即已违反《联合国宪章》以及国际法,特别是国际人道主义法的原则。核武器国家的军事和安全理论及北大西洋公约组织成员的防卫和安全战略概念,以使用或威胁使用核武器为基础,并坚持立足于促进和发展军事联盟和核威慑政策的、不合理的国际安全概念。不结盟国家强烈呼吁核武器国家在其军事和安全理论中,全面排除使用或威胁使用核武器。由于国家核地位的不平等,现有国际核安全机制不公正、不合理方面难以消除,有核国家对无核国家拒绝提供具有法律约束力的安全保证,国际核安全治理难以取得突破性进展。

(三) 核恐怖主义威胁源于社会矛盾

核恐怖主义的威胁主要是指极端主义、分离主义、恐怖主义势力与核武器结合的危险。恐怖主义的产生与社会领域的安全互动密切相关,民族、文化、宗教等"集体认同"的安全威胁与脆弱性逻辑表明,处于弱势地位的一方,在无力消除威胁的情况下,往往会采取极端的、反人类的恐怖手段。由于社会领域安全问题错综复杂,非国家行为体众多,因而使得社会领域核威胁的预防困难重重。社

---

① 潘振强:《国际裁军与军备控制》,国防大学出版社,1996 年版,第 131 页。
② 李少军:《论核不扩散体制》,载《世界经济与政治》,2001 年第 1 期,第 39 页。

会领域矛盾的不可调和性是滋生核恐怖主义的根本动因，宗教极端势力等非国家行为体的非理性行为是制造核恐怖主义的主观条件，而全球范围内核武器及核原料的扩散、流失以及核设施安全防护的漏洞成为产生核恐怖主义威胁的客观依据。社会领域核威胁有着政治、经济、军事、社会、环境多方面的复杂根源，既体现了各领域核安全威胁的内在联系，也表明国际核安全是国际安全的重要组成部分，与其它国际安全议题也有着紧密的关联。核恐怖主义威胁超越了国家的界限，民族、文化、宗教等社会"集体认同"成为安全的主要关注对象，次国家行为体甚至个人成为社会领域的重要行为主体。核恐怖主义威胁凸显了当前国际安全面临的复杂形势以及政治、经济、军事、社会、环境各领域矛盾的交织。

（四）和平利用核能增加了核安全风险

和平利用核能作为世界各国应共同享有的权利对国际核安全的影响愈显突出。环境领域核威胁是由人类的核活动引发的环境破坏的危险，继而对人类自身的安全造成威胁，是人类活动与自然环境之间威胁互相循环的结果。人类核活动本身固有的危险性是环境领域核威胁的客观依据，而人类核活动中安全防护措施存在的漏洞以及造成核事故、核灾难的人为因素则是环境领域核威胁的主观动因。人类的军用与民用核活动，包括核武器的军事运用、核军备竞赛、和平利用核能，都会从主观与客观两个方面推动环境领域核威胁的上升，而核恐怖主义的出现更是加剧了环境领域的核威胁。消除环境领域核威胁的基本途径是降低人类核活动中的不安全性以及增强人类抵御环境核威胁的能力。但由于环境核灾难的毁灭性影响，应对手段当以减弱威胁来源为主。同时，环境领域的核威胁也可以看作军事、社会领域核威胁的环境后果，也体现了国际核安全各领域的相互联系与影响。环境领域核威胁使涉及范围扩展到了自然环境，既体现了全人类在维护核安全方面的利益一致性，也体现了人类可持续发展面临的资源困境，和平利用核能在解决人类能源问题的同时也带来了环境遭受核威胁的可能，军事、社会领域的核威胁同样会对环境领域的核安全造成严重破坏。

四、中国核安全观及核安全治理理念

核安全、核扩散危机对国际安全和稳定构成严重威胁，阻碍了民用核合作的发展。由于中国国内以核电为主的核设施建设迅速发展、核及放射性材料数量庞大，周边地区国际核黑市活跃，国内外恐怖主义势力威胁较为严重，中国面临的核安保形势十分复杂。

中国政府重视国家核安全能力建设，在推动全球核安全和核能安全治理体系构建中贡献突出。自20世纪90年代以来，中国逐步转变了对国际防扩散机制的态度，陆续成为国际原子能机构、桑戈委员会、核供应国集团等国际组织的成员，并积极参与国际核安全治理进程。中国于1988年与国际原子能机构签署了保障监督协定，成为批准保障监督协定附加议定书的国家。经过30年的努力，中国建立起多边、双边及区域层面的国际合作机制，并在机制框架下与联合国主要核机构、非政府国际组织以及其他国家政府开展多种形式的合作交流，包括国际会议、信息交流、技术援助培训等，取得了显著成绩。

随着综合实力的增长和国际影响力的提升，国际社会对中国充满期待，希望了解中国在核安全问题上的立场和态度。在2014年海牙核安全峰会上，习近平主席首次提出了"发展和安全并重、权利和义务并重、自主和协作并重、治标和治本并重"的中国核安全观，强调应在行使权利和履行义务之间、在和平利用核能和维护使用安全之间保持稳定平衡。在2016年核安全峰会上，又提出塑造核安全命运共同体理念。这些理念集中体现了中国在核安全领域合作共赢的方针，表达了中国对核安全和核能安全的理解和追求，即和平发展民用核能，保障核能安全，切实防范核恐怖主义。随后，中国政府提出对加强核领域全球治理的看法：第一，实现普遍安全是核领域全球治理的根本目标，只有实现普遍安全，才能从根本上防止核武器扩散、更好地利用核能为人类造福；第二，五核国的意愿与行动是影响全球核安全治理的关键要素。五核国深化战略互信、加强团结协作，才能更有效解决核领域的问题，更好引导核领域全球治理的方向；第三，维护多边机制是核领域全球治理的核心内容，要充分发挥联合国、日内瓦裁军谈判会议、国际原子能机构等的核心作用；第四，坚持平衡推进和协商一致是核领域全球治理的基本原则，应在平等讨论基础上，遵循协商一致原则，同等重视、平衡推动核裁军、核不扩散与和平利用核能；第五，确保广泛参与是核领域全球治理的关键保障，各国政府应积极参与，同时调动国际及地区组织、非政府组织、以及民间社会积极性，形成最大合力。[①]

　　中国政府采取措施，不断加强核安全国际合作。中国稳步发展国内核安全法规体系，加强培养核安全人员，不断提高信息公开透明度。与俄罗斯、哈萨克斯坦等国开展了多项合作。2015年，中美携手合作促成伊核协议达成。2016年，中美举行首次核安全对话。两国承诺在高浓堆改造、核安全培训、打击核走私方面加强合作。中国与美国合作建设的核安保示范中心已于2016年3月投入使用。该中心可向亚太地区国家提供系统、全面的核安全教育培训。中美

[①] 李保东：《提高核领域全球治理水平是五核国共同目标》，http://news.china.com.cn/world/2014—04/14/content_32088518.htm

两国在世界范围内提供公共安全产品，在促进提升全球核安保水平方面发挥了示范作用，为亚太地区及全球范围内和平安全利用核能与核技术提供保障。

五、全球核安全治理的前景

目前国际社会对全球核安全治理的意愿强烈，核安全治理存在合作空间。未来国际核安全治理前景关键取决于核大国对共同推进核安全治理、维护全球和地区形势稳定的共识，核安全问题及核恐怖主义问题治理取决于多元行为体的参与程度。国际社会需要共同努力寻求维护核安全的综合策略。主要包括以下路径：第一，切实维护国际战略平衡与稳定。增进各国在军事领域的安全互信和大国协调的有效性，维护联合国及其安理会在保障国际安全方面的权威性。核大国调整威慑政策，降低核武器在各国国家安全战略中的作用，减少核军备竞赛的诱因，缓解国际无政府状态下国家间的安全困境。第二，努力改善大国关系，为安全稳定的核态势提供基础。良好的政治关系是稳定核态势的基础，改善当前大国之间的紧张关系才能维护安全的核态势。促进多种文明、文化相互包容、借鉴，抛弃以意识形态划界的冷战思维，加强两国政府间及非政府间的沟通、交流，减少国家间因误解、偏见产生错误的安全认知。第三，妥善解决地区冲突问题，建立地区安全合作机制。国际核态势与地区安全形势密不可分。乌克兰危机、印巴对峙、美朝对立以及南海争端都将对核态势的发展造成不利影响。有关各方应积极构建地区安全合作机制，通过多层面沟通和大国协调等方式，妥善解决地区冲突问题，避免对抗升级，缓和地区安全形势，为国际核安全态势朝着和平稳定的方向发展创造有利的环境。第四，广泛开展核安全、反核恐怖主义合作。降低核恐怖威胁,既需要世界各国完善国内治理,更离不开国际社会各方的通力协作。核安保、核材料、核恐怖主义问题影响广泛,深入开展核安全、核安全保障、反核恐以及防扩散等合作,可以为构建全球性合作框架提供实践经验。有关各方应积极加强出口管控和信息共享,促进和平利用核能方面的技术交流,提升核设施以及核材料安全、安保水平,共同维护国际社会的和平与稳定。

(本文发表于《中国国际安全研究报告(2016)》,此次收入书中进行了增删和修订——作者。)

新时期下知识产权制度与国家安全关系的探究

郝敏[*]

[内容摘要] 2015 年 7 月 1 日,十二届全国人大常委会第十五次会议表决通过了新的《国家安全法》。在维护国家安全的任务方面,新法要求,国家加强自主创新能力建设,加快发展自主可控的战略高新技术和重要领域核心关键技术,加强知识产权的运用、保护和科技保密能力建设,保障重大技术和工程的安全。从世界范围来看,由于知识经济和经济全球化的深入发展,知识产权日益成为国家发展的战略性资源和国际竞争力的核心要素,成为建设创新型国家的重要支撑和掌握发展主动权的关键。国际社会的基本潮流和趋势是越来越重视知识产权,越来越重视鼓励创新。几乎所有的发达国家,都努力以创新为主要动力,来推动经济发展,充分利用知识产权制度维护其竞争优势,而作为一个正在崛起的新兴的发展中大国,中国也必须积极采取适应国情的知识产权政策措施,促进自身发展。

[关键词] 知识产权　经济安全　全球化

---

[*] 郝敏,国际关系学院国际政治系副主任,副教授,主要研究领域为知识产权国际保护、外事谈判与实践、全球气候变化合作等问题。

2015年7月1日，十二届全国人大常委会第十五次会议表决通过了新的国家安全法。在维护国家安全的任务方面，新法要求，国家加强自主创新能力建设，加快发展自主可控的战略高新技术和重要领域核心关键技术，加强知识产权的运用、保护和科技保密能力建设，保障重大技术和工程的安全。作为一个正在崛起的新兴的发展中大国，中国必须积极采取适应国情的知识产权政策措施，促进自身发展。

一、知识产权国际保护制度与国家经济安全

知识产权制度是当今国际通行的保护智力创造性成果和工商业标志权益的法律制度。随着以知识、科技和经济一体化为特征的经济全球化，在世界知识产权组织、联合国教科文组织和WTO的不断促进下，知识产权保护跨出国门，形成了日趋完善的知识产权国际保护体系。特别是WTO将知识产权纳入与商品贸易、服务贸易并列的三大贸易体系之一，加入WTO，就意味着承认WTO的TRIPs协议规定的知识产权保护制度，承担知识产权保护的国际义务，从而使知识产权国际保护达到前所未有的高度。

诚然，知识产权国际保护制度对于在国际范围内充分保护知识产权，并在整体上减少实现知识产权的成本，无疑具有非常重要的作用。然而，趋同的保护规范和标准，对于处于不同科技经济发展阶段的国家，在利益得失方面具有明显的差异。由于当今绝大多数科技制高点已被发达国家控制，根据世界银行统计，在国际技术贸易收支方面，高收入国家获得全球技术转让与许可收入的98%，全球15%的富国人口拥有世界上几乎所有的技术创新成果[1]。成果的

---

[1] 浦树柔：《勾画国家知识产权战略》，《瞭望新闻周刊》，2006年第4期，第13页。

知识产权也为其所拥有，而且当代知识产权保护的国际规范也是在发达国家主导下形成的，体现了较高的知识产权保护水平，反映了发达国家的利益，而对发展中国家利用当代社会科技成果发展民族产业、实现民族国家振兴的要求很少顾及。发达国家基于其雄厚的科技经济实力和娴熟的知识产权制度的运用技巧，拥有并控制绝大部分现代新兴、支柱产业的关键技术，发展中国家要发展自己的新兴产业，除了向发达国家支付高昂的知识产权费，别无他途。

我国在加入世界贸易组织的过程中，和许多发展中国家一样，认为包括减少发达国家贸易保护在内的整体一揽子协议会（给他们）带来利益。但仅就 TRIP$_S$ 协议本身的合理性而言，严格保护知识产权为发展中国家带来了沉重的负担。中国 20 世纪 90 年代发展起来的 DVD 产业就是典型，由于受发达国家企业专利联盟的制约，一度红火的产业已完全垮掉，同样面临这一威胁的还有目前 MP3、MP4、数字电视等行业。企业通过知识产权国际保护制度，可以在全球范围内控制科技文化成果的利用权，从而挤占科技经济实力相对弱小的发展中国家新兴产业的发展，威胁这些国家基于相关产业的经济安全。

我们应该清楚地认识到，TRIP$_S$ 一方面反映出了发展中国家与发达国家之间的潜在冲突，从另一方面看，对于发展中国家而言，新的世界知识产权制度对各国的国家经济安全构成了切实的挑战。国家经济安全是一个系统工程。在社会和经济发展的诸多决定性要素中，人的因素第一。以人为本，保证人的生命和健康，是中国的基本国策。中国仍属于发展中国家，在一些经济部门，尤其是如生物和制药领域的资金投入与创新能力尚不够强。但随着工业迅速发展，全球范围内已然出现了日趋严重的健康危机，对新药特药的需求巨大。事实上，每年有数百万人死于传染性疾病，而在大多数情况下，这些疾病本来是可以预防和医治的，很多人死亡只是因为无法获得有效的、买得起的药品。2003年上半年出现的"非典"疫情，2009年出现的甲型H1N1l流感疫情，以及社会对艾滋病（HIV/AIDS）问题的关注，也使人们意识到了药品的可得性、专利和药品价格问题的重要性。从长远考虑，除传统工业技术外，对于生命和制药技术必须给予更大的重视。如果由于TRIP$_s$的实施，中国便失去了开发某些关键性药品的权利，等于被撤掉了向上攀登的梯子，那么，国家经济安全无疑将因此而遭到严重的损害。仅从这一点来看，也很有必要对目前有关知识产权保护的各种国际约定，进行更加全面而深入的研究与重新认识。

二、国际化环境下知识产权制度的完善

不可否认，中国经过二十多年的建设形成了与国际标准接轨的知识产权法制体系，知识产权立法方面的成就令人瞩目。但同时，我国知识产权法的实施还存在着一些不尽如人意的地方，这既是西方国家就我国知识产权保护屡屡提出责难之处，也是我们不得不承认的现实。究其原因，通常认为在于以下几方面：中国知识产权的执法机制有待完善（如对非法侵犯知识产权的行为打击不力），相关执法部门的协调与合作有待加强（如地方保护有碍知识产权法的实行），民众知识产权意识整体有待提高（如仿冒、假冒存在一定的社会基础）。此外，知识产权制度本身的问题也是不宜忽视的因素。

（一）建立完善符合中国国情的知识产权制度

我国从20世纪80年代开始建立的知识产权制度，主要不是因应自身社会经济发展需要，而是适应对外开放的要求，与"国际标

准"接轨是我国建立知识产权制度的一个基本原则和重要特点。①"国际标准"通常即发达国家标准的代名词。受代表发达国家知识产权保护要求的"国际标准"的影响，我国知识产权法从一开始就表现出超过我国社会经济科技发展状况的高水平。虽然知识产权制度通过赋予智力创造者以一定的市场经营垄断权从而鼓励创造、促进智力成果推广、促进社会进步，其颁行对于培养民众的尊重知识、尊重人才、尊重知识产权的意识，增强企业开发、运用和保护知识产权的能力，具有非常重要的作用，但如果知识产权制度与人们的现实生产生活过分脱节，知识产权保护成为经济、文化发展的桎梏，人们对知识产权制度的威信势必发生怀疑，突破制度桎梏、漠视知识产权的情形势所难免。

随着我国从制造业大国转变为创新驱动发展的超大型经济体，知识产权保护的实效问题，在国际社会成为焦点。如果说及至本世纪初，我国恪守国际条约义务保护知识产权是为了以"承诺保护"来换取贸易通关，那么最近两次的专利法修订则着眼于"内需"。2008年以来的两次修法，都强调创新驱动发展、增强创新主体对专利保护的信心，以"加强保护""严格保护"为导向。前一阶段西方世界对我国专利保护实效的指责，实因中国为迎合国际社会而须以"规则"委屈"事实"，造成立法与司法、"活法"的脱节。后一阶段贸易伙伴的"警戒"和"威胁"，则因为上述脱节反作用于业已吸纳我国为其重要一极的世界经济格局，形成对发达国家的竞争压力。

（二）增强知识产权保护实效

世界科技经济发展史表明，发达国家的专利权保护，大多经历

---

① 杨利华：《全球化环境下我国知识产权制度的完善——以维护国家经济安全为视角》，《河北法学》，2007年5月。

了不充分、低效能（创新能力弱，侵权成本低、降低保护标准以便技术扩散和传播）向充分、高效能（创新能力强，专利技术保有量大、保护充分有效、侵权成本高）的拐点。① 以专利保护为例，2004—2011年北京地区一审专利侵权诉讼318份判决书的实证调研显示，我国专利诉讼中权利人损害赔偿请求权获得司法救济的实效普遍低下。如无改观，这对专利制度的健康运行影响重大，我国在国际社会也将继续面临压力。由于专利侵权"实际损害"的证明困难，司法实践中适用"法定赔偿"几乎成为惯例。专利侵权损害赔偿的实践越来越远离"以权利人实际损害为基础"的客观立场，法院在固定区间内主观酌定赔偿额度的实践渐趋僵化。判赔率始终维持在20%的水平，几乎不受权利人诉讼请求的影响，极不利于权利救济②。

  知识产权制度的主要作用通过赋予创新者对于研究开发的投入而产生的成果在一定时期内垄断市场的权利，从而使其有机会收回投资，进行科研开发的再投入，进而刺激科技创新不断增加，最终有利于一个国家的经济和科技安全。学者认为，全球问题所凸现的经济安全是一种重视并竭力提高国家经济实力的经济安全。③ 只有提高经济整体实力，才能保证国家安全。而技术水平对于经济发展的积极影响为理论和实践所证明。马克思认为，资本的有机构成决定了资本家利润的高低，只有在技术水平不断提高，资本有机构成不断改善的情况下，经济主体才能获得超乎平均利润率之上的垄断利润，进而才能在激烈的市场竞争中保证生存。核心专利或者说基础专利是经济安全、尤其是企业经济安全的基础。缺乏基础专利或者

---

  ① Yu, Peter K., TRIPS Enforcement and Developing Countries. American University International Law Review, Vol. 26, 2011, pp. 727-82.
  ② 张陈果：《专利诉讼"权利救济实效"的实证分析——兼评中国专利法修订的成效与未来》，《当代法学》，2017年第2期。
  ③ 蔡拓等著：《全球问题与当代国际关系》，天津人民出版社，2002年5月版，第387页。

基础型计算机软件等知识财产，会给企业、进而给国家的利益带来巨大损失。例如，以美国和日本为例，就重要专利比较，美国有10454项，而日本只有76984项，因此，在许多专利诉讼中，日本企业受挫，在贸易中损失惨重。再例如，微软控制了个人计算机操作系统的市场，不仅在经济领域损害了各国国家利益，也威胁到国家的信息和技术安全。按照"有所为、有所不为"的科技创新决策，在新技术领域集中精力，不间断地在各国获得一批核心自主知识产权是维护我国国家利益和国家安全的重要战略性手段。通过技术分析，集中力量，在发达国家编织严密的知识产权权利网络中不断打开缺口，才能打破它们的技术垄断、市场垄断和竞争优势，维护我国的国家经济安全、技术安全和正常的市场秩序。

（三）加强知识产权国际保护正当化的外交努力

以 WTO 中 TRIPs 为代表的当今知识产权国际保护体系，在科技、经济、文化发展水平悬殊的世界各国实行大体一致的知识产权保护，其实质必然是形式平等下的实质上的不平等。由于当今的主要知识产权掌握在发达国家企业手中，知识产权国际保护规则主要是在发达国家的主导下形成的，无疑主要反映了发达国家的意志和利益要求。中国作为发展中的大国、世界贸易的重要对象，在国际贸易中就知识产权等问题与发达国家产生冲突不可避免。在认识、解决中国的涉外知识产权冲突中，既要遵循知识产权国际保护规则，强化中国知识产权保护，提高民众尤其是企业创造、利用与保护知识产权的能力，又应该理性对待知识产权，不能将知识产权国际标准、国际规则神化，在优化国内知识产权环境的同时，优化国际知识产权环境。具体地说，中国政府和有关部门应该加强知识产权保护的外交工作，积极参与知识产权国际谈判，努力争取知识产权国际保护的正当性。在知识产权领域既积极发展与发达国家和国际组织的合作，努力营造有利于中国经济发展的知识产权氛围；又发展与第三世界、发展中国家的合作，在遵从知识产权国际保护规则的同时，促进发展中国家合理分享当今世界科技文化成果的国际知识产权体系的形成，促进科技文化知识的扩散、传播与利用。

三、维护国家安全的知识产权对策

（一）充分利用世界贸易组织规则，建立知识产权安全制度

1. 利用世界贸易组织安全例外条款，建立我国的知识产权安全制度。TRIPs协议第73条规定了安全例外条款。主要内容为协议不得阻止成员采取认为对保护其根本安全利益所必须的任何行动以及协议不得要求披露违背其根本安全利益的信息。《技术性贸易壁垒协议》序言中也宣称："各成员认识到不应阻止任何国家采取为保护其基本安全利益所必需的措施。"这些条款实质上是为了发达国家向发展中国家封锁技术而设[①]，其中存在很大的滥用可能，甚至有人认为该条款是"发达国家对发展中国家干涉的工具、经济侵略的机制和殖民主义的一个新变种。"但是，从实践中看，"安全"和"基本安全利益"往往被进行宽泛的解释，"安全"和"基本安全"的概念仍然可以作为我国在知识产权领域保护国家利益的一个重要切入点。基于WTO的例外条款，建立知识产权安全制度，在WTO框架内解决一定时期特定知识产权问题是可行的。目前我国缺乏相应的机制

---

① 陈卫东著：《WTO例外条款解读》，对外经济贸易大学出版社，2002年11月版，第361页。

和具体落实例外条款的有关法律规定，不利于保护知识产权国家利益。仿照美国的制度，[①]我国可以在 WTO 执行的框架下建立自己的安全机构，负责审核与贸易有关的知识产权以及技术进出口对我国的影响，转变原来安全限于军事斗争安全、技术安全限于军事技术的观念，使安全与贸易挂钩，通过国际贸易的手段充分保护我国在知识产权领域的国家安全利益。

2. 利用 TRIPs 协议的有关规定，促进技术和信息的流入，保护技术和信息安全。TRIPs 协议第 7 条规定："知识产权的保护和实施应有助于促进技术革新及技术转让和传播，有助于技术知识的创造者和使用者的互相利益，并有助于社会和经济福利及权利和义务的平衡。"根据这个宗旨，知识产权法律保护的"创造者"和知识财产的"使用者"在知识产权制度中应该是相对平等的。充分利用这个条款，在保证"对专有权作出的""限制或例外仅限于某些特殊情况，且与作品的正常使用不相冲突""不无理损害权利持有人的合法权益"的界限内，在制度上进行有关安全的安排是可行的。例如，完善《专利实施强制许可办法》的有关规定，使之上升到法律的层次，把强制许可当作技术转移壁垒的强大威慑力量，是为世界贸易组织规则所允许的、有利的技术安全武器。目前由国家知识产权局颁布的《专利实施强制许可办法》并没有明确《专利法》所称的"紧急状态""非常情况"以及"公共利益"，在留下的较大自由裁量权的同时也使该《办法》操作性大打折扣。再例如，要求著作权人在我国国内、在合理的期限内以合理的价格出版或者许可其作品、进而保证信息安全也是可行的。

[①] 例如，美国建立了"美中安全审议委员会"等世界贸易组织框架下的安全机构。参见贾琳：《入世后美国对华经贸政策的两面性》，《红旗文摘》，2003 年第 17 期。

(二) 建立保护我国国家利益的有关法律

在知识产权领域，我国作为发展中国家，更多的是技术进口国，是知识产权的"使用者"。但是，在遗传资源、民间文艺、传统知识等方面，我国却占据一定优势。而从目前的知识产权发展趋势看，发展中国家对生物多样性、传统资源、传统知识等客体保护的呼声越来越高，许多国家已经或者正在建立关于生物多样性和其他遗传资源的法律，对这方面的利益加以保护。[①] 在生物技术、基因技术以及医疗和文化产业的重要性日益突出的今天，对于发达国家来讲，获得生物多样性资源、人类基因资源和传统文化资源是十分重要的。我国可以通过建立有关法律，分享使用上述资源的利益或者保护上述资源不受损害。同时，在国际上，联合广大发展中国家，使对上述客体的保护成为知识产权制度的重要组成部分，最终有利于保护我国的国家利益。

特别应该指出的是，知识产权保护的客体扩大到生物和基因技术，也导致生物海盗行为频频发生。因此，在我国生物和基因资源十分丰富的国情下，尽快出台关于基因研究的知识产权政策，坚持对于"发现"不授予专利的原则，保护我国的基因资源，使专利权只授予那些将基因序列具体功能进行开发的发明人[②]，必将有利保护我国以及其他发展中国家的国家利益。

[①] 例如，巴西于2001年通过的保护生物多样性和遗传资源的《暂行条例》等。当然，对这一领域的"知识产权化"是否合适还存在争议。但是，无论如何，作为一种财产权可能的资源，我们还是要尽力争取，哪怕最终的表现方式不一定是知识产权。

[②] 李辉智：《人类基因组计划带来的伦理与法律问题》，《西南政法大学学报》，2003年第2期，第45—51页。

（三）积极参与国际合作，以合作促进国际知识产权制度的完善，使之有利于我国的国家利益和安全

在引进外国资本和技术的同时，与发展中国家充分合作，避免过度的制度竞争。发展中国家在引进外资、引进先进技术方面有着共同的需求。因此，发展中国家往往"以市场换技术"，但是，这种战略往往导致发展中国家在制度优惠上互相竞争，最终形成的国际秩序往往不利于广大发展中国家的经济和技术安全。因此，通过加强国际合作，与发展中国家在知识产权制度上达成较为广泛的共识，建立某种形式的知识产权战略同盟，进而确保知识产权的国际秩序相对有利于发展中国家是极为重要的。当前，通过世界知识产权组织和世界贸易组织两个阵地，特别是利用发展中国家在世界知识产权组织的多数地位，影响世界知识产权制度的进程，保护发展中国家利益、进而保护我国的国家利益是必要的，也是可行的。

（四）增强企业的自主创新能力、培育民众的知识产权法律意识

中国近些年的经济发展较快，但稍微深入就会发现：尽管不少国际品牌实际是中国制造的贴牌产品，但当今市场销售旺盛、获利较大的都是国际品牌。这给我们一个警示，虽然中国已具备了相当的生产制造能力，但依然缺心少魂：缺失品牌，缺失自主创新以及创新成果的有效保护。这其实是中国越来越受困于知识产权问题的根本原因。中国许多市场主体不重视技术创新与开发，简单重复、模仿已有产品与技术，从而导致侵犯知识产权的案件屡禁不止，既不能保证企业的持续发展，又在知识产权国际保护问题上受到责难。造成这一现象的原因，一方面在于市场机制不完善，如竞争不充分、

市场分割、地区发展不平衡，从而使企业的投机、仿冒具有相当的获利空间，仿冒、假冒层出不穷，打不尽、铲不除；另一方面在于创新活动投入大、风险高，需要企业具备相当的经济实力和研发能力，很多中小企业望而却步。其根本原因则在于知识产权制度的不完善，不能保障创新企业的收益，企业创新缺乏制度激励，因为大量仿冒、跟风使创新企业无利可图，与国际接轨的知识产权保护水平使创新难度加大，国际化条件下外国企业知识产权打压使企业创新空间紧缩。为改变这一状况，需要在完善知识产权立法与执法的同时，大量加强知识产权宣传教育，树立广大民众尤其是广大企业尊重和保护知识产权的观念。动员和引导全社会尊重和保护知识产权，反对非法模仿、伪造，崇尚科技创新。只有全社会都树立知识产权保护意识，才能全面推动企业实施知识产权保护工作。政府和有关部门应建立一种机制，引导企业在进行科研开发、产业化、市场开拓立项之前，进行知识产权调查，到市场上寻找受知识产权保护的创新成果，既保证技术开发的前沿性，又避免在不知情的状况下侵权。

  同时，需要引导企业提高创造、运用、管理和保护知识产权的能力，促进全社会科技资源的合理配置和高效利用。前些年，中国科技跟踪、仿制较多，自主创新比较少，技术、设备引进的花费大大高于科技研发投入，但关键技术、核心技术买不来，创新的能力更不可能买来，简单引进的结果造成"引进—落后—再引进"的恶性循环中，关键技术受制于人，产业发展面临瓶颈。从日本、韩国等经验看，只有通过创新逐渐形成具有自主知识产权的产品与技术，才能主导国内市场，并支撑起具有国际影响力的品牌，拉动经济的持续、稳定增长。

  国家安全即是对国家生存与发展的保障。我们选择了和平不等于自动获得了安全。恰恰相反，为了保障国家的和平发展，更需要增强全民的国家安全观念，更需要及早制定国家总体安全战略及各领域的安全战略，更需要建立健全国家安全机制和国家安全体系。总之，知识产权制度对我国经济、科技安全以及意识形态各个方面都存在一定影响，在利用好知识产权制度的同时，通过采取一定的战略和措施，我们能够做到既承担国际义务，保持市场开放，又在最大程度上维护国家安全和利益。

美国公共外交的安全利益导向及其对中国的启示

曹玮[*]

[**内容摘要**] 中国公共外交研究现阶段存在把公共外交向文化外交方向牵引的趋势，公共外交实践中同样更加偏重文化领域，以至于无法明确区别公共外交与文化外交等其他非传统形式的外交。公共外交最早发轫于美国，对美国公共外交的研究是准确认知公共外交的基础。本文以美国官方资料为文本分析对象，以具体的公共外交实践检验公共外交理念，试图找出"公共外交"的本质特征。研究发现，公共外交之所以确立并演变为美国外交重要组成部分，在于它与其他外交形式不同，有着明显、直接的安全利益导向；以各种手段影响外国公众对美国对外政策的理解和支持、减少对美国国家安全的外部威胁，是美国公共外交的基本内涵。本文由此认为，中国公共外交不应偏离安全利益导向，应把重心放在化解中国崛起的困境上。

[**关键词**] 公共外交　文化外交　安全利益　美国

---

[*] 曹玮，国际关系学院国际政治系副教授，主要研究领域为公共外交、朝鲜半岛问题。

一、问题的提出

如同本世纪初开始成为中国主流政策话语的"软实力"以及稍后出现的"国家形象"一样,"公共外交"在近年来正日益成为中国政界、学界所广泛使用和讨论的概念。特别是自2009年7月中国国家主席胡锦涛在第十一次驻外使节会议上明确提出"要运筹好大国关系,加强公共外交和人文外交"之后,[①] 公共外交上升到外交全局的战略高度。学术界的研究也不断高涨。学界将随之而来的2010年称为中国公共外交研究元年。[②] 与此同时,"公共外交"也成为政府部门开展外交外事活动时频繁使用的词汇。一时间,"公共外交"似乎成了无所不包的"万能"概念,除中央政府正式外交活动以外的其他任何外事工作似乎都可以被冠以"公共外交"的称谓。但问题是,将众多外交外事行为全部归结为"公共外交",这种做法是否科学?"公共外交热"究竟是因为公共外交的外延的确非常广因而涉及的范围特别宽,还是由于人们错误地夸大了公共外交的边界?这就涉及到对"公共外交"的准确定义问题。

对"公共外交"定义的追问并非由笔者肇始。在大量的探讨中,中国学者就公共外交的含义在以下方面逐渐形成了初步共识:(1)主体:政府起主导作用;(2)客体:民众(国外民众或国内外民众);(3)手段:文化交流等;(4)目标:塑造国家形象、增强软实力、提升话语权,以及促进国家利益的实现。根据这些共识,我们可以将目前中国学界对"公共外交"的定义概括为:公共外交是

[①] 《第十一次驻外使节会议在京召开,胡锦涛发表重要讲话》,《人民日报》2009年7月21日,第1版。
[②] 《要撕开西方话语霸权的裂口》,《环球时报》2010年11月17日,第14版。

以政府为主导，以民众为对象，以文化交流等为手段，旨在塑造良好国家形象（或增强软实力，提升话语权），增进国家利益的一种外交行为。

令人遗憾的是，尽管中国学界已对"公共外交"的含义形成了上述共识，但上述定义非但不能帮助我们对"公共外交"的范围和边界形成清晰的认识，反而令人愈加困惑。一个最核心的问题是，由上述共识所定义的公共外交，与其他种类的外交工作相比究竟有什么区别？公共外交的独特和"新颖"之处在哪里？首先，政府在所有外交形式中是唯一主体或主导性行为体这一点已是共识。其次，以民众为客体（行为对象）、以文化交流为手段的外交在其他既有外交形式中普遍可见。再次，塑造良好国家形象、增进国家利益等是包括首脑外交、政党外交、议会外交、政治外交、经济外交等在内的所有类型的外交工作的共同目标。此外，无论非政府组织的涉外活动是否应被纳入公共外交范畴，也都同样无助于将公共外交与现有其他类型的外交相区分。因为如果排斥非官方活动，那么公共外交就与传统外交无异；而如果涵盖非官方活动，则又与"1.5轨外交"相重叠。

总之，依据国内研究所得出的定义，我们无法知道公共外交与其他外交形式的实质性区别是什么。但问题是，假如一个新概念的内涵与现有的其他概念的内涵没有区别，那么这个新概念存在的学术意义又究竟何在呢？假如我们认为使用"公共外交"并不是纯粹的语言游戏而的确实有其指，那么问题是，公共外交区别于其他外交形式因而具备独立存在意义的地方究竟是什么呢？这里存在着一个令所有研究公共外交的学者都不容回避而必须二选其一的两难局面：如果拒绝寻找"公共外交"概念的独特成分，那么该概念将沦为无实意的语言游戏或者政治辞令；而如果拒绝承认这一点，并坚信"公共外交"这个概念具有真实的学术意义，那么我们就必须找到公共外交区别于其他外交形式的独特之处。公共外交与文化外交等其他非传统外交的区别在哪里,这构成了本文的核心困惑。

鉴于"公共外交"一词属"舶来品",因此对其含义的探究也需要追根溯源。公共外交发轫于美国考察美国官方对公共外交的定义及其实践,可以为我们准确理解公共外交的含义提供一个本源性的基础,从而帮助我们拓展或修正对"公共外交"概念的现有认识。有鉴于此,本文将以美国官方文件为文本分析对象,通过美国的公共外交实践来探究公共外交的概念,借此找出"公共外交"区别于其他非传统外交形式的特征。

本文以下分为四个部分。第二节,笔者将系统回顾二战后美国政府对公共外交的界定和认识,并在第三节中总结不同时期美国对公共外交理解的共识,指出美国公共外交的最显著特点是鲜明的安全利益导向,这构成了美国公共外交的根本动因以及公共外交在美国区别于其他非传统外交形式的核心因素。在讨论了美国政府在主观上对公共外交的认识之后,第四节进一步考察美国政府以安全为导向的公共外交的具体实践,并对其效果予以评估。根据以上分析,本文最后讨论了中国公共外交的定位问题以及公共外交与文化外交等的区别,指出中国可借鉴美国经验,重视公共外交缓解安全压力的重要功能。

二、二战后美国对公共外交的界定和认识

自第二次世界大战之后,美国政策界和学术界对公共外交的关注程度不断上升,其对公共外交内涵的理解也经历了由模糊到清晰、由笼统到具体的发展历程。在本节中,笔者将系统回顾战后不同时期美国对公共外交的界定和认识,为找到美国国内有关公共外交内

涵的共识做好知识准备。

(一) 冷战时期美国对公共外交的界定和认识

格利恩1965年发起成立爱德华·默罗公共外交研究中心（下称"默罗中心"）时对现代意义上的公共外交做了界定。默罗中心的一本小册子写道："公共外交……旨在影响公众在外交政策制定和执行时的态度。它包含超越传统外交的国际关系不同维度，包括政府对其他国家公共舆论的塑造，一国与他国私人利益集团之间的互动，对外交事务及其对政策影响的报道，外交官与外国记者等传播工作者之间的交流，以及相互文化间的交流过程等。"① 这是美国国内对公共外交的首次清晰界定，从格利恩所界定的五种公共外交发挥作用的"维度"来看，这个定义似乎并无新意。

第一，就政府在其他国家培植公共舆论而言，美国早已为之。美国第一任副总统约翰·亚当斯在美法冲突前夕出使法国时，曾竭力避开官方渠道，试图通过多种途径了解法国民众的想法并向他们解释美方政策主张。珀尔—罗森塔尔认为，这即是美国最早期的公共外交活动。②

第二，就一国与他国私人利益集团的互动而言，当时美国利益集团处于一种"被动互动"的状态。1965年前的美国私人利益集团更加关注国内而非他国利益的获得，表现为通过直接游说、司法诉讼、影响选举等方式影响联邦和地方政府决策。他们虽缺乏作为行为主体"主动"与"他国"利益集团的互动，却时常成为他国利益

---

① http://publicdiplomacy.org/pages/index.php?page=about-public-diplomacy.
② Nathan Perl-Rosenthal, "Private Letters and Public Diplomacy-The Adams Network and the Quasi-War (1797—1798)," *Journal of the Early Republic*, Vol. 31, No. 2, 2011, pp. 283 – 311.

集团争取的对象，即作为互动的客体①

　　第三，就外交事务及其对政策影响的报道而言，美国早在20世纪初就成为此方面的先行者。时任美国总统的威尔逊便是当时最早提出"外交公开化"理念人士之一。自此，美国便利用其发达的传媒工具，通过官方发言以及新闻媒体向国外传递和解释美国的外交政策，披露或"放风"外交的进展情况。

　　第四，就外交官与外国记者等传播工作者的交流而言，以色列的外交官们做得更为出色。观察以色列对美外交即可发现，以色列外交官对美国人的社会交际技巧相当熟悉。面对媒体记者时，他们往往会极力打造以色列在中东问题上委曲求全和万分诚恳的形象，博取美国民众同情和支持。②

　　第五，关于跨文化交流。至少可以追溯到十五六世纪就开始的传教活动。当时欧洲的传教士们纷纷走出欧洲，进入非洲、美洲等地传播基督教文化。这些传教活动带来了不同文化间的交流与碰撞，因此应是最早的跨文化交流。到20世纪中期，美国政府专门设立富布赖特等项目。这与早期的跨文化交流同样并无形式上的本质不同，仅存在"请进来"和"走出去"方式上的区别以及规模大小的差异。

　　综上所述，格利恩所界定的公共外交的五种实现方式要么在提出"公共外交"这一概念出现前就早已在美国存在，要么已经为他国普遍应用（如表1所示）。换言之，格利恩提出"公共外交"这一概念，与这种外交在形式上（即上述的"维度"）的新颖性和独特性无关。

---

① 赵可金：《公共外交的理论与实践》，上海：上海辞书出版社，2007年版，第349页。
② 赵可金：《公共外交的理论与实践》，上海：上海辞书出版社，2007年版，第328页。

表1 爱德华·默罗中心界定的公共外交的实现方式

	主体	客体	新颖与否	专属美国与否
方式1	政府	民众	否	—
方式2	利益集团	利益集团	—	否
方式3	官方、媒体	民众	否	否
方式4	官员（主要是外交官）	民众（主要是媒体人士）	—	否
方式5	官方/民间	民间	否	否

有种观点认为，格利恩提出"公共外交"这一概念，目的是为了取代"宣传"（propaganda）这一概念。在西方语境中，宣传带有虚假、欺骗的意味，强调在真实信息中掺杂虚假信息。而"公共外交"则强调一国向对象国传递真实信息，有别于苏联对美国的"宣传"。格利恩及默罗中心提出"公共外交"这一概念的本意是否真的在于替换"宣传"这一概念，我们不得而知。但事实证明，美国政府的确接受了"公共外交"这一概念并将其运用于外交实践。

1987年，美国国务院《国际关系术语词典》首次给出了"公共外交"的官方定义，这个定义在一定程度上延续了默罗中心所作定义的内容："公共外交指政府赞助的项目，旨在告知或影响其他国家的公共舆论，主要工具是出版物、电影、文化交流、广播和电视。"[①]

1987年美国国务院对公共外交的首次界定与默罗中心的定义有所不同，一定程度上与1975年斯坦顿委员会提交的公共外交报告（下称"斯坦顿报告"）有关。该报告列举了公共外交的四项主要功能：（1）人员交流，即通过教育和文化项目推动不同国家和文化群体的人与美国人相互接触。（2）传播一般信息，即向海外传播关于美国社会和美国对世界事务看法的一般信息，而非传播美国外交政

[①] U. S. Department of State, Dictionary of International Relations Term, Washington D. C.: Dept. of State Library, 1987, p. 85.

策的具体信息。(3) 提供政策信息，包括面向海外的关于美国外交政策的官方宣示和解释，亦即美国政府在重要的外交政策问题上态度的陈述。(4) 提供咨询，即为决策者在政策制定过程中提供信息和建议，包括外国公众想法的信息以及潜在决策效果的预测性分析。①

正如国家战争学院报告所言，《斯坦顿报告》呈现了美国公共外交的理念，即以理想主义为情怀，以现实主义为落脚点。无论是宣扬美国价值观还是阐述某一项现实政策，公共外交最终都将服务于让他国乃至整个国际社会理解和支持美国对外政策这一目标。

(二) 冷战结束至"9·11"事件前美国对公共外交的认识

在1991年苏联解体至2001年"9·11"恐怖袭击事件发生的10年间，美国政府对公共外交的认识和定位随着国际形势的发展又有所演进。分管美国新闻署并入国务院的规划小组在1997年的一份报告中将公共外交定义为："寻求通过理解、告知和影响外国受众促进美国国家利益。"② 美国新闻署在解散和并入国务院前则把公共外交界定为："通过理解、告知和影响外国公众，拓展美国公民和机构与外国公民和机构之间的对话，公共外交寻求促进美国国家利益和国家安全。"③ 进一步明晰国家安全为美国公共外交开展的要义。

美国公共外交咨询委员会自1991年至1999年共提交6份报告，重在讨论公共外交的作用和美国在新的国际环境下如何更好地开展外交工作。例如，1993年的报告说："今天，政府的政策如要取得

---

① Center for Strategic and International Studies, International Information, Education and Cultural Relations: Recommendations for the Future, Washington, D. C.: Georgetown University, 1975, pp. 6 - 7.

② http://publicdiplomacy.org/pages/index.php?page=about-public-diplomacy.

③ 同上。

成功，它必须赢得其他国家人民的支持，包括他们的领导人"。针对一些人尤其是国会议员认为冷战结束后应当撤销美国新闻署，该报告列举了美国新闻署继续存在的四条理由："第一，信息时代的外交主要是公共外交；第二，公共外交对和平演变和民主改革十分重要；第三，教育和文化交流是信息时代公共外交的中心内容；第四，在一个相互依存的世界里，公共外交是必需的"。① 1996年的报告继续阐述公共外交存在的现实意义："信息的变革和外国公众日益增长的权力将成为一种新型外交（指'公共外交'，笔者注）的基础……议题的全球化和非政府组织的快速蔓延正从根本上改变美国追求海外利益的方式。"②

不过，对公共外交作用的种种论证没能使美国新闻署继续独立存在下去，最终被并入国务院。1999年，在将美国新闻署和美国军备控制和裁军署并入国务院的同时，克林顿政府首次设立分管公共外交和公共关系的副国务卿一职，统管公共外交，并成立广播事业管理委员会，监督原属美国新闻署广播局的美国之音等国际广播。有研究认为，美国新闻署是共和党控制的国会与民主党籍总统克林顿的削减联邦财政开支辩论的牺牲品。③

总体而言，冷战结束初期，美国公共外交被边缘化，职能被弱化，从事公共外交的人员岗位被大幅削减，包括自由欧洲电台在内的国际广播和输出意识形态的项目经费也相应减少。小布什政府首任分管公共外交和公共事务的副国务卿夏洛特·比尔斯说，冷战结束后10年，美国用于公共外交和公共事务的资源被严重削弱，用于

---

① United States Advisory Commission on Public Diplomacy, "Public Diplomacy in a Changed World," October 1993.
② United States Advisory Commission on Public Diplomacy, "A New Diplomacy for the Information Age," November 1996.
③ 韩方明主编：《公共外交概论》，北京大学出版社，2011年版，第50—51页。

公共外交的经费被削减大约 40%。① 自 1991 年至 "9·11" 的十年间，美国公共外交活跃度大大降低。

(三) "9·11" 后美国对公共外交的认识

"9·11" 恐怖袭击后，美国国家安全利益首要目标是打击恐怖主义，外交和军事政策首先为反恐服务。公共外交复而得到重视，重新跻身美国外交关键词，其首要任务变为配合美国主导的反恐战争，为反恐行动争取全球舆论尤其是伊斯兰国家舆论支持，同时反击极端主义，从民意层面上削弱恐怖组织生存的土壤。

小布什政府认为，从长期看，要击败恐怖主义，就必须打赢没有硝烟的"观念战"（War of Ideas）。小布什政府第三任分管公共外交和公共事务的副国务卿卡伦·休斯在多次发言中说，美国公共外交以三个战略需要为指引：第一是向全世界的人们提供一种对希望的积极愿景；第二是致力于孤立和边缘化暴力极端主义者，对抗他们所宣传的专制和仇恨意识形态；第三是在美国与不同文化、宗教信仰国家之间凝聚共同利益和共同价值观。② 休斯指出，公共外交有四根战略支柱，她称之为四个 "E"，即接触（engagement）、交流（exchanges）、教育（education）和赋权（empowerment）。③

小布什政府最后一任分管公共外交和公共事务的副国务卿詹姆斯·格拉斯曼在 2008 年的一次演讲中说，从事公共外交的人员与美国政府其他外交和国家安全行为体有共同的目标，其首要目标就是

---

① Charlotte Beers, Keynote address at National Council for International Visitors Annual Meeting, Washington, DC, March 14, 2002.

② Karen Hughes, "Public Diplomacy: Waging Peace Around the World," Remarks to the International Public Relations Association, London, England, November 6, 2007.

③ Karen Hughes, "The Mission of Public Diplomacy," Testimony at Confirmation hearing before the Senate Foreign Relations Committee, Washington, DC, July 22, 2005.

减少对美国的威胁和促进自由。他把美国公共外交概括为三类活动：一是向世界讲述美国的故事，解释美国的政策和原则；二是从事像富布赖特项目那样已经证明是成功的文化和教育交流；三是打好"观念战"。①

正如2003年美国政府问责局的报告中所说，"自'9·11'以来，政府加大在穆斯林为主的国家开展公共外交的努力，认为其在对恐怖主义战争中具有战略重要性。政府显著增加项目基金以及东亚、近东地区外交人员的数量，还以海外年轻的听众（尤其是在穆斯林为主的国家）为目标受众开展新的项目，并计划在将来进行下去"；② 2006年政府问责局的报告强调伊斯兰国家在美国公共外交中的重要性，认定伊斯兰国家民众是最可能对美国安全形成威胁的人群。报告说，从2002年开始，美国国务院对伊斯兰世界实际上实施了"一次媒体运动、一份青年导向的杂志和一个以青少年为主要针对对象的交流项目"。③

2006年的报告重新界定"美国公共外交的整体目标是以一定方式理解、告知、参与和影响全球听众的态度和行为，从而支持美国的战略性利益"。④ 解读这份报告我们发现，一方面，获得重塑的公共外交最大的不同在于它明确以全球而非特定国家的公众为对象，且不再强调政府的唯一主体性；另一方面，在"9·11"后美国国家

---

① James K. Glassman, "Briefing on U. S. Public Diplomacy and the War of Ideas," Video remarks, Washington, DC, October 28, 2008.

② United States General Accounting Office, "U. S. Public Diplomacy: State Department Expands Efforts but Faces Significant Challenges," Report to the Committee on International Relations, House of Representatives, September 2003, p. 9.

③ United States General Accounting Office, "U. S. Public Diplomacy: State Department Efforts to Engage Muslim Audiences Lack Certain Communication Elements and Face Significant Challenges," Testimony before the Subcommittee on Science, the Departments of State, Justice, and Commerce, and Related Agencies, House Committee on Appropriations, May 2006, p. 2..

④ United States General Accounting Office, "U. S. Public Diplomacy: State Department Efforts to Engage Muslim Audiences Lack Certain Communication Elements and Face Significant Challenges," p. 4.

安全面临直接威胁的情况下，公共外交意在影响外国公众对美国安全政策的认知，证明其服务于安全利益的特质。

进入奥巴马时期，首任国务卿希拉里·克林顿把公共外交视为巧实力的核心组成部分，认为仅靠传统的政府间外交是不够的。奥巴马政府首任分管公共外交和公共事务的副国务卿朱迪丝·麦克黑尔说，公共外交的中心作用是作为巧实力的工具和21世纪治国之道（statecraft）的必要组成部分。[①] 她同样强调，作为美国外交至关重要的组成部分，公共外交既能促进国家利益，也能加强国家安全。[②]

三、美国公共外交的安全动因

尽管历史时期不断更易，但美国政府对公共外交的目标有着高度的共识，即美国开展公共外交的核心是以国家安全利益为导向，这构成了美国公共外交的根本动因，同时也是公共外交在美国区别于其他非传统外交形式的核心要素。

（一）冷战期间美国公共外交的安全动因

如前所述，依据默罗中心、美国国务院和斯坦顿报告对公共外交所做的定义，从实施方式上看，我们无法找到公共外交区别于其他外交形式的本质特征。这启示我们，要寻找公共外交的本质特征，应当关注公共外交的目的。根据默罗中心的定义，公共外交的目的

---

① Judith A. McHale, "Public Diplomacy: A National Security Imperative," Address at the Center for a New American Security, Washington, DC, June 11, 2009.
② Judith A. McHale, "Public Diplomacy and Social Media in Latin America," Forum Hosted by NDN and the Latin America Studies Program of Johns Hopkins University's School of Advanced International Studies, Washington, DC, March 29, 2011.

是"影响公众在外交政策形成和执行时的态度"。鉴于影响公众的行为历来有之,公共外交的最大不同就应是其旨在影响的对"外交政策的态度"。

就公众可以影响外交决策这一问题,根据赵可金的论述,就是"世界各国政治体制的民主化和外交决策的民主化,为公民社会行为主体在外交上发挥作用提供了舞台和渠道"。问题在于,即便公众可以影响外交决策,也不必然导致美国在战后必需开展以外国公众为对象的"公共外交"。

笔者认为,问题的核心在于所影响政策的"类型"。从冷战时期的具体情况看,美国确立公共外交,核心的动因是为影响外国公众对事关美国安全利益的外交政策的态度。冷战期间,美国无意影响外国公众与美国经济利益、文化利益等相关的政策,原因有三:

一是出于国际体系压力。20世纪50年代,赫鲁晓夫上台后逐步改变斯大林时期的对外政策,提出一套争取同美国平起平坐、实现美苏合作、共同主宰世界的基本战略。随着苏联经济军事实力的增强和美国实力的相对削弱,20世纪50年代后期美苏争霸格局逐渐形成。1961年"柏林墙"的修筑、1962年的"古巴导弹危机"进一步加剧了美苏关系的紧张。可见,20世纪五六十年代,美国的国际环境相对而言并不安全,美国时刻面临着与苏联发生冲突的危险。针对苏联、东欧国家公众开展以维护美国安全利益为目的的公共外交在当时具有紧迫性和首要性。

二是冷战期间高级政治主导外交。一方面,自现代外交产生以来,外交主题主要集中在政治、安全等高级政治议题,经济、文化、社会等低级政治议题的出现是在20世纪80年代尤其是冷战结束以后。另一方面,在国家安全威胁尚未消除的情况下,任何国家都不会把文化利益这样的长远利益放在首位,更不会为个人或集团的私人经济利益而倾举国外交之力。由此判断,美国1965年以来所提公共外交目标中,"外交政策"必然与安全相关。

三是冷战期间美国公共外交的实际表现。观察冷战期间美国公共外交的开展情况,可以看到,1965年公共外交概念提出前已经存在包括国际广播、富布赖特项目在内的旨在影响苏东欧地区人民国家道路选择、威胁苏东欧国家政权稳定的多项活动;1965年之后至苏联解体期间,表现出更加重视将公共外交视为制衡苏联安全威胁的工具。从60年代中期到70年代,伴随着苏联军事实力的迅猛提高,以及70年代在亚洲和非洲的一系列扩张行为,美国陷入由攻转守的态势,由政府主导有组织地展开对外国民众舆论攻势成为弥补自身硬实力相对不足的重要一环。到80年代,里根政府在推进公共外交更加重视以互动为主的拓展方式,积极推动国会财政拨款,支持富布赖特等项目以及各种学术交流会议的实施和举办,互动型公共外交渐成主力。1983年国家安全决定指令第77号文件把管理公共外交与国家安全挂钩。[1] 1984年,里根国家安全决定指令第130号文件勾画出和平与战争时期利用信息的策略,包括将积极开展公共外交作为一种以苏联公众为目标的软实力武器。[2] 1987年,美国信息咨询委员会正式更名为公共外交咨询委员会,专为政府提供拓展公共外交的政策建议。[3]

(二)冷战结束至"9·11"事件前美国公共外交的动因

相比冷战时期,美国公共外交以国家安全利益为导向的定位和倾向变得愈加突显。这一时期美国新闻署并入国务院。一方面按照

---

[1] Ronald W. Reagan, "Management of Public Diplomacy Relative to National Security," National Security Decision Directive Number 77, the White House, Washington, DC, January 14, 1983, p. 1.

[2] Ronald W. Reagan, "U. S. International Information Policy," National Security Decision Directive Number 130, the White House, Washington, DC, March 6, 1984, p. 3.

[3] http://www.state.gov/pdcommission/about/index.htm。

美国官方的说法，这样做一是为节省财政经费，二是利于国务院统管公共外交。削减联邦开支的动因即包括了一些国会议员主张的享受冷战结束后的"和平红利"，这种"红利"便是美国国家安全面临的威胁因苏联解体而大大减弱。另一方面美国公共外交咨询委员会为保留美国新闻署而论证其在"民主改革""教育和文化交流"等领域的作用却还无法阻止其被合并的命运，从另一侧面证明，美国新闻署出于美国国家安全而存在，传播政治价值观和教育文化交流均服务于美国制衡苏联威胁、维护国家安全的真正目标。

相比冷战期间和"9·11"事件后，公共外交在冷战结束的一段时期内对美国的重要性降低。如果真如一些研究人员所言，公共外交目的是为提高国家形象或增强软实力，冷战结束初期对美而言应是最有利的时机，因为苏联突然解体使美国成为世界唯一的超级大国，如能加大投入，在原苏联地区和东欧国家开展公共外交，将会在无敌手的状态下单方面迅速赢得他国公众好感，塑造良好国家形象，增强国家软实力。显然，美国并没有这么做。这反过来证明美国公共外交目的不在于增强软实力或塑造国家形象。唯一可能的解释是，美国开展公共外交的真实目的是为减少安全威胁，而冷战结束初期与冷战时期和"9·11"事件后，最大不同就在于这十年间美国国家安全不存在明显的现实威胁，美国基本处于绝对安全的环境下。

（三）"9·11"后美国公共外交的动因

如前所述，"9·11"事件后，受总体反恐战略的影响，公共外交在美国重新得到重视。具体而言，在小布什执政时期，无论是从定义还是实践上，美国政府都突出公共外交对美国国家安全的作用。2006年，小布什指定分管公共外交和公共事务的副国务卿统筹国务院、美国国际开发署、国防部和情报系统就"观念战"展开政府机构间合作,把公共外交置于相当高的地位。[1] 另一方面,小布什政府2002年首次提出"战略传播"这一概念,设立"全球传播办公室",专门向那些从事信息传播和公共外交的政府机构就用于争取外国公众的战略导向和主题提供建议。[2] 在美国国防部和军方语言中,战略传播是公共外交的同位语。[3] 五角大楼同样是美国公共外交行为体,驻阿富汗、伊拉克美军也开展公共外交,且具有文职外交官不具备的优势。

到了奥巴马时期,美国官方语言较少用"反恐战争"这一表述,而是以"反恐行动"代之,即便如此,美国公共外交依然把针对恐怖组织及其他极端组织煽动暴力袭击和反击反美情绪列为公共外交主要任务之一。例如,2012至2013年分管公共外交和公共事务的副国务卿塔拉·索南夏恩把反击暴力极端主义列为公共外交主要议题之一。她说,公共外交的挑战在于解释美国的政策、实践、价值观、理想和理念,并且在信息快速传播的时代更好地表述,有五项战略任务:促进人员交流、向外交决策者通报信息、反击暴力极端主义、依照美国的政策部署资源、规划如何实施公共外交以及如何衡量和评估。

可见,自1965年"公共外交"概念首次提出以来的60多年间,美国政府对公共外交的重视程度、运用方式会因时代的不同而有所变化,但以公共外交促进国家安全、解释外交政策、传播价值观的目标没有变化,始终保持着公共外交的安全导向。简言之,最大限度地寻求外国公众对美国安全政策的认同是美国公共外交的最终目的。

---

[1] James K. Glassman, "Briefing on U. S. Public Diplomacy and the War of Ideas".

[2] David Baker, The War Of Ideas: Aspects of the National Public Diplomacy Effort and Possibilities for Military Support, p. 5.

[3] Judith A. McHale, "Public Diplomacy: A National Security Imperative", Address at the Center for a New American Security, Washington, DC, June 11, 2009.

四、美国安全导向公共外交的实践及成效

在探明美国政府战后对公共外交的界定和认识是以国家安全为核心之后，我们还想进一步知道，美国政府在公共外交的实际开展中是否坚持了国家安全的导向，并且以国家安全为公共外交政策归宿的做法效果如何。美国公共外交的具体实践可以分为政治、人文和安全三个领域。即使在政治和人文领域中，许多表面看似与安全无直接关联的实践内容，其实质都有着内在的安全导向。

（一）政治领域

美国在政治领域的公共外交分为发布政策信息和传播美国政治价值观两类议题，前者主要介绍和解释美国对外政策以及美国与其他国家关系，后者主要介绍美国民主制度。方式主要包括国际广播、官方声明和发言等。

就国际广播而言，美国之音等美国国际广播机构在冷战中的作用，学界早有较为深入的研究，此处不作赘述。只是从美国的这些国际广播所对准的目标受众来看，它表现出明显的安全导向：冷战期间针对苏联、东欧等社会主义阵营；"9·11"后强化对伊斯兰国家尤其是阿拉伯国家的广播。2002 年和 2003 年相继创立自由电视台和萨瓦电台，截至 2008 年，其观众和听众人数从最初的每周 200 至 300 万增加至每周 3500 万，自由电视台和萨瓦电台每年预算合计略高于 1 亿美元。[①] 来自官方的数据，小布什执政期间，美国 60 种语

[①] James K. Glassman, "Briefing on U. S. Public Diplomacy and the War of Ideas".

言国际广播听众从每周 1 亿人增加至 1.75 亿人，大多数新增听众来自伊斯兰国家。①

值得一提的是，与冷战时期重点依赖信息单向传播的国际广播相比，新世纪的美国公共外交开始注重多方位的，包括双向以至多向在内的各种信息传播途径。正如小布什政府第二届任期时的国务卿康多莉扎·赖斯所说，公共外交是对话，而不是独白。② 卡伦·休斯也坦言，美国"更多地要竞争获取关注和可信度"，因而需要在传播技巧上更具创新性，运用新技术。③

（二）人文领域

美国在人文领域的公共外交旨在增进外国公众对美国社会、文化、价值观和民主制度的理解，主要方式是教育、学术和职业交流，典型代表是富布赖特项目和国际访问者领袖计划。

富布赖特项目由美国国务院教育和文化局资助，是世界上规模最大、声誉最好的交流项目，也是美国公共外交的核心项目之一。该项目具有教育和文化交流的性质，看起来与政治无关，但事实并非如此。它虽然声明支持涉及人文、社科、理工等各专业领域的学者赴美研究，但所选人员绝大部分来自社科领域，其中相当数量从事国际政治，尤其是对美的研究。此外，它还着力支持"意见领袖"赴美交流学习，包括记者、报纸撰稿人、电视制片人，以期他们学成归国后帮助澄清、介绍和传播美国价值观、对外政策。

国际访问者领袖计划（IVLP）是美国国务院主办的又一个文化

---

① James K. Glassman, "Public Diplomacy 2.0: A New Approach to Global Engagement," Remarks at New America Foundation, Washington, DC, December 1, 2008.
② Karen Hughes, "The Mission of Public Diplomacy".
③ Karen Hughes, "Remarks at the Council on Foreign Relations", New York City, May 10, 2006.

交流项目。"9·11"后不久，美国主导的国际反恐联盟中就有大约50%的国家领导人曾参加国际访问者项目。① 这也由此反映出美国文化交流项目意在培养未来领袖与美国在核心安全利益上的认同度。

作为国际访问者领袖计划的一部分，美国国务院2006年还设立"爱德华·默罗国际记者交流项目"，与美国至少12所高等院校新闻学院合作，每年从海外招收大约150名记者赴美学习。② 依据美国国务院公开的一份独立报告，这一看似与政治无关的专业项目首要成果是加强了访问学者对美国社会、决策过程和美国政府的理解。

为争取伊斯兰国家民众，美国国务院还把"美国中心""美国小屋"等公共外交长期项目对准年轻人；"9·11"后，史无前例地扩大面向印度尼西亚、巴基斯坦等伊斯兰国家电视记者的交流项目。美国驻外使领馆现共设有800多处对当地民众开放的"美国空间"。③

（三）安全领域

美国安全领域的公共外交旨在通过介绍和解释美国对外安全政策，为美国海外军事行动争取支持，减少恐怖组织和极端团体对美国本土安全的威胁，具体包括应对传统安全威胁和非传统安全威胁两方面。在传统安全领域，"心理战"是冷战和冷战结束初期美国公共外交开展的主要方式，此处不再赘述。在非传统安全领域，自"9·11"发生后，面对"基地"组织借助互联网和卫星电视的反美宣传，美国政府提出要打"观念战"，借助网络技术和新媒体反击针

---

① Charlotte Beers, "U. S. Public Diplomacy in the Arab and Muslim Worlds".
② Karen Hughes, "Challenges and Opportunities for Public Diplomacy".
③ Tera Sonenshine, "Remarks for Pacific Council on International Policy," Los Angeles, CA, October 2, 2012.

对美国的大量虚假信息的传播和暴力极端主义行为。

时任副国务卿的格拉斯曼 2008 年 12 月说，要塑造积极的美国形象，要靠教育和文教交流等长期项目，也需要短期效果，尤其是塑造一个敌视暴力极端主义的国际环境，即通过"观念战"一方面削弱极端主义意识形态的影响力，另一方面引导年轻人远离恐怖主义。格拉斯曼因而提出"公共外交 2.0"的概念，认为网络 2.0 或社交网络这一新技术的出现将赋予美国公共外交相对恐怖分子重大的优势。① 在"公共外交 2.0"概念指引下，美国国务院从休斯任副国务卿时设立"数字对外拓展团队"，监控博客和网站尤其是阿拉伯语博客和聊天室，用阿拉伯语、法尔斯语、乌尔都语以及俄语与网民对话，告知美国政策，纠正对美国政策的曲解，引导网友浏览介绍"事实"的网页。国防部专家同样加入数字对外拓展团队。② 奥巴马政府首任分管公共外交和公共事务的副国务卿麦克黑尔认为，社交网络等新媒体具备"早期预警"功能，可以使公共外交人员在问题出现时而不是演变为全面危机时快速作出应对。③

（四）成效简要评价

美国政府和学界普遍认为，富布赖特项目等人文领域的交流是美国公共外交的典范，国际广播项目也取得了很大成功。事实也的确如此。冷战期间美国公共外交的开展卓有成效地配合了军事安全领域的行动，软化了美国的安全环境。90 年代初，冷战胜利、苏联解体和东欧剧变，与美国成功运筹公共外交不无关联。

但自冷战结束到"9·11"事件发生这段时间的公共外交却难言

---

① James K. Glassman, "Public Diplomacy 2.0: A New Approach to Global Engagement".
② Karen Hughes, "Public Diplomacy: Waging Peace Around the World".
③ Judith A. McHale, "Public Diplomacy and Social Media in Latin America".

成功。正是此次对美国本土安全的威胁事件让美国政府开始意识到公共外交工作方面尚存在不足。

究其原因，笔者以为：一是与美国对外政策奉行双重标准的做法有关。相同的议题，对盟友和对对手的态度截然不同，以致公共外交和实际政策变成说一套做一套。"基地"组织的产生并发展壮大，与伊斯兰国家尤其是阿拉伯国家中反美情绪盛行关联密切，而这种反美情绪直接缘于对美国外交政策中在中东和平问题上偏袒以色列的不满，从而导致美国在伊斯兰世界的形象受损。也就是说，问题关键在于公共外交所宣传的美国对外政策本身。如果美国对外政策实际内容和公共外交宣传内容矛盾，公共外交自然无法起到效果，即便短时间内可以吸引一些外国功能。二是与私营领域在公共外交开展上的能力局限性有关。兰德公司的一份报告指出，私营领域提供的是私营产品，而政府主导的公共外交提供的对外政策解释、政治制度、政治价值观属公共产品，外国公众接受美国私营产品并不必然接受美国的公共产品。具体讲，文化外交或文化交流实质是文化输出，包括有形的文化出版物、语言教育和无形的文化思想、价值观等，前者属"私人产品"，后者属"公共产品"。一方面对私人产品的认可无法直接嫁接到对公共产品的认可上，另一方面，即便是文化价值观得到普遍的尊重与赞同，但是公共外交输出的"公共产品"主要是政治和社会价值观、政治思想，它致力于向外国公众解释本国内外政策和利益诉求、对国际政治、经济和安全秩序的主张。[1] 从这一点上讲，单纯的文化输出无法满足公共外交的政治安全需要。

三是与美国公共外交此期间的活动开展有关。美国在中东地区

---

[1] Charles Wolf Jr. and Brain Rosen, Public Diplomacy: How to think about and improve it, p. 5 - 8.

形象差，同美国冷战和冷战结束初期不重视对伊斯兰国家尤其是阿拉伯国家的公共外交密切相关。相对地，"9·11"后，美国有针对性、成规模地的公共外交确实起到一定成效。时任副国务卿休斯2007年8月援引皮尤中心调查数据说，美国在伊斯兰国家民众眼中的形象依然较差，但越来越多中东及其他地区的伊斯兰国家民众反对暴力；自2002年以来，8个伊斯兰国家中有7个国家的民众对恐怖袭击手段的支持下降，同情以至认同自杀式爆炸袭击及其他针对平民的暴力的人越来越少，其中，黎巴嫩、孟加拉国、巴基斯坦、印度尼西亚的民众对自杀式爆炸等恐怖袭击的支持度减少至少一半；对"基地"组织以及本·拉登的支持同样显著减少。①

综上所述，美国公共外交在政治、人文和安全领域的实践都取得了较大的成功，且始终离不开对国家安全问题的关注。围绕美国国家安全环境烈度的变化，公共外交也时紧时松。公共外交的开展反过来也塑造和影响了美国的安全环境。而美国公共外交不成功的案例进一步启示我们，公共外交能否取得成功不仅应注意与实际政策本身的一致性，在实施过程中还不能模糊了与其他外交形式的边缘界限。为安全利益服务始终是美国公共外交所秉持的最终目标，应综合运用多种手段，以一种手段做牵引效果有限。

五、代结论：公共外交应以安全利益为导向

据上所述，美国的公共外交自从确立和开展以来，始终都是以美国的国家安全利益作为其主要诉求和目标。二战后公共外交之所以得以在美国确立，并区别于其他非传统外交形式而发展成为一个

---

① Karen Hughes, "Challenges and Opportunities for Public Diplomacy".

独立的外交门类，核心的原因就在于它有着直接的安全政策指向性。通过各种手段促进外国公众对美国对外政策尤其是安全政策的理解和支持，是美国公共外交的基本内涵。简而言之，从美国公共外交的理论认识和实践经验来看，公共外交与其他非传统外交形式最大的不同就在于它的安全利益导向。

公共外交发轫于美国，对美国公共外交的研究是准确认知公共外交概念的基础。美国公共外交以国家安全利益为主要诉求，这对我们从一般意义上准确地把握"公共外交"的内涵提供了有益的启示。正如本文第一节业已指出的，目前中国学界对"公共外交"这个概念的使用存在着严重的泛化理解和滥用倾向。借鉴美国政界和学界对公共外交的认识，有助于我们更为精确地限定这个概念的外延，厘清其与其他非传统外交的区别。

根据外交行为是否以安全利益为导向，可以将公共外交与文化交流、文化外交等其他外交外事活动明确区分。例如，中国明朝成祖时期政府曾派遣郑和多次下西洋，由此发展了同多国的友好关系，促进了不同文化间的交流，但这个文化交流活动就不应被归入公共外交的范畴，因为明朝政府开展此项活动的目的并不在于影响他国公众对明朝安全政策的看法。同理，源于欧洲的早期传教士的海外活动也不应被视为公共外交。这不仅是因为传教士的活动大多都不是政府行为，而且还因为推动其行动的初衷是要让他者接受己方的文化，而不是为了影响他国公众对本国安全政策的态度，因此这些传教士的活动尽管在客观上促进了不同文化间的碰撞与交流，但却无论如何不可被视为是公共外交。

公共外交的目标不是改善国家形象。在许多中国学者看来，公共外交的主要目标就是改善本国的国家形象。然而，如果我们以美国的公共外交为参照就会发现，这种在中国近乎"常识"的观点未必是"放诸四海而皆准"的真理。事实上，美国公共外交官员或官方文件很少提到"形象"。"9·11"后，美国发现美国在伊斯兰国家的形象较差，但美国以伊斯兰国家公众为对象的公共外交却并不是为了改善美国国家形象，而是为争取对方对美国反恐战争的理解和支持，减少对方对"基地"等恐怖组织及其理念的认同和支持，美国国家形象的改善只是公共外交的"副产品"。即便美国形象改善效果一般，只要美国国家安全面临的威胁减少，公共外交的目标就已达到。而假如美国公共外交的目的就是改善其国家形象，那么美国就不应该以安全环境最差的中东为实施重点，而至少应将东亚地区与之并重，因为东亚是20世纪末以来发展速度最快的地区，既有俄、中这样的拥核国家，也有中、日、韩这样的主要经济体，以这一地区为公共外交的实施重点无疑对其国家形象有着更为显著的意义。

将改善国家形象视为公共外交的目标，是导致"公共外交"与"文化外交"相混淆的重要原因。由于公共外交的目标被认为是提高国家形象，而文化外交又具有提高国家形象的功能，因此中国的公共外交在实践中被有意无意地等同于了文化外交。例如，国家汉办主管的孔子学院的广泛设立被认为是中国公共外交典型且成功的案例；"五洲同庆中国年"活动被宣称是文化部以文化为主打牌助推国际社会正面认识中国的重要公共外交行为之一；国务院侨办"文化中国、四海同春"演出，以及推广中国文化产品、增强"文化软实力"也被视为公共外交活动；教育部主管的学术交流、留学基金项目等也同样被赋予"公共外交"的称谓等等。诚然，公共外交活动大多带有跨文化传播的属性，它与文化外交的确存在重合和相似之处。但从核心目标上看，两者具有性质上的不同：前者承担着安全指向的外交任务，而后者没有。同理，以是否具有安全利益导向，还可将公共外交与经济外交、体育外交等其他外交形式加以区别。

以安全利益为导向，不仅可以从概念上将"公共外交"与其他形式的非传统外交相区分，从而帮助我们更清晰地把握和理解这个概念，而且在实践上，以安全利益为导向开展公共外交，也符合中国现阶段的总体外交形势。自进入 21 世纪以来，中国的综合国力和国际地位迅速上升，与美国的实力差距不断缩小，已经逐渐被国际社会公认为是除美国以外的另一个超级大国。中国的这种相对迅速的崛起势头引发了一些中小国家在安全方面对中国的忧虑，它们担心崛起的中国会对它们的国家利益以及地区安全造成负面的影响。而美国为遏制中国影响力的扩大，保持其在亚太地区的领导地位，自 2009 年以来调整其战略重心"重返亚太"，并利用亚太地区部分国家与中国的矛盾对中国实施"再平衡"战略，进一步加大了中国所面临的外部安全压力。在这种情况下，化解崛起困境，争取国际社会对中国对外政策的认可和支持，提高中国政府的合法性，就成为当前中国外交的核心目标。作为中国外交的重要组成部分，公共外交工作的重点，当然也应当放在缓解外部安全压力、争取国际社会对中国安全政策的理解和支持上。而从美国公共外交的实践经验来看，公共外交是具有改善国家安全环境的功能的。总之，在崛起压力日益增大的今天，中国政府尤其应当借鉴美国的经验，将安全利益作为公共外交的核心目标导向。

综上，借鉴美国公共外交的理论和实践经验，我们认为，公共外交应当以安全利益为导向，而不应以文化或经济利益为导向。这样不仅可以在概念上避免因外延的无限扩大而导致的含义的模糊和概念的滥用，而且可以在实践中更加明确公共外交的努力方向，从而有助于更加集中和高效地利用现有的外交资源，为中国当前外交最紧迫的任务服务。

（原文发表于《世界经济与政治》2013 年第 3 期，此次收入书中进行了删减）

全球环境与气候治理及中国的应对

郑晓明[*]

[内容摘要] 全球性环境问题是当今重大的国际问题，随着国际社会对环境问题认识的不断深化，环境领域的国际合作不断扩大和深入发展。气候变化是当今世界最为关注的全球性环境问题，迄今，全球气候治理已形成了《联合国气候变化框架公约》《京都议定书》《巴黎协定》等重要成果和国际气候谈判的基本格局。中国作为最大的发展中国家和环境大国，在环境和气候治理领域有应承担的责任，也有合理的发展诉求。改革开放以来，中国不仅出台了一系列环境政策和措施，在国内展开了一系列环保行动，而且积极进行国际环境合作和履行国际环境条约，为全球环境与气候治理作出了重要的贡献。

[关键词] 全球环境治理　气候治理　中国责任和行动

随着世界经济和社会的发展，全球性环境问题日益突出，对人类社会的生存和发展提出了严峻挑战，并成为了当今重大的国际问题，各国合作共同应对环境问题已是国际共识，全球环境治理已成为全球治理不可或缺的重要组成部分。作为当今世界最关注的全球

---

[*] 郑晓明，国际关系学院国际政治系讲师，主要研究领域为东南亚地区政治与外交、环境治理与国际关系。

性环境问题，气候变化已是世界政治的主要议题之一。全球气候治理进程深刻反映了国际上各种政治力量之间的博弈，也考验着崛起中的中国对国际责任的承担。当今的中国更加积极地参与全球环境与气候治理，在应对环境问题与气候变化方面作出了重要贡献。

一、全球环境治理：概念、对环境问题的认识与国际合作

（一）全球性环境问题与全球环境治理的概念

1. 当代全球性环境问题

工业化给人类带来巨大物质财富的同时，也带来了严重的环境问题。"所谓环境问题，是指由于人类活动作用于环境所引起的环境质量不利于人类的变化，以及这些变化危及人类和发展的问题。它包括两个基本方面：一是自然环境的破坏；二是环境污染。"[1] 在经济全球化发展的过程中，诸多环境问题超越了国家和地区界限，逐渐演变为全球性问题。目前，全球范围内突出的环境问题主要有如下几方面：

（1）气候变化和大气污染。工业革命以来，由于人类大量使用石油、煤炭等矿物燃料及农用化肥，大气中的温室气体浓度增高，导致全球气候总体上呈变暖趋势。联合国政府间气候变化专门委员会（IPCC）2013年9月发布的第五次评估报告指出：气候系统暖化是毋庸置疑的事实，人类活动导致气温升高的可能性为95%（在第四次评估报告中，这一数字是90%）。[2] 同时，人类社会巨大规模的

---

[1] 蔡拓等：《全球问题与当代国际关系》，天津人民出版社，2002年版，第104页。
[2] 刘毅：《地球的确在变暖，不减排不行》，《人民日报》2013年10月26日，第9版。

工业化也严重污染了地球的空气,作为地表生物系统保护伞的臭氧层在不同地区上空出现了不同程度的损耗现象,酸雨广泛出现在全球各地。气候变化和大气污染已对地球生物产生了严重的危害。

(2) 水资源缺乏,水体受到污染。人类对淡水的需求总量和实际耗水量都在不断增加,然而地球上的淡水资源十分有限且分布极不均匀,许多国家和地区水资源紧缺。此外,许多地区的陆地水体受到有机化学物的污染,又导致了水资源更加匮乏。而海洋由于人类对其倾倒垃圾、沿岸污水排放和频繁的海上油轮失事等原因而污染严重。以上种种因素导致世界水资源危机日趋加重。

(3) 土地荒漠化。过度垦殖、过度放牧、过度砍伐所造成的土地荒漠化问题非常突出,荒漠化不仅严重威胁非洲,也危及亚洲和拉美等地,成为一个全球性的环境问题。

(4) 森林面积锐减。自工业革命以来,森林遭到了严重破坏,20世纪中叶之后的20多年里,世界森林面积从40亿公顷下降到26亿公顷,是森林减少最多的时期。[1]

(5) 生物多样性的丧失。自6500万年前恐龙灭绝时代以来,物种灭绝的速度已达到了最高峰。[2] 热带生物物种灭绝最为严重,淡水系统物种的消失也十分惊人。

(6) 废弃物的置放和转移。人类的垃圾越来越多,也越来越有害,许多国家面临垃圾处理问题。发展中国家的垃圾问题尤其严重,这一方面是因为其处理垃圾的能力远远弱于发达国家,另一方面是因为发达国家把大量有害废弃物运往发展中国家,加重了发展中国家的垃圾问题。如何妥善处理各类垃圾,禁止有害废弃物的越境转移,保护生态环境,已成为全球关注的问题。

---

[1] 徐再荣:《全球环境问题与国际回应》,中国环境科学出版社,2007年版,第43页。
[2] 庄贵阳、朱仙丽、赵行姝:《全球环境与气候治理》,浙江人民出版社,2009年版,第5页。

2. 全球环境治理的概念

环境问题的弥散性和跨国性、全球性环境问题的严峻性，以及任何一国都无力单独解决全球环境问题，客观上要求国际社会进行环境合作，实施"全球环境治理"。对于"全球环境治理"，迄今并无唯一的标准定义，不同学者有不同的表述，但都强调通过制定具有约束力的国际规则来建立全球管理机制，通过各行为主体之间的联合与合作，共同解决全球性环境问题，从而维持人类社会的生存与可持续发展。[①]"全球环境治理不仅意味着为应对全球环境挑战，正式的制度和组织（国家机构、政府间合作等）制定和维持管理世界环境秩序的规则和规范，而且意味着所有的其他组织和压力团体（非政府组织、跨国公司及跨国社会运动等）都追求对跨国环境规则和体系产生影响。"[②] 我们可以对全球环境治理作如下表述：全球环境治理是国际社会中各种行为主体通过正式或非正式的机制和安排来应对或解决全球环境问题，以维持人类社会的生存和可持续发展以及正常的国际秩序。

（二）国际社会对环境问题的认识与全球环境治理

全球环境治理与国际社会对环境问题的认识密切相关。二战后，国际社会对环境问题的认识和全球行动的推进，经历了一个不断发展和深化的过程。

20 世纪 60 年代，西方一些有识之士就开始呼吁关注环境恶化带来的问题。美国生物学家蕾切尔·卡森撰写的《寂静的春天》一书

[①] 庄贵阳、朱仙丽、赵行姝：《全球环境与气候治理》，浙江人民出版社，2009 年版，第 42 页。

[②] 张海滨：《环境问题与国际关系：全球环境问题的理性思考》，上海人民出版社，2008 年版，第 99 页。

详细论述了现代社会对杀虫剂的过度使用及其对生态环境和人类健康的负面影响。该书于1962出版后，立即在美国和国际社会引起了震动，环境问题迅速成为公众关注的焦点，环保主义运动一度蓬勃发展。1972年，罗马俱乐部发表其第一份研究报告《增长的极限》，首次提出了发展受地球资源有限性制约的思想。在环保主义兴起的背景下，1972年6月，有110个国家参加的第一次全球性环保大会——联合国人类环境会议在斯德哥尔摩召开，会议通过了《人类环境宣言》和《环境行动计划》，并决定建立联合国环境规划署。这是人类第一次共同探讨环境问题，也是第一次把环境问题列入世界政治议程，推动了国际社会在环境保护领域的合作。但由于冷战的影响，这次会后在全球范围内并没有掀起环境保护的高潮。

20世纪80年代中期以后，随着东西方关系的缓和以及人们对全球环境继续恶化的进一步认识，环境问题有了成为发达国家政治和外交议事日程的可能。1987年，世界环境与发展委员会发表著名的研究报告《我们共同的未来》，它提出，"发展不能以破坏环境资源基础为条件；增长如无视环境破坏的代价，环境就不可能得到保护。"①"环境保护是可持续发展思想所固有的特征。"② 此后，可持续发展的观念在世界迅速传播。1988年，政府间气候变化专门委员会成立，委员会从科学角度研究温室效应的预测、影响和对策等，对统一国际社会对环境问题的认识作出了自己的贡献。1989年，在巴黎召开的七国集团会议上，环境问题首次被列入议程。

1992年，被称为"地球首脑会议"的联合国环境与发展大会在里约热内卢召开，178个联合国成员国派高级代表团参加，联合国机构各部门负责人以及诸多非政府组织负责人也参加了会议。会议

---

① 世界环境与发展委员会：《我们共同的未来》，吉林人民出版社，1997年版，第44页。
② 世界环境与发展委员会：《我们共同的未来》，吉林人民出版社，1997年版，第49页。

讨论并通过了《环境与发展里约宣言》《关于森林问题的原则声明》和《21世纪议程》，签署了《联合国气候变化框架公约》和《生物多样性公约》。其中，《环境与发展里约宣言》将环境问题与其他诸多问题联系起来，说明1972年人类环境会议之后的20年，国际社会已经认识到环境问题不再只是单纯的技术问题，它还涉及经济、社会、政治和法律等多个方面的问题。《21世纪议程》涵盖了全球环境与发展领域的绝大部分问题，对于指导各国采取相应的环境行动具有原则性和方向性的意义，是一个未来国际环境合作的框架性文件。

2002年，联合国在南非约翰内斯堡召开了有192个国家的代表参加的世界可持续发展首脑会议，这是10年前联合国环境与发展大会的延续。会议取得了三项实质性成果：通过了《约翰内斯堡政治声明》和《执行计划》，建立了关于可持续发展的伙伴关系项目。《约翰内斯堡政治声明》提出了可持续发展的三个支柱：经济发展、社会发展、环境保护，表达了国际社会对可持续发展问题的共识；而《执行计划》最主要的价值在于它对促进经济发展的同时保护生态环境发出了行动信号。本次会议讨论的"伙伴关系"则有特定的内涵，它被联合国认为是一个机制创新。所谓"伙伴关系"是指政府间以及政府与非政府组织和企业等社会各界之间的合作，实施具体的可持续发展项目。代表们在会议上提出了涉及水、能源、森林等领域的220多个伙伴关系项目。大会秘书长德塞指出，伙伴关系项目的倡议，将能确保会议结束后在可持续发展问题上真正有所行动。[1]

随着国际社会对环境问题认识的不断深化和全球行动的推进，

---

[1] 王之佳编著：《中国环境外交：从里约热内卢到约翰内斯堡》，中国环境科学出版社，2012年版，第14、34页。

一个多层次的全球环境治理体系已经形成：国际环境谈判的进行和协议的签署，从以前的临时性到现在的系统性；国际环境领域的参与主体，由原来的主权国家绝对主导发展到现在的多元主体共同参与；国际社会应对环境问题的方法，也由原来的单纯防止污染、保护环境到现在的环境与经济、社会协调的可持续发展。①

（三）全球环境治理中的国际合作

环境问题的跨国性决定了国际合作是全球环境治理的必由之路。二战后，环境领域的双边、区域和全球范围的国际合作不断扩大和深入发展。

1. 全球性环境合作

随着国际社会对环境保护关注度的不断提高，全球性的环境合作不断加强，主要表现为与环境问题相关的全球性组织机构和论坛的建立，其他领域的国际机构中与环境相关的文件的出台和项目的实施，以及反映国际社会对环境问题共识的决议、宣言、公约、协定等文件的大量出现。在全球性环境合作中，联合国发挥着不可替代的全局性作用。

世界上最重要的环境机构——联合国环境规划署从1972年成立以来，对全球环境保护事业起到了极大的推进作用，尤其是主持制定和实施了诸多国际环境公约，如《濒危野生动植物物种国际贸易公约》《保护臭氧层维也纳公约》及其《蒙特利尔议定书》，《控制危险废物越境转移及其处置巴塞尔公约》《联合国气候变化框架公约》《生物多样性公约》《防治荒漠化公约》《卡塔赫纳生物安全议

---

① 庄贵阳、朱仙丽、赵行姝：《全球环境与气候治理》，浙江人民出版社，2009年版，第42页。

定书》等等，所涉及的环境问题非常广泛。此外，环境规划署、联合国开发计划署、世界银行于1991年共同建立的全球环境基金，部分解决了发展中国家在参加国际环境合作中面临的资金难题。1999年，联合国大会决定以环境规划署理事会的形式设立全球部长级环境论坛。联合国的其他许多专门机构也关注环境问题，在各自的职责范围内分别制定和实施了环境项目。例如，世界气象组织与环境规划署于1988年建立了政府间气候变化专门委员会；世界银行从1987年开始逐渐把环境问题纳入其日常工作的各个方面，将环境保护列为基本目标；世界贸易组织2001年启动的多哈回合谈判把贸易与环境议题首次纳入谈判议程。

  2. 区域性环境合作。

  自联合国人类环境会议之后，一些区域性组织纷纷把环境议题纳入议程，并以不同的方式进行区域或跨区域环境合作。欧盟堪称区域性环境合作的典范，它不仅在成员国之间进行环境合作，还与发展中国家进行环境合作，且这类合作遍及非加太地区、地中海地区、亚洲地区和拉美地区。例如，为加强亚欧各国环境领域的全面合作，2002年，在亚欧会议框架下建立了区域环境合作机制——亚欧环境部长会议。在北美地区，由美国、加拿大和墨西哥组成的北美自由贸易区于1994年启动，三国所签署的《北美自由贸易协定》是第一个包括环境保护条款的自由贸易协定，它建立的贸易—环境模式，是一种环境治理创新。在南美，南方共同市场在20世纪末通过谈判达成了环保议定书，决定将环境保护置于经济一体化进程的中心位置。此外，亚太经合组织、东盟、中日韩三国环境部长会议、东盟—中日韩环境部长会议等地区组织或机制都进行了切实的区域性环境合作。亚洲开发银行、非洲开发银行和美洲开发银行则先后将环境问题纳入其发展项目中，为区域性环境合作提供应有的资金支持。

值得一提的是，联合国环境规划署在区域海洋保护计划方面取得了显著成功。1974年，环境规划署通过了区域海洋保护计划，并推动有关国家和地区制定了不同区域的海洋保护行动计划及多边条约和议定书，如《保护地中海免受污染公约》及其议定书、《保护南太平洋自然资源和环境公约》及其议定书等等。

3. 双边环境合作

随着各国政府对环境保护的日益重视，双边环境合作也大量涌现。美国、中国、俄罗斯、日本、印度、巴西、德国等环境大国以及其他许多国家的双边合作中，环境合作已成为一项重要内容。中美双边环境合作始于20世纪80年代初，两国在80年代的环境合作打下了良好基础；90年代以后，中美环境合作逐渐从基础性、学术性研究向污染控制、环境管理、全球气候变化等方面转移。中美双方在环境领域的合作互惠互利，也为全球环境保护作出了贡献。

二、全球环境治理中的气候治理：基本进程、谈判格局与挑战

气候变化是当今世界最为关注的全球性环境问题，它已经不仅仅是科学问题，同时也是经济问题、政治问题、外交问题乃至安全问题。全球气候治理的进程是气候变化从科学共识上升为世界政治主要议题之一的过程、是人类社会共同采取行动应对气候变化带来的严峻挑战的过程、也是国际上各种政治力量博弈的过程。迄今，全球气候治理机制已初步建立并正在稳步发展，但仍面临不少问题和挑战，还需要各方的更多作为。

（一）全球气候治理的基本进程

1972年人类环境会议之后，气候变化问题逐渐成为国际科学界研究的热点。1979年第一届世界气候大会召开，此次主题为"气候与人类"的专家会议标志着国际科学界在气候变化问题的科学共识方面迈出了重要一步。1988年，基于科学界对气候变化潜在严重性的基本共识以及由于当年世界各地发生的一系列气候反常事件等因素，全球变暖迅速成为引人注目的国际政治问题。1988年6月，在加拿大多伦多召开了第一次由各国决策者和科学家共同参加的会议，主题是"变化中的大气：对全球安全的影响"。多伦多会议促发了一系列有关气候变化问题国际会议的召开，这一状况一直持续到1990年末。

联合国则在1988年9月首次把气候变化问题作为联大的议题，12月，联大通过一项决议，强调气候变化是人类共同关注的问题，并决定成立政府间气候变化专门委员会。1990年12月，联大正式成立气候变化框架公约政府间谈判委员会，谈判于1991年2月开始。1992年的联合国环境与发展大会上，154个国家签署了《联合国气候变化框架公约》（UNFCCC，以下简称《公约》），为未来的气候谈判提供了基础和框架。此后全球气候治理主要体现为以《公约》下的气候谈判为核心的国际合作。

根据《公约》的规定，此后召开的缔约方会议将讨论具体的对策。1995年，第一次缔约方会议在柏林召开，160个国家的代表签署了《柏林公约》，并决定成立"柏林授权特设工作组"，进行后续法律文件的谈判，为第三次缔约方会议起草一份议定书，以强化发达国家的减排义务。第三次缔约方大会于1997年在京都召开，通过了一项具有法律约束力的议定书——《京都议定书》，为附件一国家（发达国家和经济转型国家）规定了温室气体减排义务。2001年3

月，美国宣布退出《京都议定书》，使其生效面临重大威胁。在国际社会的努力下，7月举行的《公约》第六次缔约方大会达成《波恩政治协议》，挽救了《京都议定书》。2005年2月16日，《京都议定书》正式生效。同年召开的公约第十一次缔约方大会共达成了40多项重要决定，其中包括启动《京都议定书》第二阶段温室气体减排谈判。2006年，第十二次缔约方大会取得了两个重要成果：一是达成几十项决定，以帮助发展中国家提高应对气候变化的能力；二是在管理"适应基金"问题上取得一致，将其用于支持发展中国家具体的适应气候变化活动。2007年，第十三次缔约方大会通过的"巴厘路线图"对近五年的谈判产生了重大影响，它规定了"双轨制"谈判（即《京都议定书》和《长期合作行动》），致力于在2009年底前完成"后京都"时期全球应对气候变化新安排的谈判。然而，在2009年的第十五次缔约方大会上，由于发达国家和发展中国家在减排责任、资金支持和监督机制等议题上分歧严重，最终只达成了不具法律约束力的《哥本哈根协议》。

2011年第十七次缔约方大会启动了一个新的谈判进程，建立了"加强行动'德班平台'特设工作组"。2012年第十八次缔约方大会通过了《京都议定书》修正案，从法律上确定了《京都议定书》第二承诺期从2013年开始实施，期限为八年。2014年第二十次缔约方大会上，各国首次全部承诺减排。2015年第二十一次缔约方大会通过了《巴黎协定》，对2020年后全球应对气候变化的行动做出了安排。2016年11月4日，《巴黎协定》正式生效，开启了全球气候治理的新时代。

（二）全球气候治理的重要成果

从1991年2月联合国气候变化框架公约政府间谈判委员会启动

谈判以来的 20 多年里，在全球气候治理进程中，最重要的成果是《联合国气候变化框架公约》《京都议定书》和《巴黎协定》。

1. 《联合国气候变化框架公约》

《公约》于 1992 年 6 月在联合国环境与发展大会上开放签署，1994 年 3 月生效。《公约》所规定的最终目标是将大气中温室气体的浓度稳定在防止气候系统受到危险的人为干扰的水平上。这一水平应当足以使生态系统能够自然地适应气候变化、确保粮食生产免受威胁并使经济能够可持续发展。为了指导各缔约方为实现目标而采取行动，《公约》规定了五条原则：一是共同但有区别的责任；二是充分考虑发展中国家的具体需要和特殊情况；三是预防原则；四是促进可持续发展；五是建立一个有利和开放的国际经济体系。《公约》不仅为所有缔约方规定了普遍性义务，也为发达国家和发展中国家分别规定了不同的义务。《公约》还强调，发展中国家能在多大程度上有效履行义务，将取决于发达国家所承担的资金和技术转让承诺的有效履行，并将充分考虑到经济和社会发展以及消除贫困是发展中国家首要和压倒一切的优先任务。《联合国气候变化框架公约》奠定了应对气候变化国际合作的法律基础，是气候谈判中最重要和最基本的架构。

2. 《京都议定书》

在过去的缔约方谈判中，最显著的成果之一是《京都议定书》，它首次确定了发达国家的量化减排目标，是人类历史上第一个具有法律约束力的减排文件。其核心内容是：附件一国家在第一承诺期即 2008—2012 年期间，其 6 种温室气体的排放总量要比 1990 年的水平减少 5.2%。在履约方式上，《京都议定书》规定发达国家可以单独或通过"联合履约""清洁发展机制"和"排放贸易"等手段来实现其部分减排承诺。1997 年达成的《京都议定书》只规定了全球行动的目标、方法和时间表，而把具体实施细则留到后续谈判中解决。虽然后续谈判遭遇了重重困难，《京都议定书》的生效过程充满曲折，且目前已确定第二承诺期的《京都议定书》逐渐被边缘化，但《京都议定书》是人类为防止全球变暖迈出的第一步，在推进国际气候合作、促进各国向低碳经济转型中具有积极的意义。

3、《巴黎协定》

《巴黎协定》进一步确认了"把全球平均气温升幅控制在工业化前水平以上低于2℃之内"的长期目标，并提出"努力将气温升幅限制在工业化前水平以上1.5℃之内"。协定还包括了减缓、适应、损失损害、资金、技术、能力建设、透明度和全球总结等内容。其中规定，发达国家应当继续带头减排，并加强对发展中国家的资金、技术和能力建设支持，帮助发展中国家减缓和适应气候变化；发展中国家应当继续加强减缓努力，根据国情逐渐实现绝对减排或限排目标。协定还确认了各缔约方要通报"国家自主贡献"——这是"自下而上"的全球气候治理方式，有利于更多国家积极参与到应对气候变化的行动之中。《巴黎协定》是《联合国气候变化框架公约》和《京都议定书》之后的第三个应对气候变化的国际条约，它不仅延续了《公约》的原则，而且是"全面、均衡、有约束力、适用于所有各方的"，"对全球应对气候变化具有里程碑式的作用"。①

（三）国际气候谈判的基本格局

在《公约》框架下的长期谈判过程中，形成了一些有共同利益的谈判集团，由此也使气候谈判形成了"南北对垒"的基本格局。

---

① 《国新办举办"巴黎归来谈气变"中外媒体见面会》，中国新闻网，http://www.chinanews.com/gn/2015/12—24/7686140.shtml。

各个利益集团在国际气候谈判中有各自的立场和主张,也为争取集团的利益而努力,从而对谈判进程和气候治理起到了各自的影响和作用。

1. 欧盟

从 1992 年联合国环境与发展大会以来,欧盟高度重视环境保护,并积极推动国际气候谈判。在《京都议定书》的谈判和生效过程中,欧盟逐步确立了它在国际气候谈判中的领导地位。在《公约》于 1994 年生效之后,为了推动议定书的达成,欧盟曾单方面宣布减排 15%;经过谈判,欧盟在《京都议定书》中承诺减排 8%。1997 年达成《京都议定书》之后,为推动其尽快生效,欧盟进行了不懈的努力。其间,美国于 2001 年 3 月宣布放弃《京都议定书》,欧盟立即做出反应,对美国的决定表示严重不满,并在 4 月初派出一个高级代表团与美国进行交涉。在未能说服美国的情况下,欧盟显示了撇开美国继续推进《京都议定书》的决心。2002 年 5 月,欧盟批准了《京都议定书》。欧盟还积极协调各方立场,尤其是最终努力促成俄罗斯在 2004 年批准了《京都议定书》——这对《京都议定书》的生效至关重要。可以说,欧盟在美国退出的不利形势下发挥了领导作用,对《京都议定书》的正式生效作出了重要贡献。2005 年,欧盟还率先建立了排放贸易体系。在哥本哈根会议上,虽然欧盟一度被美国排除在《哥本哈根协议》的制定过程之外,在气候变化问题上的领导地位大大削弱,但在 2011 年德班气候会议上,欧盟较好地实现了预设的谈判目标,一定程度上修复了其领导地位。当前,限于内部经济形势和成员国政策协调问题,欧盟在全球气候治理中的领导地位面临考验。

2. 伞形集团

伞形集团是在《京都议定书》通过后,主要由非欧盟发达国家组成的松散的气候谈判联盟。该集团没有确定的成员名单,一般包括美国、日本、加拿大、澳大利亚、新西兰、俄罗斯、乌克兰、冰岛、挪威等。这些国家在谈判中并不正式作为一个集团参与谈判，而是更多通过沟通和协调来商定立场，它们会为了集团的共同利益而努力，也会为了各自利益而采取单独行动。该集团的多个成员都是温室气体排放大国，在气候谈判中具有举足轻重的作用。2001年美国拒绝批准《京都议定书》就曾给气候谈判增加了复杂性和不确定性，并使《京都议定书》在当时面临夭折的危险。对于后京都时代发达国家进一步减排的问题，伞形集团的主要成员国坚持采取自下而上的方式，即由发达国家自主提出减排目标作为气候谈判的基础，2009年哥本哈根气候会议基本上接受了这一主张。总体而言，伞形集团国家在应对气候变化问题上并不积极：集团主要成员国虽然于2010年向《公约》秘书处提交了2020年中期减排目标，但其减排承诺难以满足有效应对全球气候变化的需要；美国长期游离于《京都议定书》之外，一直拒绝承诺强制减排；加拿大在德班会议后宣布退出《京都议定书》，日本、俄罗斯、新西兰已明确表示不参加《京都议定书》第二承诺期，这些"拖后腿"国家的退出将大大削弱《京都议定书》这一气候治理平台的效果。[1]

3. 发展中国家

在《公约》和《京都议定书》下，规定发达国家和发展中国家在应对气候变化问题上承担"共同但有区别的责任"，没有对发展中国家规定强制性减排目标，但鼓励发展中国家参与温室气体减排。发展中国家在气候问题上有着共同利益，以"77国集团+中国"模式参与气候谈判，同时，由于发展中国家的国情差异和在气候问题上的立场差异，所以在气候谈判中又形成了多个谈判集团。

---

[1] 许琳、陈迎：《全球气候治理与中国的战略选择》，《世界经济与政治》2013年第1期，第124页。

"77国集团+中国"。这是国际气候谈判中代表发展中国家利益的主要力量，代表其发表立场声明的是77国集团的轮值主席国。中国作为发展中大国，通过诸多内部协调工作，维护集体利益，并积极推动谈判的进程。

基础四国。自2009年以来，中国、印度、巴西和南非这四个重要的新兴经济体基于共同利益，在应对气候变化议题上走到了一起，形成了"基础四国"气候变化谈判机制。基础四国已建立起了相对稳定的磋商和协调机制，积极参与全球气候治理进程并在气候谈判中发挥了建设性作用。

小岛国联盟。因海平面上升而面临严重威胁的低洼沿海国和小岛国组成了小岛国联盟，其40多个成员来自非洲、加勒比海、印度洋、地中海、太平洋和南中国海，大部分也是77国集团成员。作为气候变化不利影响的最大受害者，小岛国一直坚持自己的特殊利益诉求。

其他谈判集团还包括非洲国家集团、石油输出国组织、最不发达国家、中美洲集团等。

随着世界政治经济形势的发展和变化，国际气候谈判的国家和集团的立场以及格局也发生了变化。第一，随着中国、印度、南非和巴西等发展中大国的经济增长和碳排放增加，发展中国家阵营内部发生了比较大的分歧，尤其在针对减缓行动上，以印度和中国为代表的主要排放国与小岛国联盟和最不发达国家之间分歧严重。小岛国联盟的谈判目标是尽快达成全球减排协议，小岛国甚至要求将全球温升幅度控制在1.5摄氏度之内。德班会议期间，小岛国紧跟欧盟立场，在"共同但有区别的责任"原则基础上，提出建立《公约》下的议定书，以限制主要发展中国家以及美国的排放，许多最不发达国家也支持这一立场。第二，发达国家阵营内部的分歧越来越大。在欧盟中，一些经济发展和人均生活水平仍然比较低的成员国，例如波兰、罗马尼亚等国家，仍然要求更多的排放权。在伞形集团内部也出现了不同声音，澳大利亚在 2012 年多哈气候会议上，明确表态支持《京都议定书》第二承诺期。可以说，"南北对垒"的基本格局出现了弱化的趋势，发展中国家与发达国家之间的矛盾以及排放大国与排放小国的矛盾在今后的谈判中将同时存在。

（四）全球气候治理的挑战

1. 气候治理与国家经济利益的矛盾

气候变化问题本质上是经济发展问题，经济利益是影响各国进行气候治理的重要因素。2001 年美国退出《京都议定书》的理由，是布什政府认为实现《京都议定书》所规定的减排目标有损美国的经济利益，会给美国造成 4000 亿美元的经济损失，减少 490 万个就业岗位。[①] 2017 年 6 月 1 日，美国总统特朗普宣布退出《巴黎协定》，因为他认为此协定将给美国带来"苛刻财政和经济负担"。温室气体排放大国澳大利亚 2013 年 7 月宣布将于次年 7 月起废除固定碳税，其提前一年终止碳税是为了降低生活压力、减少企业成本。[②] 在后京都气候谈判中，俄罗斯关注的问题之一是承担减排义务是否会限制其未来经济发展的空间。发展中大国需要积极应对气候变化，也需要争取未来公平合理的排放空间和发展空间。石油输出国则担心全球减排会引起国际石油市场的紧缩，给本国经济带来负面影响。在气候治理行动与本国经济利益之间如何选择、如何处理二者之间的矛盾，是对各国政府在应对气候变化问题上的考验，也是对全球气候治理的挑战。

[①] 王之佳编著：《中国环境外交：从里约热内卢到约翰内斯堡》，中国环境科学出版社，2012 年版，第 100 页。

[②]《澳大利亚废除固定碳税，明年将实施浮动碳税计划》，中国网，http://www.china.com.cn/news/2013—11/08/content_ 30542636.htm。

2. 集体行动的困难

应对气候系统暖化需要世界各国集体行动，因为大气层的温室气体浓度由地球上的所有排放源造成，单独行动无济于事。然而，目前集体行动面临诸多困难。第一，集体行动需要领导者，在"共同但有区别的责任"原则下，发达国家应对其历史排放和当前的高人均排放负责，率先采取措施减少温室气体排放，并向发展中国家提供资金和技术支持，换言之，发达国家尤其是发达大国应率先承担起气候治理集体行动的责任、发挥领导作用，但美国宣布退出《巴黎协定》，将对未来包括国际气候谈判在内的全球气候治理的共同行动产生不利影响。第二，集体行动需要大国协调，但是美国与欧盟在气候变化问题上态度不同，发达国家与发展中大国在国际责任、资金和技术援助、减排和发展的关系等问题上还存在很多分歧，这就加大了集体行动的难度。第三，发展中国家阵营内部的不同利益群体有着不同的利益诉求且内部矛盾公开化，今后协调和统一各国立场的难度比较大。

三、中国的应对：责任与行动

中国作为最大的发展中国家和环境大国，在环境和气候治理领域有着自身应承担的责任，也有着自身合理的发展诉求。在发展过程中，如何进行环境保护？中国在环境和气候治理方面已采取的诸多实质性行动对此作了回答。

（一）中国的责任

1. 实现国家的可持续发展

发展是国际社会每个成员都拥有的公平权利，对包括中国在内的广大发展中国家而言，发展是第一位的，让发展中国家牺牲发展权益以换取环境保护，既不现实也不可能。《联合国气候变化框架公约》第四条第 7 款就规定："发展中国家缔约方能在多大程度上有效履行其在本公约下的承诺，将取决于发达国家缔约方对其在本公约下所承担的有关资金和技术转让承诺的有效履行，并将充分考虑到经济和社会发展及消除贫困是发展中国家缔约方的首要和压倒一切的优先事项"。也就是说，中国在全球环境与气候治理中的责任首先是发展自身，"任何大国都不会在没有处理和解决好自身内部治理问题之前，承担与国力不相适应的国际责任。对中国而言，把自己的事情做好，就是很大的责任，因此中国大国责任的内部要求在于发展，在于增强自身实力。"① 崛起中的中国选择了可持续发展道路，实现国家的可持续发展是中国责任的内在要求。

2. 团结发展中国家，共同维护发展中国家的发展权益

在全球环境与气候治理中，如果没有南北国家的合作就无法达到预期目标。对发展中国家而言，内部的团结是推动南北合作的基础。中国作为最大的发展中国家，有责任凭借自身实力和国际地位来协调发展中国家间关系，寻求扩大与发展中国家合作的基础，以加强发展中国家的团结。发展中国家"用一个声音说话"才能发出最强音，也才能在与发达国家的博弈中更好地维护自身权益，这已被发展中国家为建立国际经济新秩序而斗争的历史所证明。从经济发展和温室气体的排放来看，发展中国家经济的发展必然导致排放量的增加，但发展中国家有自身的发展权、排放权，这是合理的政治和经济要求。中国有责任与其他发展中国家加强团结，以集体的力量共同维护自身的发展权益。

---

① 金灿荣等：《大国的责任》，中国人民大学出版社，2011 年版，第 5、6 页。

3. 推动全球环境与气候治理有效地进行

当前，全球性环境问题仍在发展，全球环境仍在持续恶化，对人类的生存和发展继续构成严重威胁。从中国的情况看，改革开放以来，中国经济取得了巨大成就，但同时也付出了沉重的环境代价。中国复杂而严峻的环境问题不仅制约了国民经济的顺利发展，也影响到了国家安全。不论是从中国的角度还是全球的角度看，环境与气候治理实际上早已刻不容缓。中国是正在崛起中的大国，实力的增长意味着责任的承担，中国有能力也有责任携手其他国家推动全球环境与气候治理的有效进行，以维持人类社会的生存和可持续发展以及正常的国际秩序。

（二）中国进行环境和气候治理的行动

改革开放以来，中国积极进行环境和气候治理，一方面，出台了一系列环境政策和措施，在国内展开了一系列环保行动；另一方面，积极进行国际环境合作和履行国际环境条约。

1. 国内层面：中国对环境保护的认识不断提高，环保工作不断推进，环境保护取得明显成效

中国环保事业起步于20世纪70年代初期。1973年，第一次全国环境保护会议召开，标志着中国人环保意识的觉醒。改革开放以后，中国逐渐认识到节约资源能源、保护生态环境、维护生态平衡的重要性。1979年，《环境保护法（试行）》颁布。1983年，国务院召开第二次全国环境保护会议，明确提出环境保护是中国现代化建设中的一项战略任务，是一项基本国策，并明确了"预防为主、防治结合""谁污染、谁治理"和"强化环境管理"的环境保护三大政策。1983年之后，环境保护作为一项重要内容被写入历年政府工作报告。

20世纪90年代中期以来，中国进一步把环境保护摆上重要位置。1994年3月，中国政府发布《中国21世纪议程——中国21世纪人口、环境与发展白皮书》，首次把可持续发展战略纳入经济社会发展的长远规划。1997年，十五大明确提出实施可持续发展战略。"九五"期间，各地政府按照国务院《关于环境保护若干问题的决定》要求，努力实现"一控双达标"，关闭了8.4万家严重浪费资源、污染环境的小企业，淘汰了一批落后的生产能力和设备，限制发展了一批高物耗、高污染的产业，促进了传统产业的技术改造和经济结构的调整。从1998年开始，国家实行天然林保护工程，开展退耕还林还草还湖等生态环境建设和保护的根本性措施，把环境保护作为西部大开发的根本和切入点，发布了《全国生态环境保护纲要》。[①] 我国还以《环境保护法》为基础，颁布了水污染防治、大气污染防治、噪声污染防治、固体废物污染防治和海洋环境保护、环境影响评价等环境保护法律，不断加强环境保护法制化建设。

十七大以来，中国把环境保护摆在了更加突出的战略位置上，提出了"建设生态文明""推进环境保护历史性转变""环境保护是重大民生工程"等战略思想，出台一系列新的重大决策部署，环保工作取得积极进展。其中，在机构建设方面，2007年，成立了国家应对气候变化领导小组，组长为国务院总理。同时，国家气候变化专家委员会成立，其主要任务是为我国政府制定应对气候变化相关战略方针、政策法规和措施提供科技咨询和政策建议。2008年，国家环保总局升格为国家环境保护部，这一举措被法国《欧洲时报》称为中国政府机构大部制改革"这一大亮点中又一亮点"，"表明中国政府已经把环境保护提升到与工业、农业、交通、能源等部门同

[①] 解振华主编：《国家环境安全战略报告》，中国环境科学出版社，2005年版，第7页。

样重要的地位，使之成为维系国家经济命脉的重要产业工程之一"。[1]在政策与行动方面，从气候治理的角度看，2007年，中国颁布了《应对气候变化国家方案》（下称《方案》），这是我国第一部减缓和应对气候变暖的全面的政策性文件，也是发展中国家第一部应对气候变化的国家方案。《方案》明确了中国应对气候变化的指导思想、原则和目标，提出了相关政策和措施。同年，中国还颁布了《应对气候变化科技专项行动》。此外，中国从应对气候变化的全球大局出发，自动制定非强制性减排目标：在2009年哥本哈根气候大会上，温家宝总理代表中国政府承诺，到2020年，努力使单位国内生产总值二氧化碳排放比2005年下降40%到45%。这一目标已作为约束性指标纳入国民经济和社会发展中长期规划。这是中国对全球应对气候变化的重大贡献。2011年，为落实"十二五"时期中国应对气候变化的目标任务，推动绿色低碳发展，国务院印发了《"十二五"控制温室气体排放工作方案》《"十二五"节能减排综合性工作方案》等一系列重要政策文件，加强了应对气候变化工作的规划指导。有关部门和地方政府积极采取行动，应对气候变化各项工作取得明显成效。[2] 可以说，中国正在积极承担全球气候治理的国内和国际责任。2013年11月的华沙气候大会上，联合国秘书长潘基文高度评价了中国在应对气候变化方面做出的努力。

继十七大首次提出生态文明建设之后，十八大提出了"把生态文明建设放在突出地位"，将生态文明建设提升到与经济建设、政治建设、文化建设、社会建设相同的高度。"大力推进生态文明建设，促进经济与环境协调融合，是对环境保护的最新认识成果"。[3] 2013

---

[1] 《法〈欧洲时报〉评环保总局升为环保部：亮点中的亮点》，中国网，http://www.china.com.cn/tech/zhuanti/wyh/2008—03/15/content_ 12702315.htm.
[2] 解振华主编：《中国应对气候变化的政策与行动——2012年度报告》，中国环境出版社，2013年版，第3、4页。
[3] 周生贤：《生态文明建设突破之路》，《瞭望》，2013年第18期，第38页。

年，中国在国家层面出台了一系列相关文件，显示了推进生态文明建设的力度。例如，1月印发了《全国生态保护"十二五"规划》，提出到2015年，生态环境监管水平明显提高，重点区域生物多样性下降趋势得到遏制，生态环境恶化趋势得到初步扭转。9月，国务院公布《大气污染防治计划》，根据计划，2013—2017年，中国将投入1.7万亿元进行大气污染治理；要求达不到新环境空气质量二级标准的城市，必须制定达标计划和日程表，鼓励城市采取严于国家要求的治污措施等。这被称为史上最严格的大气治理计划。10月，十二届全国人大常委会立法规划公布，其中已明确的68项立法项目中，修改土地管理法、环境保护法、大气污染防治法、水污染防治法等，制定土壤污染防治法、核安全法等11项涉及生态文明建设。

当前，中国的碳交易试点、低碳城市试点、生态文明建设先行示范区、循环经济试点等都在有序推进。随着中国对生态文明建设的积极探索和实践，作为生态文明建设主阵地和根本措施的环境保护必将取得更多成效。

2. 国际层面：中国积极与各国开展环境领域的务实合作，认真履行国际环境条约，积极开展对外环境援助

在双边环境合作层面。改革开放以来，中国已经与美国、日本、韩国、加拿大、俄罗斯、法国、德国、荷兰、澳大利亚、秘鲁、印度等诸多国家签署了双边环境合作协定或谅解备忘录，开展了广泛的交流与合作，建立起了相应的双边环境合作框架，尤其是与周边邻国和发达国家保持着密切的双边环境合作。

在区域（包括跨区域）环境合作层面，中国参与了从东北亚到东南亚、从环太平洋到欧盟地区的合作。在1996年APEC领导人会议上，江泽民主席就亚太地区的环保合作发表了重要讲话，强调了环境合作的重要性并提出向APEC成员开放一个设在北京的环保中心的倡议，受到各方赞誉。1998年，中国APEC环境保护中心正式成立，随

后在北京召开了"APEC可持续发展城市研讨会"。中国政府在2000年举行的第三次亚欧会议上还倡议召开亚欧环境部长会议并得到广泛支持，2002年即于中国举办第一届会议，通过了主席声明，就开展亚欧环境合作的基础、潜力及合作原则等达成基本共识，确定了亚欧环境合作的关键领域和重点。作为大湄公河次区域六国之一，中国与其他五国于1995将环境确定为主要合作领域之一，同年成立了环境工作组，2005年成功举办了第一届环境部长会议，提出了次区域生物多样性保护走廊计划等合作项目。东北亚主要的区域环境合作机制——中日韩三国环境部长会议，中国—东盟和东盟—中日韩机制下的环境合作也都开展多年并取得了长足进展。中国对区域环境合作的参与和推动，进一步体现了中国在环境治理中的积极和开放的态度。

在全球性环境合作层面，由于全球层面的环境合作主要关注全球性环境问题，规模和影响都较大，因而备受各国重视。中国主要从三方面参与全球性环境合作：

第一，参加和举办全球性国际会议。1972年，中国派代表团参加联合国人类环境会议，首次在全球性环境合作舞台上亮相。1992年的里约环发大会、2002年的约翰内斯堡可持续发展大会、2012年的里约可持续发展大会，中国都派出了由政府总理率领的大型代表团出席。1991年，中国发起并举办了"发展中国家环境与发展部长级会议"，41个发展中国家的部长与会。这次会议是发展中国家在里约环发大会前的一次重要的协调会议，有力维护了发展中国家的整体利益。1999年，中国还承办了大规模、高层次的国际环保会议——《蒙特利尔议定书》第11次缔约方会议。

第二，参与国际环境立法。中国积极参与了《蒙特利尔议定书》修正案、《联合国气候变化框架公约》及其《京都议定书》和《巴黎协定》、以及《生物多样性公约》《鹿特丹公约》《巴塞尔公约》《斯德哥尔摩公约》等重要国际环境条约的谈判，为条约的起草和通过作出了重要贡献。中国参加国际环境领域的立法工作,不仅有利于维护中国的利益,也保证了其他发展中国家在环保方面的原则主张能在国际法律文书中得到反映。

第三,认真履行国际环境条约。中国对环境履约十分重视并做出了诸多努力,体现了中国对环境责任的实质性担当。1991年,中国加入《蒙特利尔议定书》后,率先制定了《中国消耗臭氧层物质逐步淘汰国家方案》并于1993年提交给臭氧层多边基金执委会。到2005年,中国相继颁布了100多项有关保护臭氧层的政策和措施,顺利完成了《蒙特利尔议定书》规定的阶段性削减指标。2007年7月,中国政府决定停止除必要用途之外的氯氟烃(CFCs)和哈龙的生产和进口,提前两年半完成了《蒙特利尔议定书》所规定的目标。又如,在气候治理领域,中国作为《联合国气候变化框架公约》非附件一成员,认真履行《公约》和《京都议定书》下的义务,于2004年提交了中国《气候变化初始国家信息通报》;制定《中国应对气候变化国家方案》并于2007年发布;2006年之后,开始了大规模的清洁发展机制(CDM)项目合作(此项目合作是《京都议定书》确定的一项共同减排机制),为《京都议定书》的实施提供了支持。2017年6月,在美国宣布退出《巴黎协定》之后,中国政府表示,无论其他国家立场如何变化,中国都将立足自身可持续发展的内在需求,采取切实措施加强国内应对气候变化的行动,认真履行《巴黎协定》。[1]

此外,随着经济、科技等方面的长足发展,中国也逐渐具有了对外环境援助的能力,在力所能及的范围内,中国积极开展对发展中国家的环境援助,这种援助也是一种国际环境合作。例如,中国政府积极推动应对气候变化南南合作,为小岛国、最不发达国家、

---

[1] 《美国退出〈巴黎协定〉不影响全球气候治理进程》,中国气候变化信息网,http://www.ccchina.gov.cn/Detail.aspx?newsId=67874&TId=58 "%20title=",2017年6月6日。

非洲国家等其他发展中国家提供了实物及设备援助，并对其参与气候变化国际谈判、政策规划、人员培训等方面提供了大力支持。"十二五"期间，累计举办了 40 余期应对气候变化南南合作培训班，帮助其他发展中国家培训 2000 余名应对气候变化领域官员和专家。2015 年 9 月，习近平主席在由中国和联合国共同举办的南南合作圆桌会议上宣布，未来 5 年中国向发展中国家提供 100 个生态保护和应对气候变化项目，其项目实施已取得阶段性进展。2015 年 12 月，习近平主席在巴黎会议上宣布设立 200 亿元人民币的中国气候变化南南合作基金，并启动"十百千"项目，即在发展中国家开展 10 个低碳示范区、100 个减缓和适应气候变化项目及 1000 个应对气候变化培训名额的合作项目，目前已制定项目实施方案并陆续启动实施。[1] 中国在面对气候治理巨大压力的情况下，多年来仍关注其他发展中国家的援助需求，努力提供支持，这无疑彰显了中国维护人类共同安全的巨大责任感。

几十年来，中国在国内和国际层面已经采取了诸多实质性行动来进行环境与气候治理，并且力度不断加大，从而在环境领域为改善和维持国际秩序、促进平等对话、维护世界安全作出了重要贡献。当今的中国正在崛起，力量的不断增长意味着责任和压力将会继续增加，在全球环境仍持续恶化的情况下，中国在全球环境与气候治理领域还需要更多探索和实践，以应对当前和未来的挑战，并继续为世界的安全与发展作出应有的贡献。

（本文原载于陶坚、林宏宇主编：《中国崛起与全球治理》，世界知识出版社，2014 年版。此次收入书中进行了增删——作者。）

---

[1] 《中国应对气候变化的政策与行动 2016 年度报告》，中国气候变化信息网，http://www.ccchina.gov.cn/archiver/ccchinacn/UpFile/Files/Default/20161103142418412488.pdf。

试析全球公共卫生治理与中国的参与

吴雪[*]

[内容摘要] 全球化的深入发展使公共卫生问题成为比较突出的全球性安全问题之一，全球公共卫生治理因此变得越来越重要。全球公共卫生治理的参与主体是多元的，主权国家、国际政府组织、非政府组织、跨国公司、个人等都在其中发挥着重要作用。新中国成立后，通过派遣援外医疗队参与到全球公共卫生治理中。2003年，SARS疫情的爆发与治理标志着中国参与全球公共卫生治理的新阶段。此后，中国通过加强与世界卫生组织等国际组织的合作、积极参与地区性卫生合作、强化双边卫生合作以及扩大对外医疗援助，在全球卫生公共治理中发挥着越来越重要的作用。崛起中的中国只有更好地应对全球公共卫生治理的各种挑战和困境，才能树立良好的国家形象，并为世界公共卫生事业做出更大的贡献。

[关键词] 公共卫生问题　全球公共卫生治理　世界卫生组织　中国崛起　中国参与

在全球化时代，任何一个国家都无法逃避全球性问题。全球治理所要解决的问题，就是应对由全球化这一进程所造成的各种外部

---

[*] 吴雪，国际关系学院国际政治系讲师，主要研究领域为美国政治与外交、当代中国外交、中美关系。

性问题：保护积极外部性得以持续且合理的分配，消除各种消极外部性对人类共同体的损害。① 换句话说，就是对国际公害物品（public bads）进行管理，同时提供国际公共物品（public goods）。中国在崛起的过程中，无疑要承担崛起大国的责任，也就不可避免地要参与国际公害物品的管理，向国际社会提供国际公共物品。而全球公共卫生治理是中国参与全球治理的一个非常重要的领域。

一、全球公共卫生问题的产生与发展

近年来，随着全球公共卫生事件的频繁发生，全球公共卫生治理问题已经引起各国普遍关注。

（一）全球化与全球公共卫生问题

全球公共卫生问题在全球化的过程中越来越凸显出来。全球化负面影响之一就是传染病、核放射以及有毒物质的快速蔓延以及由此带来的全球公共卫生问题。由于世界相互依赖程度的加深以及全球范围内人员与物品的快速流动，导致传染病比历史任何时候传播的速度都要快。全球航空公司每年运载的乘客高达 20 亿人次，世界上任何一个地方一旦发生疾病暴发或流行，仅仅几小时后就会传播到其他国家和地区。"传染病不仅传播速度快，而且新病种出现的速度似乎也超过了过去的任何时期。自 20 世纪 70 年代开始，新出现的传染病即以空前的、每年新增一种或多种的速度被发现。现今约

---

① 蔡拓、杨昊：《国际公共物品的供给：中国的选择与实践》，《世界经济与政治》，2012 年第 12 期，第 96 页。

有 40 种疾病在一代人以前是不为人所知的。另外，在过去 5 年里，世卫组织还在全世界范围内核实了超过 1100 起疾病流行事件。"①2002—2003 年爆发的 SARS 疫情揭示了传染病在全球化背景下的巨大威力。这场危机已经过去十几年，但是艾滋病、高致病性禽流感、埃博拉病毒、寨卡病毒、中东呼吸综合症（MERS）等各类新发传染病依旧在不断地威胁着人类的健康与安全，影响着社会稳定与经济增长。与此同时，全球化还导致一些原本已濒临灭绝或已被控制住的传染病死灰复燃，如肺结核、疟疾、梅毒等。其中，结核病是全世界传染病中的最大杀手，每年夺去约 200—300 万人的生命。

由此可见，全球化对公共卫生的影响非常复杂。"绝大多数公共卫生专家都认为，由于全球化使得病原菌以史无前例的速度将疾病和死亡带到全球的每个角落，国家公共卫生与国际公共卫生之间的区别已不再有什么意义。与此同时，全球化过程削弱了主权国家保护公众免受传染病侵袭的能力。由传染病滋生所带来的威胁的视角观之，公共卫生全球化所带来的挑战是非常巨大的。"②由于一个国家内部的个人和公共卫生问题越来越成为全球性的问题，各国需要通过合作来共同应对公共卫生领域的问题，全球公共卫生治理由此产生。

（二）全球公共卫生问题的分类

按照《2007 年世界卫生报告》，全球公共卫生问题分为以下几类：（1）易流行的疾病，如严重急性呼吸道综合征（SARS）、人禽

---

① 世界卫生组织：《2007 年世界卫生报告——构建安全未来：21 世纪全球公共卫生安全》，人民卫生出版社，2007 年版，第 X 页。
② 王立峰：《全球化与公共卫生：西方观点之贡献及局限》，http：//www. comment-cn. net/politics/manage/2006/0624/article_ 3700. htm. （上网时间：2014 年 4 月 3 日）

流感、埃博拉病、马尔堡出血热和尼帕病毒等等；(2) 食源性疾病，指的是由食物安全引发以及因微生物污染、化学物质和有毒物质造成的疾病，如与牛海绵状脑病相关的新变异型克雅氏病；(3) 意外的和蓄意制造的疾病暴发，指的是由违反生物安全措施导致的与传染因子意外释放有关的疾病，如2001年在美国出现的炭疽邮件；(4) 有毒化学物质的意外事件；(5) 核放射意外事件，1986年切尔诺贝利核电站灾难被认为是核动力历史上最严重的一次意外事故；(6) 环境灾难。①从这个分类看，如今的全球公共卫生问题不仅仅是传染病引发的疾病蔓延，而是包括传染病、有毒物质以及核扩散所造成的所有公共卫生问题。

（三）全球公共卫生安全与全球公共卫生治理的概念

与全球公共卫生问题密切相关的是全球公共卫生安全与全球公共卫生治理。公共卫生安全的定义是通过采取预见性和反应性行动，最大程度地确保人群免受突发公共卫生事件的威胁。全球公共卫生安全的定义进一步扩大了人群的范围，是指为尽可能减少突发公共卫生事件对全球范围内人群健康的威胁而采取的行动。②欧美等国学者对全球公共卫生治理给予不同的概念界定。简单说，全球公共卫生治理就是指"通过在全球公共卫生的决定因素领域制定并实施具有约束力的国际机制，从而达到降低全球公共卫生安全领域脆弱性之目的的进程"。③

---

① 世界卫生组织：《2007年世界卫生报告——构建安全未来：21世纪全球公共卫生安全》，人民卫生出版社，2007年版。
② 世界卫生组织：《2007年世界卫生报告——构建安全未来：21世纪全球公共卫生安全》，人民卫生出版社，2007年版，第1页。
③ 晋继勇:》全球公共卫生治理中的国际人权机制分析——以〈经济、社会和文化权利国际公约〉为例》，《浙江大学学报（人文社会科学版）》，2010年5月，第15页。

二、全球公共卫生治理的现状

1851年首次国际卫生会议召开，国际卫生机制初露端倪，这被很多学者视为全球卫生治理的开端。全球公共卫生治理的参与主体是多元的，包括国际政府组织、主权国家、非政府组织、跨国公司、个人等等。

1. 国际组织

当前，大量的国际组织参与或涉及到全球公共卫生治理中，如联合国人权理事会、联合国开发署、世界银行、世界贸易组织等。其中，世界卫生组织已经逐渐成为公共卫生全球治理的国际协调中心和主导力量。另外，国际海事组织（IMO）和国际民航组织（ICAO）也参与到传染病跨国控制的过程中，但作用相对微弱。国际组织之所以能在全球公共卫生治理中发挥重要作用，原因在于它们具有稳定性、权威性以及专业性，特别是国际组织为各国参与全球公共卫生治理提供了合作与交流的平台，这是与全球治理其它主体所不同的。

世界卫生组织是联合国下属的专门机构。作为国际最大的公共卫生组织，世界卫生组织的宗旨是使全世界人民获得尽可能高水平的健康。世界卫生组织的主要职能包括：促进流行病和地方病的防治，提供和改进公共卫生、疾病医疗和有关事项的教学与训练，推动确定生物制品的国际标准。它负责对全球卫生事务提供领导，拟定卫生研究议程，制定规范和标准，阐明以证据为基础的政策方案，向各国提供技术支持，以及监测和评估卫生趋势。

世界卫生组织在全球公共卫生治理中的首要作用在于它建立了全球范围的监测和预警机制。1996年，世界卫生组织启用了一个高效的全球流行病疫情警报和反应系统。该系统以许多其它机构和技术机构进行国际合作的概念为根本出发点。全世界大约300个研究机构加入到这一合作机制中。世卫组织建立了可汇集流行病信息以及确定疾病是否暴发的系统性机制，以此提高了风险评估、信息传播和快速现场反应。同时还针对出血热、流感、脑膜炎、天花和黄热病导致的公共卫生事件建立了疫苗、药物和专门调查及保护设备储存和快速分发的区域性和全球性机制。

其次，在传染病暴发时，世界卫生组织是国际行动指挥中心。疫情暴发的当事国会在第一时间向世界卫生组织请求支援。世界卫生组织有超越主权国家的能力、情报和权力调动最适合的人员来支援疾病暴发的当事国，发挥后援作用。特别是在紧急情况下，它可以调动传染病专家，为疫区提供医学知识和技能，并向当事国提供相关建议。同时，世界卫生组织的代表和其区域办公室的代表在为媒体提供信息方面发挥着核心作用。通过媒体和官方网站，世界卫生组织及时、有效地通报全球有关疾病暴发的信息，协调各国专家参与到疾病治理工作中。[①]

第三，世界卫生组织还通过制定规则来协调与规范各国的公共卫生治理行为，例如《国际卫生条例》的制定、修订与实施。《国际卫生条例》是帮助各国共同挽救遭受疾病和其他卫生风险国际传播之害的生命和生活的一部国际法，由世界卫生组织的194个成员国所遵守。它最早是1969年经第22次世界卫生大会修订并通过的一部世界卫生工作法律文件。经过1973年第26次和1981年的第34次世界卫生大会两次修订形成今天各成员国的执行文本。随着世界形势的发展变化，世界卫生大会在1995年要求对《国际卫生条例》

---

① ［加拿大］马克·扎克、塔尼亚·科菲著、晋继勇译：《因病相连：卫生治理与全球政治》，杭州：浙江大学出版社，2011年版，第65页。

进行进一步修订，在各成员国近十年的共同努力下，世界卫生组织于 2003 年 12 月向各成员国提供了修订后的《国际卫生条例（草案）》，再次征求各成员国的意见。修订后的《国际卫生条例（草案）》于 2005 年世界卫生大会讨论通过，2007 年 6 月 15 日起施行。

作为当代全球卫生规则，《国际卫生条例（2005）》要求各缔约国向世卫组织通报有可能构成国际关注的突发公共卫生事件的所有事件，并对有关这类事件的信息进行核实。这就使世卫组织能确保为有效预防此类突发事件或控制暴发提供适宜的技术合作，并在某些确定的情况下将公共卫生风险通知需要采取行动的其它国家。《国际卫生条例》过去要求各成员国通报范围只适用于霍乱、黄热病和鼠疫等，但 2007 年 6 月 15 日生效的新修订，已要求扩大通报范围至任何新发现的传染病及辐射、化学引发的事件。这一具有法律约束力的协议为协调管理有可能构成国际关注的突发公共卫生事件的事件提供新的法律框架，从而将显著增强国际公共卫生安全，并提高所有国家发现、评估、通报和应对公共卫生风险的能力。

（二）主权国家

尽管随着全球化的发展，国际组织和非政府组织在全球治理中的作用日益加强，在某些领域甚至对国家主权起到限制的作用，但是主权国家在全球治理中仍旧担当着任何组织或个人都不可替代的角色。

作为现代国际关系中的最重要的主体，国家也依然是全球公共卫生治理各个层次中最为重要的角色。其原因在于：第一，国际组织在全球治理中要发挥作用很大程度上要依靠成员国。国际组织所制定和实施的任何规章或决议都必须经过主权国家的同意，主权原则仍然是国际关系的最基本的原则。国际组织权力来源是主权国家，其重大决策也离不开成员国。国际组织发挥作用的大小、方向和范围，归根结底决定于主权国家的协商一致。第二，非政府组织虽然在全球公共卫生治理的许多领域都发挥着重要作用，但是任何非政府组织都必须受到有关国家法律的约束，从登记、注册到开展活动都要受到国家法律的管制。

在全球公共卫生治理机制中，主权国家是疾病监测体系中的重要一环，也是开展卫生援助的重要行为体，还是治理突发公共卫生事件最直接、最有效的实施者。以美国为例。作为国际社会中实力最强的国家行为体，美国在全球卫生治理中发挥了举足轻重的作用。

第一，美国的疾病防控能力居世界领先水平，为全球公共卫生治理提供了有力的技术支持。美国有许多拥有先进研究设施和高水平医学专家的疾病预防控制中心和实验室，在全球疾病监测方面发挥着重要作用。如位于美国佐治亚州亚特兰大市的疾病预防控制中心就是以"全球疾病暴发事件调查的领导者"而著称。

第二，美国是对外卫生援助的主要捐赠国。隶属于经济合作与发展组织的发展援助委员会（DAC）是世界上最大的卫生救援资金提供者，其成员包括20多个发达国家政府。美国是其中大约24个发达捐赠国中捐助最多的国家，在2005年的捐赠总价值达到270亿美元。[1]

在小布什总统任期内启动的"总统防治艾滋病紧急救援计划"（President's Emergency Plan for AIDS Relief，PEPFAR）至2013年已提供了逾370亿美元的援助，是美国有史以来规模最大、最成功的对外援助计划。2009年5月5日，奥巴马总统向国会提出了数额高达630亿美元的"全球健康行动计划"（Global Health Initiative），以

---

[1] ［加拿大］马克·扎克、塔尼亚·科菲著、晋继勇译：《因病相连：卫生治理与全球政治》，杭州：浙江大学出版社，2011年版，第106页。

期在 6 年内建立一个新的、全面的全球性健康发展战略。该计划的提出表明美国将在全球公共卫生治理领域担当领导者的角色。此外，美国还是"抗击艾滋病、结核病和疟疾全球基金"和"全球疫苗免疫联盟"两个组织的最大捐助国。①

第三，美国突发公共卫生事件预警与应急管理能力在全球也是首屈一指的。美国建立了横向与纵向相结合的全方位、立体化、多层次和综合性的公共卫生应急管理网络。其横向系统包括政府各职能部门，纵向系统则涵盖"国家—州—地方"三级公共卫生部门。

（三）非政府组织（NGO）

随着全球治理的深入发展，非政府组织的作用也在不断扩大。非政府组织在全球公共卫生治理中能够发挥重要作用的原因是：它与主权国家不同，它不受主权让渡的约束，因而能更加灵活地参与国际合作。非政府组织的民间性和自治性特征使得它不受国界、疆域的束缚，可以接触到最广泛的人群。另外，非政府组织有大量专业的医疗人员，他们在疫情监测、传染病早期控制等方面比政府部门行动更迅速，更有专业优势。

当前，很多非政府组织积极参与到国际卫生援助中。非政府组织通过筹集大量资金，支持志愿者在全球范围内参与公共卫生治理。有广泛世界影响的非政府组织包括红十字会、无国界医生组织等。其中，红十字会是全世界组织最庞大、也是最有影响力的慈善救援组织。随着会员国的发展，红十字会的任务已经由单一战伤救护发展到对自然灾害的援助、意外伤害的急救、自愿输血、社会福利以

---

① 晋继勇：《美国全球卫生治理的战略、实质及问题》，《美国研究》，2011 年第 1 期，第 98 页。

及开展世界各国红十字会、红新月会之间的友好合作，壮大和平力量，促进人类进步事业的发展等。

此外，一些著名基金会也在全球公共卫生治理中发挥重要作用。作为全球最大的慈善基金会，比尔和梅琳达·盖茨基金会在目前的国际卫生领域中最具影响力。该基金会旨在促进全球卫生和教育领域的平等。它的最主要的资助项目关注全球人的健康，即致力于缩小富国和穷国在卫生保健方面的差距，确保卫生保健领域取得能挽救生命的技术进展，并将这些技术提供给最需要的人。重点领域为传染病、HIV/艾滋病及肺结核、生育保健及儿童保健、全球性卫生保健活动。

2008年，该基金会设立了总金额达1亿美元的"探索大挑战"（Grand Challenges Exploration）项目，面向全球征集并资助突破性的创新方案，以帮助应对那些给发展中国家人民带来最大伤害、却得不到应有关注和研究投入的重大疾病（如疟疾、结核病、脊髓灰质炎等）和发展问题。

2014年9月10日，该基金会承诺为帮助西非国家抗击埃博拉疫情捐款5000万美元。这笔款项将交给联合国和其他致力于在西非国家控制该疫情的国际机构，以确保他们能够及时采购医疗用品和提高受影响国家对突发事件的应急响应能力。该基金会还表示，它将为积极研发埃博拉病毒疫苗、治疗方法和技术的公立医院和上市医疗公司提供资助。

2017年1月，该基金会给华盛顿大学捐赠2.79亿美元，用以赞助卫生计量与评估研究所的发展。

三、中国对全球公共卫生治理的参与

在全球公共卫生治理领域，中国是一个新兴国家。但随着中国

的崛起，中国在其中发挥着越来越重要的作用。

（一）中国面临的全球公共卫生问题的挑战

随着中国的崛起以及更加深入地融入国际体系，中国与国际交往不断增多，全球公共卫生问题对中国的影响越来越大。交通、通讯设施的高科技化发展和全世界人员交往的日益频繁，使得我们的社会和生存环境更为复杂。据国家旅游局统计，2016 年预计出境旅游人数将达到 1.22 亿人次，同比增长 4.3%，入出境总人次超过 2.6 亿人次，入境游人数超过出境游 1600 万人次。我国继续保持世界第一大出境旅游客源国和第四大入境旅游接待国地位。[1] 这就使传统的疾病预防控制的地域及空间发生了变化，发生各种重大突发公共卫生事件的几率明显增加，处理的难度及复杂程度也进一步加大。近 20 年世界上发现的 32 种新传染病，其中半数左右已经在我国出现。据统计，目前已登记的化学物总数达 4100 万种，我国农药产品有 1.4 万个，年产量 100 万吨，这些都隐含着化学中毒事件比以往更为频发的危险。[2] 2003 年 SARS 疫情在中国爆发后，迅速在全球传播。29 个国家报告临床诊断病例 8422 例，死亡 916 例。报告病例的平均死亡率为 9.3%。它不仅对人类健康和生命安全构成巨大威胁，而且对我国以及其他国家、地区的经济和社会安定都造成了巨大的冲击。近年来，禽流感、甲型 H1N1 等传染病的蔓延造成了同样的危害。严重的空气污染问题，包括 PM2.5（空气中的细微颗粒）浓度过高给人们的短期、长期健康状态带来不良后果。可以说，随着

---

[1] 李金早：《积极实施"三步走"战略 奋力迈向我国旅游发展新目标——2017 年全国旅游工作报告》，http：//www.cnta.gov.cn/ztwz/2016nlydsj/jjqglvgzhy/201701/t20170113_812301.shtml.（上网时间：2017 年 7 月 3 日）

[2] 清华大学危机管理研究中心 SARS 危机应急课题组：《突发公共卫生事件的应急管理——美国与中国的案例》，《世界知识》，2003 年第 10 期，第 12 页。

中国的崛起，我们面临的全球公共卫生问题的挑战将越来越严峻。

另一方面，全球化时代也赋予中国参与全球公共卫生治理的机遇。随着国家实力的增强和国际地位的提高，中国在国际社会中肩负的责任也在加强。作为全球治理中的新兴国家，积极参与全球公共卫生的治理不仅仅是中国政府保证国民生命安全和健康的义务与责任，也是中国提升国家形象、增强软实力的有效途径。2003年中国面临SARS疫情时的表现以及前后不同的世界反应就是最好的例证。

（二）中国参与全球公共卫生治理的途径与作用

中国已经基本建成全方位、多层次的参与全球公共卫生治理的体系。具体来说，包括多边合作、双边合作以及中国对外医疗援助。

1. 中国与世界卫生组织等国际组织的合作

中国作为最大的发展中国家，在国际卫生机构中发挥着重要作用。中国是世界卫生组织创始成员。世界卫生组织驻华代表处成立于1981年。多年来，中国与世卫组织开展了互惠互利的合作。中国是世界卫生组织执委会成员，同时也是抗击艾病、结核病和疟疾全球基金及联合国艾滋病规划署（UNAIDS）的理事会成员；中国还积极参与制定"可持续发展目标"。中国积极参加世界卫生大会中重大全球卫生事项的讨论和相关政策的制定。中国香港特别行政区的陈冯富珍博士是世界卫生大会选举出的首位来自中国的世卫总干事。

2012年，中国缴纳的世卫组织核定会费为1481万美元，成为世卫组织核定会费的第八大缴费国。2006—2012年，中国政府向世界卫生组织的自愿捐款达1466万美元。此外，中国每年向联合国艾滋病规划署捐款10万美元（2012年增至15万美元）；向全球抗击艾滋病、结核病和疟疾全球基金共计捐款2500万美元。① 中国在2010—2012年间积极参与国际卫生和发展平台，向多边机构捐助达2.85亿美元。2015年中国主办了"第五届中非圆桌会议"，切实参与卫生话题讨论并探索中非合作新路径。②

中国还通过认真履行国际承诺，支持全球公共卫生治理。中国政府积极推动《国际卫生条例（2005）》的落实，如：2013年确保及时报告人感染H7N9禽流感病例；2014年确保国家埃博拉防范预案就绪；协调22部委使全国285个口岸中的259个都采用《国际卫生条例》的标准要求。③ 此外，中国还认真履行联合国《残疾人权利公约》和中国2005年批准且已部分实施的《世界卫生组织烟草控制框架公约》等。

2017年1月，习近平主席在瑞士日内瓦访问世界卫生组织并会见陈冯富珍总干事。习主席高度评价中国与世卫组织在全球卫生事务中的合作；表示中国欢迎世界卫生组织积极参与"一带一路"建设，共建"健康丝绸之路"。会见后，习近平和陈冯富珍共同见证了《中华人民共和国政府和世界卫生组织关于"一带一路"卫生领域合作的谅解备忘录》等协议的签署。

合作战略是一定时期内世卫组织与特定国家合作的战略框架，反映出该时期内双方合作的重点领域，并配合相应的国家卫生战略。自1999年以来，在设有世界卫生组织国家办事处的145个国家中，有133个国家制定了国家合作战略。2004年，中国卫生部和世卫组

---

① 中国卫生部、世界卫生组织西太平洋区域：《中国—世界卫生组织国家合作战略（2013—2015）》，第14—15页，http://www.wpro.who.int/china/cn_chinaccs13.pdf.（上网时间：2017年7月3日）

② 中国卫生计生委、世界卫生组织西太平洋区域：《中国—世界卫生组织国家合作战略（2016—2020）》，第10页，http://apps.who.int/iris/bitstream/10665/206615/1/WPRO_2016_DPM_003_chi.pdf.（上网时间：2017年7月3日）

③ 同上，第11页。

织签署了加强卫生合作与交流的谅解备忘录，确定了重点合作领域。在这个谅解备忘录的基础上，世卫组织制定了《世界卫生组织—中国国家合作战略（2004—2008）》。2008年，卫生部和世卫组织签署了《世界卫生组织—中国国家合作战略（2008—2013）》，以适应中国国情的迅速变化，应对新发问题。2013年2月，中国与世卫组织公布了《中国—世界卫生组织国家合作战略：继往开来，迈向合作新时代（2013—2015）》。2016年3月，中国与世卫组织公布了《中国—世界卫生组织国家合作战略（2016—2020）》，提出了双方今后5年6个重点合作领域。通过在这些领域的合作，世卫组织将支持《健康中国建设规划》（2016—2020年）和医改"十三五"规划的实施，为人民提供优质可及的卫生服务。同时，通过中国与世卫组织的合作，扩大中国对全球卫生工作的贡献。

中国共有65个世界卫生组织合作中心，其中59个在大陆地区，它们也在为国际卫生和安全做出贡献。中国利用世界卫生组织正规预算资金，派遣2000多名高级医学人才赴国外进修。世界卫生组织向中国派遣了数千名各类技术专家，对中国卫生事业的发展提供技术支持。特别是抗击非典和禽流感的过程中，中国得到了世界卫生组织多批专家和工作人员的积极支持。中国对世界卫生组织的工作也给予大力支持。作为一个人口众多的发展中国家，中国率先实现了消灭天花和脊髓灰质炎的目标，在传染病防治、传统医学、计划免疫、妇幼卫生、初级卫生保健等领域取得了显著成绩，为世界卫生组织提供了有益的经验。[①]

除了与世界卫生组织的合作，中国在多边合作领域的努力还表现为：2003年首次在联大发起了"加强全球公共卫生能力建设"的

---

① 新华网：《世卫组织已为中国提供价值1.9亿美元援助》，http：//news.xinhuanet.com/newscenter/2008—04/07/content_ 7934539.htm.（上网时间：2014年4月3日）

倡议，此后连续3年推动联大通过同名提案。①

2. 中国参与区域性的公共卫生合作

近年来，中国与周边国家在传染病防控、传统医药、突发事件、口腔医学等领域开展了卓有成效的合作，跨境卫生合作机制初步建立。据卫生部国际合作司资料显示，近5年来，中国边境卫生合作项目地区服务能力不断提升，项目地区逐渐扩大，已累计投入800多万元，培训当地卫生技术人员300多人次。目前，中国建立的跨境卫生合作机制有：中国—东盟（10+1）、东盟—中日韩（10+3）卫生部长会议机制，中日韩卫生部长会议机制，大湄公河次区域（GMS）卫生论坛，GMS卫生工作组。②通过这些卫生合作机制，中国积极参与东亚地区的公共卫生合作。

SARS疫情爆发后，2003年4月29日，中国与东盟国家领导人在泰国曼谷召开了非典型肺炎问题特别会议。温家宝总理出席了中国—东盟国家首脑防治"非典"的特别高峰会议，并提出由中国出资1000万元人民币，设立东亚防治"非典"的地区基金，敦促设立"10+1"卫生合作机制，启动卫生部长会议。③ 会议期间，中国与东盟发表了《中华人民共和国与东盟国家领导人特别会议联合声明》，对双方的非传统安全领域合作宣言进行了有效、及时的补充。2003年10月，中国和东盟启动了"10+1"卫生部长会议机制。2004年3月在北京举行的中国和东盟防治禽流感特别会议上，又建立了中国与东盟公共卫生基金，发表了《中国—东盟防治禽流感会议联合声明》。2013年10月，李克强总理在第16次中国—东盟

---

① 罗艳华：《试论"全球卫生外交"对中国的影响与挑战》，《国际政治研究》，2011年第2期，第51页。

② 《我国跨境卫生工作机制初步建立》，http://www.jkb.com.cn/htmlpage/16/168477.htm?docid=168477&cat=09C&sKeyWord=null.（上网时间：2014年4月3日）

③ 《中国与东盟国家领导人非典特别会议联合声明（全文）》，http://www.china.com.cn/international/txt/2003—04/30/content_5323180.htm.（上网时间：2014年4月3日）

(10+1) 领导人会议上的讲话中表示，中国将继续支持中国—东盟公共卫生合作基金等平台建设。

近年来，中国与东盟卫生合作逐步呈现机制化、持续化发展的良好势头，建立了卫生部长会议、高官会议机制，在传染病防控、传统医学、口腔医学、卫生人力资源和卫生管理等领域开展了一系列务实合作。大湄公河次区域传染病监测与防控合作十年取得良好成效。2016年10月，首届中国—东盟卫生合作论坛在广西南宁举行。中国与东盟国家在进一步加强传染病防控、突发事件卫生应急、传统医药、人才培养、全球卫生治理等领域合作方面达成新共识。会议通过《中国—东盟卫生合作与发展南宁宣言》，签署了共建药用植物种植基地、民族医药特色诊疗技术培训中心等6个合作协议。[①]

2007年，在中日韩第七次三国领导人会晤时，将卫生等6个领域列入重点合作领域。同年，首届中日韩卫生部长会议在韩国首尔召开，三国卫生部签署了《中日韩三国卫生部关于共同应对流感大流行的合作备忘录》，建立了三国卫生部长年度会晤机制和卫生部高官不定期会晤机制。目前，三国卫生部长会议已举行了九届。经过近十年发展，中日韩三国卫生合作机制已形成以三国卫生部长年度会晤为最高形式、以多领域政策和技术交流为支撑的合作体系，并不断丰富和扩展。

2004年起，东盟与中、日、韩三国卫生部长每两年召开一次会议，商讨地区合作议题。截至2016年，中日韩—东盟卫生发展高官会已召开六次。2007年，中国卫生部提交了加强中日韩—东盟传染病疫情信息沟通的项目书，得到各国的积极响应，并获得东盟秘书处批准。同年11月，中国卫生部和东盟秘书处联合在北京召开了传

---

① 新华网：《中国—东盟务实推进卫生合作应对全球挑战》http://news.xinhuanet.com/world/2016—10/31/c_135792792.htm.（上网时间：2017年7月3日）

染病疫情信息沟通机制研讨会，起草了《中日韩—东盟传染病疫情信息交流与沟通方案》，并获得东盟各国卫生部和中日韩—东盟高官会议通过。按照项目方案，中日韩—东盟各国需要按照世界卫生组织《国际卫生条例》的要求通过网站交换信息。此外，还需要每月报告一次登革疫情信息，每季度报告一次疟疾疫情信息，每年报告一次艾滋病、结核病和狂犬病疫情信息。如发生有国际影响的突发公共卫生事件，则需要在 48 小时内通报。[①] 2008 年 6 月 17 日，中日韩—东盟传染病信息通报网站（www.aseanplus3-eid.info）在印度尼西亚雅加达正式开通。该网站建设是中日韩—东盟新发传染病项目第二期合作的重要内容。

2013 年 8 月 16 日，来自非洲 48 个国家和 8 个国际组织以及中国国内各有关部门，共约 400 名代表出席了中国—非洲部长级卫生合作发展会议。会议公布了《中国—非洲部长级卫生合作发展会议北京宣言》。与会各国决定采取一系列措施推动中非卫生领域合作深化发展，具体包括：共同开发卫生人力资源、推动中非职业技术培训合作，推动建立中非医疗卫生联合研究实验室，支持非洲国家卫生政策和项目，支持传染病和非传染病防控合作、支持免疫体系建设，开展血吸虫、疟疾、艾滋病领域的公共卫生合作项目，捐赠全科模块化箱房诊所，支持中非医药企业合作、鼓励技术转让，加强全球卫生事务中的协调和合作。此次会议和《北京宣言》的发布标志着中非合作的新篇章，也是中国参与地区性公共卫生合作的新举措。2015 年 10 月召开了第二届中非部长级卫生合作发展会议。同年 12 月，习近平主席在中非合作论坛约翰内斯堡峰会上宣布了开展中非公共卫生合作计划。具体内容包括：

[①] 卫生部国际合作司：《中日韩—东盟传染病信息通报网站开通》，http://www.moh.gov.cn/sofpro/cms/previewjspfile/mohgjhzs/cms_0000000000000177_tpl.jsp?requestCode=36968&CategoryID=5704.（上网时间：2014 年 4 月 3 日）

中方将参与非洲疾控中心等公共卫生防控体系和能力建设；支持中非各20所医院开展示范合作，加强专业科室建设，继续派遣医疗队员，开展"光明行"、妇幼保健在内的医疗援助，为非洲提供一批复方青蒿素抗疟药品；鼓励支持中国企业赴非洲开展药品本地化生产，提高药品在非洲可及性。

此外，中国在金砖国家合作中也建立了卫生部长会晤机制。2011年7月11日，首次金砖国家卫生部长会议在北京召开，并发表《首次金砖国家卫生部长会议北京宣言》。会议提议建立五国卫生部长及常驻日内瓦代表之间的长期对话机制，并确定了优先合作领域：以更好获得可负担的高质、有效、安全的艾滋病、结核病、病毒性肝炎、疟疾以及其他传染性疾病和非传染性疾病的药物、疫苗和其他卫生技术的可及性；探索促进技术转让，提高创新能力，满足公共卫生需求。截至2016年，金砖国家卫生部长会议已举办了六届。

此外，从2015年至今，中国—中东欧国家卫生部长论坛已举办了三届，成为中国与中东欧国家开展卫生合作的重要平台之一。

3. 中国参与双边卫生合作

近年来，中国在双边卫生合作领域也有新的进展。以中美双边卫生合作为例。中美两国政府间卫生合作协议与合作机制奠基于上世纪70年代。根据1979年1月两国政府签订的科学技术合作协定，两国卫生部首次签署了《中美卫生科技合作议定书》，目前已七次续签。从2002年起，双方在议定书框架内先后签署《关于艾滋病合作项目谅解备忘录》《关于建立新发和再发传染病合作项目的谅解备忘录》《卫生健康医药科学合作谅解备忘录》以及《关于加强传统医药领域的科技合作意向书》。

在中美战略与经济对话中，"全球卫生"及"卫生合作"被纳入讨论议题。在2009年首届战略与经济对话中，中美双方表示，愿在大流行性及传染性疾病的爆发，包括抗药性肺结核带来的挑战方面继续进行合作。双方还愿进一步在应对公共卫生挑战等至关重要的全球性问题上加强对话与合作。

2003年SARS疫情爆发后，中国疾病预防控制中心和美国疾病预防与控制中心就防治"非典"开展了合作研究。2005年，两国建立了双年度部长级会晤机制，启动了新发和再发传染病合作项目，针对非典型肺炎、流感、登革热以及虫媒及人畜共患病，加强传染病流行病学、预防、控制、诊断和治疗方面的研究与能力建设，提高了发现、应对和处理新发及再发传染病的能力。此外，双方还签署了食品药品监督管理年度工作计划，开展以法规交流、人员培训为主的合作活动，围绕药品临床质量管理规范、医疗器械生产质量管理规范、体外诊断试剂法规和非处方药监管等内容举办了培训班；2006年双方达成补充替代与传统医药（中医药）研究合作意向，将38个病种的临床研究列为优先项目。2010年6月，中美卫生政策论坛在北京举行。2010年发生甲型H1N1流感期间，中美互向对方疾病控制中心派出人员，每天都进行信息交流。

2015年9月，习近平主席对美国进行国事访问所取得的一系列重要共识与成果中，就有双方在医疗卫生领域的合作。双方同意进一步探索在慢性病防控方面的合作，主要通过举行高层政策论坛、学术交流、考察培训等方式开展合作。在加强慢性病领域的基础研究和应用性研究方面，重点要支持预防、诊疗和康复领域的科学研究。另外，也通过创办一份类似于美国疾控中心发病率和死亡率周报的期刊，拓展现场流行病培训项目，加强公共卫生领域的合作；继续支持两国在控烟领域的合作，鼓励企业和社会积极参与控烟行动。此外，还要关注强调慢性病对健康的负面影响，提倡健康的生活方式。中国国家卫生计生委和美国卫生部将共同举办首届中美健康城市峰会。①

此外，SARS事件后，中国与意大利、法国、加拿大等国也都签署了双边合作协议且进展顺利。2013年3月11日，首届中英全球卫生对话在英国伦敦举行。中英双方就全民健康覆盖、全球疟疾防控、消灭脊髓灰质炎、后千年发展目标以及全球卫生治理等议题进行了交流，并讨论了未来中英双方在全球卫生领域的合作。

4. 中国对外医疗援助

中国对外医疗援助始自1963年。当时，阿尔及利亚在独立后，由于外籍医务人员的撤出，面临着缺医少药的困难境地，便向世界发出紧急医疗援助的呼吁。1963年1月，根据周恩来总理的指示，中国第一个对外宣布派医疗队赴阿尔及利亚，从此开创了中国对非卫生援助的历史。20世纪60年代至70年代初，中国先后向桑给巴尔、老挝、索马里、也门、刚果（布）、马里、坦噶尼喀、毛里塔尼亚、越南、几内亚、苏丹、赤道几内亚等国派遣了援外医疗队。②1978年中国改革开放后，随着对外交往的不断扩大，中国向其它发展中国家派遣援外医疗队数量逐渐增加。

中国援外医疗队已成为中国参与全球卫生治理，特别是中外医疗合作的重要途径。2006年4月，胡锦涛总书记在摩洛哥接见我援外医疗队员时指出，向非洲国家和地区派遣医疗队是中非合作时间最长、涉及国家和地区最多、成效也最为显著的合作项目。2013年，习近平总书记在刚果（布）接见援外医疗队时，总结提炼出"不畏艰苦、甘于奉献、救死扶伤、大爱无疆"的中国医疗队精神。迄今有1000余名援外医疗队员获得受援国颁发的总统勋章等各种荣

---

① 《习近平主席对美国进行国事访问中方成果清单》，http://news.xinhuanet.com/politics/2015—09/26/c_1116685035_2.htm.（上网时间：2017年7月3日）

② 李安山：《中国援外医疗队的历史、规模及其影响》，《外交评论》，2009年第1期，第26—27页。

誉，医疗队被誉为"白衣使者""南南合作的典范"和"最受欢迎的人"，成为中国与第三世界国家长期合作的典范。历史证明，中国援外医疗队是一种花钱少、见效快、影响大的对外援助方式。这种援助不仅改善了受援国人民特别是患者的生活，而且使许多发展中国家的民众进一步了解中国，以一种特有的方式展现了中国的软实力，成为中国外交的重要组成部分。①

截至2015年，中国已先后向亚洲、非洲、拉丁美洲、欧洲和大洋洲的66个国家和地区派遣过援外医疗队，累计派出医疗队员约2.4万人次，诊治患者近2.7亿人次。目前，中国向51个国家、地区派有援外医疗队，其中有42个国家在非洲，1178名医疗队员分布在115个医疗点上。全国有27个省（区、市）承担着派遣援外医疗队的任务。②

中国政府正在稳步增加对外（尤其是对最不发达国家）的技术和经济援助，通过派出医疗队、捐助医疗设备和药品、援建医疗机构、培训卫生人员的方式，帮助这些国家解决本国卫生问题。中国先后在6个非洲国家开展"光明行"项目，共为约2000名患者实施了白内障复明手术，与4个国家建立了"眼科合作中心"，与6个非洲国家建立了对口医院合作关系，在10个非洲国家医疗队建立了中医标准化诊室，举办了113期卫生相关专题培训班，为非洲国家培训了2100多名卫生管理和医护人员；通过开展技术合作，提供学历教育、派遣志愿者等方式，加强卫生技术转移，帮助非洲国家提升卫生事业自主发展能力；在科摩罗，联合开展青蒿素快速消除疟疾项目，8年内将疟疾死亡人数

---

① 李安山：《中国援外医疗队的历史、规模及其影响》，《外交评论》，2009年第1期，第37页。
② 李斌：《深化中非卫生合作，造福中非人民健康》，http://www.nhfpc.gov.cn/gjhzs/s3582/201512/dbf8a2952c684f928d8ae143a5360477.shtml.（上网时间：2017年7月3日）

降低到零；与世卫组织合作在桑给巴尔开展了血吸虫病防控试点项目，取得积极成效。①

2014年，中国在应对西非埃博拉的过程中坚定发挥了国际领导力，向暴发疫情的西非三国提供了价值超过1.2亿美元的物资援助，并向疫区派出近1200名医务人员。中国医学专家还为非洲9国共计1.3万名当地医疗护理人员进行了埃博拉治疗的培训。② 这是新中国成立以来卫生领域规模最大的一次援外行动，有力支援了西非国家疫情防控工作。

除了援助西非抗击埃博拉出血热疫情之外，中国政府还先后援助安哥拉、圭亚那黄热病、寨卡等疫情处置以及参与菲律宾风灾、海地地震、尼泊尔地震医学救援，为维护全球公共卫生安全发挥了重要作用，体现了负责任大国的担当。同时，中国也积极响应世卫组织关于迅速有效部署全球卫生应急队伍的计划和全球登记制度，申报国际应急医疗队。2016年5月，来自上海东方医院的中国国际应急医疗队成为首批通过世卫组织认证评估的国际应急医疗队，将随时接受世卫组织与中国政府的调遣，参加国际医疗救援任务。习近平主席2015年先后在联合国和中非合作论坛宣布，中国为发展中国家提供100家医院和诊所、100个妇幼健康工程、来华培训与奖学金资助，向世卫组织提供200万美元的现汇援助，以及开展中非公共卫生合作计划等承诺。③

---

① 李斌：《深化中非卫生合作，造福中非人民健康》，http：//www.nhfpc.gov.cn/gjhzs/s3582/201512/dbf8a2952c684f928d8ae143a5360477.shtml.（上网时间：2017年7月3日）

② 中国卫生计生委、世界卫生组织西太平洋区域：《中国—世界卫生组织国家合作战略（2016—2020）》，第11页，http：//apps.who.int/iris/bitstream/10665/206615/1/WPRO_2016_DPM_003_chi.pdf.（上网时间：2017年7月3日）

③ 叶龙杰：《中国给世界提供"公共产品"》，http：//www.hrbwsj.gov.cn/wsxw/wdxw/2017/01/32805.htm.（上网时间：2017年7月3日）

(三) 中国参与全球公共卫生治理的困境及对策

积极参与全球公共卫生治理是中国外交的主要组成部分，也是中国在崛起过程中，作为一个负责任大国所必须承担的义务。

1. 中国参与全球公共卫生治理的挑战与困境

在全球公共卫生治理平台上，中国还是一个"新手"。中国在参与全球公共卫生治理中面临的挑战既有全球化带来的挑战，也有中国在崛起过程中面临的困境。

第一，如何承担与自己实力和地位相一致的责任。随着中国国家实力的增强，中国在全球公共卫生治理中的使命感和责任感也在加强。虽然中国在2010年GDP总量达到世界第二，但2016年人均GDP约为8865美元，排名世界第69位。中国依然是一个拥有13亿人口的发展中国家。事实上，中国目前在公共卫生管理领域的水平与国外发达国家还是有一定的差距，各方面的条件还不够完善，中国的公共卫生水平需要与国际接轨。中国在城乡之间、东西部之间仍存在卫生水平的较大差异。在一些地区，传染病仍是一个问题。另外，中国人口正迅速老龄化。与此同时，社会保险仍存在巨大的资金缺口，导致人们在尚未获得足够养老资金之前就已经变老，从而出现了所谓的"未富先老"现象。应对快速老龄化的社会保障体系、医疗保险和社会福利体制尚需进一步完善。因此，中国在进行公共卫生领域的国际合作中，要找准自己国家的定位，根据自己的国情量力而行。

第二，如何处理台湾问题。台湾问题是中国的核心国家利益。多年来，"台独"势力一直把加入国际组织作为实现其渐进式"台独"的重要步骤。自1997年开始，在每年召开的年度世界卫生大会上，台湾当局都会上演一出挤进世界卫生组织、成为其"观察员"

的闹剧。中国一贯反对台湾地区加入任何只有主权国家才能加入的国际组织，因此中国政府在世界卫生组织内坚决开展了与"台独"势力的斗争，挫败了"台独"分子的阴谋。但是，在全球化时代，如何让台湾地区也加入到全球公共卫生治理的领域中，是对中国政府智慧的考验。2009年，经中国政府与世卫组织秘书处的协商，就《国际卫生条例》适用于台湾地区做出了相关安排。世界卫生组织同意接纳台湾参与国际卫生条例，并邀请台湾以"中华台北"名义成为2009年度世界卫生大会观察员。2009年5月，中华台北卫生署首次派员以观察员身份出席了第62届世界卫生大会。在未来，中国仍面临着在全球公共卫生治理领域与"台独"势力的斗争。

第三，如何处理公共卫生领域的外交摩擦问题。2009年3月，墨西哥暴发"甲流"疫情后，中国是第一个提供援助的国家。4月30日，一名乘坐墨西哥飞往中国的AM098直航航班来华的墨西哥公民在香港被确诊感染甲型H1N1流感病毒。为了防控甲型H1N1流感疫情，中方对该航班旅客采取了必要的医学隔离措施。这一问题本是纯粹的卫生检疫问题，并非针对墨西哥公民，没有歧视性。但是，墨西哥外长表示，中方将没有感染病毒的墨公民进行隔离是歧视做法，缺乏科学根据，墨方难以接受。墨外交部提醒墨公民在中方纠正有关歧视和不公正措施之前，不要去中国旅行。这次中墨外交摩擦凸显了两国价值观的差异。在处理个人与社会关系问题上，中国强调优先保障公共利益，而墨西哥则更加重视个人权利和自由。这种因价值观差异导致的外交摩擦问题需要中国在参与全球公共卫生治理时加以重视。

2. 中国应对全球公共卫生治理困境的政策

针对在全球公共卫生治理中面临的挑战，中国首先应更新观念，给予全球公共卫生治理应有的重视。必须认识到积极参与全球公共卫生治理不仅是对本国公民的责任和义务，也直接影响到中国的国家形象。其次，中国应加大对全球公共卫生治理的投入。除了资金上的投入，还应加大人才的培养，深化对全球化和全球治理以及全球公共卫生治理的研究。第三，中国还应在全球公共卫生治理中处理好担当责任与量力而为的关系，既要有效履行大国责任，也要维护好国家利益。第四，继续加大对外开放，主动参与国际合作，在全球公共卫生治理中承担更多的责任。

结束语

全球化的发展使全球公共卫生问题日益突出，全球公共卫生治理越来越重要。崛起中的中国越来越重视全球公共卫生治理。十八大以来，"在以习近平为总书记的党中央领导下，中国以更加自信、更加主动的心态在全球治理中发挥了重要参与者、建设者和贡献者的作用。在全球治理议程上，中国正从规则接受者向制定者转变，从被动参与者向主动塑造者转变，从外围协商者向核心决策者转变"。[①] 因此，中国必将更加积极主动地迎接各种挑战，抓住机遇，在全球公共卫生治理中发挥更大的作用，为世界公共卫生事业做出应有的贡献。

（本文原载于陶坚、林宏宇主编：《中国崛起与全球治理》，世界知识出版社，2014年版。此次收入书中做了较大幅度的修改——作者。）

[①] 田慧芳：《这三年，习近平全球治理十大成就》，http://www.chinanews.com/ll/2016/01—18/7721689.shtml.（上网时间：2017年7月3日）

后　记

　　国际安全研究无疑是国际关系研究中最令人瞩目的课题之一。近年来，我们国政系教师和研究人员在国际安全研究领域公开发表了不少专业研究成果，其中有的还收获了较好的社会反响。如何将这些专业研究成果进一步深化、细化，并围绕专题形成整体性研究是我系科研工作的重点内容。在北京市支持中央在京高校共建项目经费的支持下，我们把这一工作落地做实。

　　本书是国政系主持的《国际安全治理》丛书中的首部成果。为进一步体现出时效性，已公开发表的相关成果在收入本书时课题组又进行了一定程度的增删和修订，尽量切合当前国际安全形势。具体写作情况如下：总论部分由林利民教授、赵晓春教授撰写；区域安全与治理部分由李渤教授、孟晓旭教授、申林副教授、李春霞副教授、刘毅讲师撰写；非传统安全与治理部分由朱素梅教授、罗英杰教授、王辉副教授、郝敏副教授、曹玮副教授、郑晓明讲师、吴雪讲师撰写。

　　本书的顺利出版离不开全体课题组成员大量的付出与努力，更得益于各方面的支持与帮助。副校长郭惠民教授慨然为本书拨冗作序，教务处许可处长和及扬副处长在项目实施上不厌其烦地给予帮助，苏绣芳副社长专业的建议对本书更是必不可少。在此，一并致以深深的谢意！

　　我们深知本书对国际安全问题的研究仍比较粗浅，还存在很多的不足，也恳请各位专家学者和广大读者能够不吝批评，给予指正，帮助我们在今后的研究中不断提升。

林利民　孟晓旭

2017 年 11 月 16 日